나는 UXUI 디자이너를
취업시키는 일을 하고 있습니다

# 나는 UXUI 디자이너를 취업 시키는 일을 하고 있습니다

이성경(바이블) 지음

두드림미디어

# 프롤로그

### 책을 쓰게 된 이유

호기롭게 시작했던 과외가 망했다. 지푸라기를 잡는 심정으로 무엇을 할지 고민하다가 책을 쓰기로 했다. 처음에 잘되던 과외가 망하니 진실을 받아들이기 힘들어 도피처로 책을 썼다. 내 과외가 망한 이유는 수강생을 의심해서다. 경쟁자인지 아닌지 노심초사하며, 내가 어렵게 만든 자료를 가져가지 않을까 심기가 불편했다.

의심의 불씨는 점점 커져 감정이 제어가 되지 않았다. 하지만 시간이 지나 돌아보니 순탄하기만 했던 내 인생에서 한 번은 겪었어야 했던 소중한 경험이다. 나를 강하게 만들었던 불편한 경험들은 처음에 단순하게 도피처로 생각했던 책 쓰기라는 과정에서 다양한 맛있는 사례가 되어주어 책을 더욱 풍성하게 만들 수 있었다.

처음 나는 실무자에서 멘토가 되어가는 과정이 그리 기분이 좋지만은 않았다. 8년 넘게 실무를 해오면서 오로지 내가 잘되기 위한 것만 생각했다. 누구나 알 만한 회사에 다닌 것도 아니기에 내 성장을 꾸준히 갈망했고, 그것을 위해 준비하던 여정에서 갑자기 들어온 강사 제의는 그리 달

갑지 않았다.

'왜 내가 다른 사람의 성장을 도와줘야 하는 거지?'

처음에는 그 제안이 부정적으로 다가왔다. 하지만 애초부터 누군가의 삶에 간섭하기 좋아하는 성격 덕분에 '오지랖'을 좋은 방향으로 쓰는 방법을 배웠다. 강사가 되고 난 후에야 누군가의 삶에 간섭하지 않게 되었다. 수업 시간에 원 없이 간섭했기 때문이다.

처음 내는 종이책을 괜찮은 내용으로 잘 쓰고 싶었기 때문에 '한국책쓰기강사양성협회'에서 책 쓰는 방법을 배웠다. 평소에 내 생각을 글로 쓰는 것을 좋아해 처음에는 책을 쓰는 일이 쉽다고 생각했지만, 책을 펴내는 과정은 결코 쉬운 과정이 아니라는 것을 깨달았다. 수많은 포기라는 고비를 수시로 겪었어야 했다.

그래도 지난 내 경험이 순탄하지 않았고, 나와 같은 고민을 하는 사람들도 많다는 것을 알기에 책에 무슨 내용을 담을지에 대한 고민을 길게 하지는 않았다. 책을 쓰기 시작한 순간, 나 자신을 작가라는 타이틀로 부르게 되면서 또 다른 시야가 생겼다. 책을 펴낼 기회를 주신 김태광 멘토님께 감사드리며, 특별한 경험이 없어도 모든 사람이 책을 쓸 '자격'이 있다고 생각한다.

### 학원 강사를 그만둔 이유

나는 한 회사를 진득하게 다닌 적이 없다. 회사를 2년마다 홍길동처럼 옮겨 다녔다. 이번에는 더 나은 곳으로 가겠지 기대를 품고 옮겼지만, 같은 시나리오가 반복되듯 다시 이직을 준비한다. 처음에는 성격 탓도 많이 했고, 가정환경 탓도 많이 했다. 지속적으로 유지하는 습관이 없고, 금방 질리는 취향 때문에 오래 다니지 못한다고 생각했다.

누군가는 내가 게으르다고 생각할 수도 있고, 혹은 일에 대한 열정이 많다고 생각할 수도 있고, 일에 미쳐 있거나, 효율성이 떨어진다고 생각할 수도 있겠다. 나는 한 번도 일을 대충 한 적이 없고, 페이스를 잘 유지하며 후회되지 않게 전부를 쏟아부었다. 내가 생각하는 효율은 시간을 낭비하지 않고, 정해진 시간 동안 많은 성과를 내는 것이라고 생각한다. 내가 노력한 것에 비해 회사의 보상이 너무나도 아쉬웠었다. 내 시간의 가치는 그 정도일까 생각하며 자책도 많이 했다.

나는 회사에서 누구보다 열정적이고 밤낮없이 계속 일을 해왔던 사람이다. 그 때문인지 업무속도가 늦어진 적은 없었다. 오히려 기존 일정보다 빨리 하고, 급하게 해서 실수한 적은 있지만, 그렇게 실수 확률은 높지 않았다. 금방 노련해지고 익숙해졌다. 내가 일한 만큼 회사에서 나를 인정해주기를 원했다.

회사에서도 단계별 성장이 있는 것을 알았지만, 주변 동료보다 내가 더 시간을 많이 투자해 성장 속도가 빠르고, 거기에 성과까지 좋다면 순서와 상관없이 빠르게 보상받을 줄 알았다. 그런데 나보다 일을 많이 하지 않는 사람이 공평하게 보상을 받을 때는 억울했다. 똑같은 취급을 받고 싶지 않았다. 그래서 회사에서 나오는 게 좋다고 판단했다.

누군가가 봤을 때는 내 말이 아직 미숙하고 주제 넘게 들릴지도 모른다. 혹은, 사회생활을 잘 모른다고 판단할 수도 있겠다. 하지만 단언컨대 나는 일을 잘했고, 단지 회사와 내 궁합이 좋지 않았다. 항상 나에게 돈 받는 만큼 적당히 일했으면 좋겠고, 열심히 하지 않을 것을 강요했다. 오히려 죽을 만큼 열심히 하는 나를 이상하게 봤다.

그렇게 열심히 할 거면 여기 있지 말고, 그 정도의 열정이면 자기 길을 찾으라는 뜻이었다. 나 자신을 위해 죽을 만큼 일하라며 오히려 밖으로 등을 밀어준 것이다. 하지만 그때는 혼자 해나갈 용기가 없어서 '낙동강 오리알 신세'가 되었다며 회사를 욕하기도 하고 미워했다. 그때는 내가 하는 일을 인정받으면서 단단한 소속감을 느끼고 싶었다.

### 그런데도 가르치는 일을 하는 이유

누군가를 가르칠 때도 '이 일에서 어느 정도 성공의 위치에 오르지 못한 내가 과연 가르칠 수 있을까?' 많이 고민했다. 책을 펴낼 자격이 있을까도 생각했다. 누구나 아는 큰 회사에 다녔던 것도 아니고, 스스로 목표하는 회사에 취업해본 적도 없다고 판단했기 때문이다. 하지만 이런 마음가짐으로는 앞으로 나아갈 수 없다는 사실을 알게 되었다.

그저 불러주는 대로 나를 낮춰가며 행동하면, 자격이 없는 사람이 될 뿐이다. 그런 순리대로 맞춰가는 사람이 되고 싶지 않았다. 나도 수강생이 좋은 출발을 했으면 하는 생각이 더 간절했다. 하지만 배움을 받는 수강생은 가르치는 강사가 가진 타이틀이 중요하다고 판단할 수도 있다.

그러나 한편으로는 나 또한 수많은 도전을 하며 게으름이나 포기의 경험을 수천 번 해봤기에 비슷한 처지의 취준생을 끌어올리는 역할을 할 수 있다.

내 타이틀이 정해져 있고, 그것에 맞춰 살아간다면 후회로 남을 것이다. 적어도 수강생만큼은 나처럼 되지 않았으면 하는 마음에 내가 했던 실수를 모두 극복하고, 수강생은 꽤 괜찮은 길을 가길 바랐다. 그래서 나에게 배운 수강생은 첫 직장부터 괜찮은 출발을 만들어내고 싶었다.

내가 괜히 시행착오를 대신 겪었던 게 아니다. UX/UI라는 틀 안에 나를 가두고 싶지도 않았기에 그 외에도 많은 지식을 섭렵하기 시작했다. 나에게 배운 수강생들은 시야가 넓었으면 하는 바람 때문이다. 내가 아닌 내 수강생들이 취업을 잘할 수 있었던 것은 가르칠 때 보편적 방식을 따르지 않아서다. 나는 가르침을 다른 방향으로 틀기 시작했고, 너무나도 신기하게 특이하고 특별한 방법이 먹혔다. 그래서 차별화가 중요한 것이다.

나는 커리어적으로 완벽하고 냉정하지는 않지만 내가 가진 장점으로 다정한 지도자가 되고 싶었다. 내가 책을 쓴 이유는 나는 아직 성공한 사람이 아니라, 성장하는 사람이기에 앞날이 어떻게 될지 알 수 없어서다. 많은 사람들이 내가 쓴 책을 보고 취업에 성공했으면 한다.

이성경

# CONTENTS

## 3장 단 7일 안에 끝내는 UXUI 최강 포트폴리오 만드는 법



## 4장 이것만 알아도 99% 합격의 면접 PT 기술

Username
SLIDE
Home
MENU

# 1장

# 첫 취업이 중요한 이유

# 내가 취업에 실패한 이유

"실패는 우리가 어떻게 실패에 대처하느냐에 따라 정의됩니다."

– 오프라 윈프리(Oprah Winfrey) –

정말 취업 성공의 기준이란 게 있을까? 나는 자칭 홍길동이다. 2년마다 직장이 바뀐다. 새로운 회사에 다녀도 단 한 번도 만족하지 못했다. 평균 3개월이 지나면 항상 다닐지 말지 고민만 한다. 싸한 느낌은 예전에 뿌린 향수처럼 그대로 냄새 밴 채 사라지지 않는다. 이번에도 취업에 실패했다는 것을 직감한다. 어떻게 보면 취업 성공에 대한 기준이 뚜렷하게 있는 것도 아닌데 정답이 있는 것처럼 또 이직을 준비한다.

내 성향에 맞는 도피처가 준비되지 않은 채 찾아다닌다. 솔직히 이번에도 오래 다니려고 도망친 회사도 아니다. 정확한 목적 없이 이 순간을 벗어나고 싶은 마음이다. 이렇듯 우리는 생각보다 정확한 이유도 없이 취업을 준비한다. 아무 회사나 찾아다니면서 퍼즐처럼 끼워 맞춘 듯이 그때만 잠깐 맞춰 지낸다. 그래서 나도 전형적으로 취업에 실패한 사람이라고 부른다.

## 3일 만에 잘린 회사, 결국 나의 문제였다!

들뜬 마음으로 면접 보는 날에 처음 회사로 찾아갔다. 생각보다 많이 외진 곳에 있었고 인터넷에서 봤던 회사 소개 사진과 아주 달랐다. 사진으로는 외관은 조금 오래된 4층짜리 건물이었지만 분명 깨끗하고 분위기가 따뜻해 보였다. 그런데 막상 실제로 보니 아침인데 불이 다 꺼져 있어 캄캄했고 쾌적하지는 않았다.

느낌이 좋진 않았다. 잠깐 이야기를 나누고, 비교적 면접이 쉽게 끝났다는 느낌을 받았다. 관계자도 포트폴리오만 보고 흡족한 듯하더니 한 달 월급을 180만 원 준다고 했다. 태어나 대학 홍보실 아르바이트만 해본 나였기에 180만 원은 엄청 큰돈인 줄 알았다. 그래서 냉큼 출근하겠다고 했다.

대학을 졸업하지 않은 채 합격해서 바로 서울로 올라와 급하게 집을 알아봤다. 서울 집값이 이렇게 비싼지 몰랐다. 5평 원룸인데 월세가 40만 원이니 충격이었다. 이 정도면 지방에서는 거실 있는 투룸을 얻을 수 있는 가격이다. 서울 상경하면 성공한 것 같아서 실상 180만 원도 안 되는 월급을 받는다는 것을 비밀로 한 채 대학 친구들에게는 서울에 취직한 멋진 사람처럼 한턱 내고 다녔다.

기다리던 첫 출근이었다. 면접 때와 같은 건물이지만 일하는 장소가 달랐다. 안 그래도 지상도 어두운데 더 어두운 지하실로 내려갔다. 환기가 안 되고 물에 젖은 종이 냄새처럼 쿰쿰했다. 이때 수치스러움을 느꼈고, 내가 존중받지 못한다고 느껴졌다. 마치 공장에 취직한 소녀 가장이 된 기분이 들었다.

아침 9시 출근 후 바로 남 과장이 나를 포함한 후임 3명을 데리고 직급별로 올라가 선임과 대표에게 차례대로 인사시켰다. 그리고 거리로 나와 회사 자랑을 하면서 낙후된 인쇄소를 구경시켜줬다. 금방 점심이 되자 다 같이 밥을 먹으면서 담소를 나눴다.

*남 과장 : 결혼 절대 하지 말고, 일만 해.*

*여 대리 : 어떻게 결혼을 안 해요!*

*남 과장 : 결혼하지 마! 안 좋아. 육아휴직 쓰면 피해주잖아! 안 돼.*

*여 대리 : 그럼 아기 안 낳을게요.*

우리 중 여 대리가 직급이 제일 높았다. 다들 눈을 말똥말똥 쳐다보며 눈치만 봤다. 오후 5시, 늦은 오후가 돼서야 일이 시작됐다. 퇴근 시간이 분명 6시라고 정해져 있는데 첫날부터 갑자기 예고도 없이 인턴 신분에 동의 없는 야근을 했다. 회사를 처음 다녀봤기 때문에 '원래 이런 걸까?' 하며 짜증을 숨기고 의문도 모른 채 일을 시작했다. 과거 홍보팀에서 디자인 아르바이트를 잠깐 했지만 지금 이곳에서는 업무 규칙이나, 일하는 방법을 몰랐다. 더 암울했던 건 아무도 알려주는 사람이 없었다는 것이다. 그래서 '내 마음대로 해도 되나?'라는 생각이 들었다.

2일 차, 같이 입사한 신입이 출근을 안 했다. 하루 만난 사이지만 처음 생긴 직장 동료로 친해지고 싶은 마음에 연락했다. 하지만 내 연락을 끝까지 받지 않았다. 기분이 꿍한 상태로 의자에 앉자마자 남 과장이 업무를 줬다. 클라이언트와 비대면으로 직접 소통해서 만들기 때문에 자리마다 전화기가 놓여 있었다.

클라이언트 파일을 열어보니 기획서만 달랑 있고 요구 사항에는 아무것도 적혀 있지 않았다. 크기도 기재되어 있지 않아 리플릿(한 장으로 이루어진 인쇄물)을 만들어야 하는지, 팸플릿(소책자 인쇄물)을 만들어야 하는지 몰랐다. 업무 파악이 안 됐지만 창피해서 사실을 숨긴 채 대학교에서 과제하는 방식대로 만들었다.

2시간 정도 내 마음대로 해석하고 작업한 후에 클라이언트에게 보여줬다. 그런데 클라이언트는 "혹시 경력이 어떻게 되세요? 전문가에게 맡겼는데 기가 차서 말이 안 나오네요. 이게 뭡니까?"라고 말했고, 나는 난생처음으로 디자인을 부정당했다. 관리자가 쏜살같이 내려와 "디자인 잘하는 것 같아서 뽑았는데 역시 대학 포트폴리오는 믿을 게 못 되네"라며 직원이 다 있는 앞에서 무안을 줬다. 공모전에 나갈 때마다 상을 탔기에 내가 디자인을 잘하는 줄 알았지만, 이 상황이 너무 부끄러워 숨고 싶었다. 4년 동안 대학교에서 배운 것들이 모든 게 산산조각이 난 기분이었다.

3일 차, 너무 스트레스를 받은 탓인지 걱정을 많이 해서 일어나기 힘들 정도로 심한 몸살에 걸렸다. 머리가 깨질 듯이 아파 당일 병결을 내려고 부탁했더니 한마디 말도 없이 잘렸다. 이 모든 게 처음이고 잘 몰랐다. 처음으로 사회의 쓴맛을 본 경험이었다. 단번에 직장 잃은 백수가 됐다.

잘린 회사에서 채용공고가 바로 올라왔다. 완성된 포트폴리오만 보고 사람을 잘못 뽑았다며 "남의 포트폴리오를 자기가 만들었다고 거짓말하지 마시오"라고 적혀 있어 충격을 받았다. 4년 동안 포트폴리오를 열심히 만들었지만, 이렇게 실력 없고 거짓말하는 사람이 돼버렸다.

## 면접도 준비하고 가야 하는지 몰랐다!

취업사이트에 이력서를 대충 작성해두고 5평 원룸에서 언제 연락이 오려나 힘없이 누워만 있었다. 집 밖을 아예 안 나갔다. 3일이 지났는데 연락이 온 곳이 단 한 군데도 없었다. 월세는 나가는데 돈을 못 버는 이 상황이 나를 더욱더 불안하게 만들었다. 자존감이 많이 떨어진 상태고 엄마가 월세를 보내주는 상황이 돼버렸다. 너무 서러워서 좁은 방 이불 속에 들어가 웅크리고 울기만 했다.

이틀 뒤 TV에서만 보던 한국 최고의 SM엔터테인먼트에 서류 합격이 되었다. 신기했다. '왜 내가 서류 합격이 되었지?' 신기한 마음에 서류 합격했다고 주변에 자랑하기 바빴다. 그렇게 시간을 보낸 뒤 면접 당일이 왔다. 문이 가로로 열린 게 그저 신기했다.

첫 회사처럼 면접이 비슷하겠거니 생각하고 준비를 안 하고 갔다. 왜 냐하면 다대다 면접(지원자 다수와 면접관 다수가 동시에 면접을 진행하는 방식)이 뭔지도 몰랐기 때문이다. 회의실에 8명이나 들어갔고, 돌아가면서 자기소개를 하라고 했는데, 다들 준비해온 모양이었다. '왜 이렇게 말을 잘하지?' 나도 질세라, 대충 생각나는 대로 말했다. 그런데 면접관들이 굉장히 실망한 눈치였다.

당시 동방신기가 엄청 인기였는데, 열광적인 팬이었던 사람도 지원했다. 팬임을 인증하며 갑자기 시키지도 않았는데 자리에서 일어나 춤도 추었다. 신기한 광경이었다. '왜 저렇게 열심히 하지? 안 부끄러운가?' 나는 멀뚱히 그런 사람을 이상한 눈으로 봤다. 정작 나는 어떤 질문을 받아도 미처 준비가 안 되어 있었으므로 단답형으로 대답할 수밖에 없었다.

면접관 중 최근 인기 걸그룹 '뉴진스'를 만든 민희진 PD도 있었는데, 그녀는 "여기에 오고 싶지 않은 사람 같다! 시간이 아깝다"라고 했다. 나는 기죽은 척하기 싫어서 도도하게 가만히 있었다. 그래도 기분 좋은 상상을 하면서 합격했을지도 모른다고 내심 기대했지만, 결과는 떨어졌다.

## 우리는 면접 당일 처음 회사에 간다!

더 불안해지기 시작했다. 이번에는 그냥 아무 데나 들어가 일해야겠다는 생각뿐이었다. 닥치는 대로 원서를 넣었다. 두 군데서 서류 합격을 했다. 첫 번째 회사는 간판 없는 작은 건물에 한 층을 전부 쓰는 곳이었다. 입구에 들어가자마자 많은 사람이 문 앞에서 담배를 피우고 있었다. 천장이 연기로 가득해 눈앞이 뿌옇게 보였다. 직원이 18명이나 되는 듯했고 비슷한 나이대가 꽤 많아 보였다. 하지만 사무실에 담배 냄새가 너무 심해 근무하고 싶지 않아서 최대한 거절의 느낌을 담아 대답했다. 결과는 면접에서 떨어졌다.

두 번째 회사는 4층짜리 신식 건물이었고, 면접은 회의실에서 보았다. 합격하고 나서 기대하며 다음 날 출근하니, 공유 오피스(건물 전체의 일정 부분을 작은 공간을 나눠 쓰며, 월 사용료를 지불하는 입주자에게 사무 공간으로 다시 임대하는 시스템)였다. 면접을 봤던 장소는 모든 회사가 같이 쓰는 공유 회의실이란 것을 알았다. 실제로 출근하는 방은 5평짜리 내 원룸보다 작았다. 그런 좁은 곳에 3명이 붙어서 작업해야 하니 숨이 막히고 환기도 잘 안 돼 답답했다.

〈첫 직장이었던 회사의 공유 오피스〉

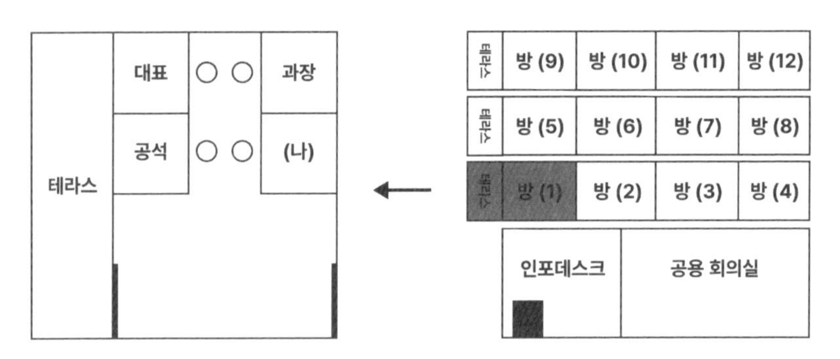


출처 : 저자 작성

첫날부터 야근을 했다. 어떻게 얻은 직장인데 싫어 불만은 있지만 열심히 했다. 하지만 연봉 협상할 때 말이 달라졌다. 처음에 120만 원을 주겠다고 했는데 80%를 적용하니 세금 떼고 통장에 80만 원 정도가 들어

왔다. 월세를 내면 40만 원이 생활비다. 돈을 모을 수가 없었다. "배우면서 다녀"라는 말은 곧 "마감 기한을 강요 안 할 테니 배우면서 다녀"라는 뜻이었다. 대놓고 월급을 적게 주겠다는 말이라는 것을 그때는 눈치가 없어 몰랐다. 그래도 성장하며 배울 곳이라고 대표가 어필하니 잔뜩 기대하고 이곳을 선택한 것이다.

## 첫 열정페이는 값비싼 경험이다!

회사를 다니면서 하루하루 마음이 어두워지고, 시간이 지날수록 회사에 대한 실망만 가득했다. 옆에 있는 과장은 대표한테 매번 깨지고 울면서 작업했다. 일하는 모습이 멋있어 보이지 않았고 불쌍해 보였다. 대표와 함께 집에 가던 날, 차 안에서 많은 이야기를 나눴다. 대표는 "홍대 출신인 과장은 33살인데 300만 원 받고 다닌다"라고 알려줬다.

그 당시 300이라는 숫자에 놀랐다. 그 정도의 돈을 받아보지 않았기 때문에 300만 원을 벌려면 저렇게까지 해야 하는구나 싶었다. 일요일도 오전 10시 반에 출근하고 저녁 8시가 돼서야 집에 돌아왔다. 그러고 월요일 아침 9시에 다시 출근해야 했다. 잠자는 시간을 빼면 고작 4시간밖에 못 쉬었다. '오늘은 분명히 휴일인데 왜 출근해서 일해야 하는 걸까?' 하는 생각에 얼굴에 짜증이 그대로 드러났다.

금요일 밤, 퇴근하고 같이 밥을 먹자며 대표가 좋은 레스토랑으로 데려갔다. 저녁을 먹는데, 대표가 일요일에 사인물(사람이나 물건을 목적한 장소나 방향으로 이끌기 위해 설치한 방향 유도 간판) 시공에 나올 것을 부탁했다. 그러면서 토요일은 잘 쉬라고 했다. 원래 시공은 주말에 해야 한다면서 말이다. 그렇다고 월급 수당에 포함시켜주겠다는 말은 없었다. 갑자기 밥을 얻어 먹는 분위기에서 미안해 물어보지도 못했다.

가장 기분이 나빴던 것은 당연히 쉬는 날도 뭔가 허락받고 쉬는 기분이 들었기 때문이다. 이 회사에 다니면서 장점이라고는 찾아볼 수 없었다. 많이 배울 수 있을 거라고 대표가 말했는데, 이런 회사에 다녀보고 한 가지 확실하게 배운 것은 절대 다니면 안 되는 회사가 이런 곳이라는 사실이었다. 이때 나는 근무 환경이 중요하다는 것을 깨닫게 되었다.

퇴사 후 단 한 번도 휴가를 사용해 쉬지를 못했다는 사실을 알았다. 월급은 당연히 제때 받지 못하고 매번 밀렸다. 월급도 그날 못 줄 거 같다고 괜찮냐면서 통보하는 식이었다. 끝내 그만둔다고 말해도 붙잡지 않았다. 퉁명스럽게 덤덤히 받아들이는 모습으로 마지막을 그렇게 보냈다. 그렇게 빈손으로 나왔다.

첫 회사는 내게 열정으로 일해야 하며 돈타령하지 말고 성실하게 일만 해야 한다고 가르쳐줬다. 가르쳐준 대로 성실하게 일하며 밤늦게까지 회사에 남아서 작업했지만, 돌아오는 건 야근 수당 없이 3개월 동안 통장에 달랑 80만 원이 꽂혔다. 이 돈이면 피시방 한 달 아르바이트하는 게 훨씬 이득이겠거니 생각했다.

그렇게 계속 회사에 다녀야 한다고 생각하니 암울했다. 회사 다니는 게 행복하지도 않았고, 재미가 없었다. 일을 해도 보람이 없었다. 그냥 불만뿐이었다. 회사는 나를 부품처럼 대했다. 그래서 합격하기 전, 반드시 회사에 대한 정보는 알아야겠다고 다짐했다.

## 첫 취업 실패 또한 성장이다!

이때는 처음 사회 경험을 하던 시기라 작은 회사에 취업한 게 이상한 일은 아니었다. 하지만 계속 나와 맞는 회사를 찾기 위해 홍길동처럼 떠돌아다녔다. 잡코리아에서 미취업자 589명을 대상으로 '취업에 실패하는 이유'에 대해서 설문했는데, 응답자가 가장 많았던 대답이 '업무 경력이 미비해서'였다. 그래서 많은 사람들이 업무 경력을 쌓으려고 애쓴다.

나는 바보처럼 한 회사에 오래 다니는 것보다 많은 회사를 거쳐야 경력이 많은 거라고 착각하고 있었다. 이 회사, 저 회사를 거치면서 일을 많이 했다는 식으로 자랑했다. 하지만 시간이 지나 뒤늦게 깨달았다. 이런

〈2017년 상반기 미취업자의 취업 실패 이유는 OO때문〉

출처 : 잡코리아(2017년 6월 11일 조사) 자료를 바탕으로 저자가 작성

사람은 오래 못 버티고 회사를 떠날 사람이라는 사실을 증명한 것이다. 앞서 설문조사에서 경력을 보는 이유는 그냥 일만 잘하는 것보다 오래 다니고 성실한 사람, 이게 일을 잘하는 기준이었던 것이다. 그 밖에도 학벌이 안 좋아서, 취업 정보가 부족해서, 소극적이어서 등의 이유가 있지만 전부 정보가 부족해서 얻은 결과다.

처음부터 차근차근 좋은 방법을 알려주는 사람은 많지 않다. 시행착오를 겪으면서 알아서 그 길을 찾아야 한다. 인터넷에서 많은 정보를 쉽게 얻을 수는 있지만, 정확한 방법을 모르기 때문에 바보가 될 수밖에 없다. 회사에서는 처음에는 서로가 자존심을 지켜가는 일이 더 많다. 바른 말을 하면 오히려 눈치를 주고, 선동하는 자의 말을 추종하거나 내가 척척박사라도 된 양 조금만 아는 척하면 있어 보인다. 그런 허물이 벗겨지면 서로 물고 뜯기 때문에 남의 경험담을 들고 와 가십거리로 이용한다. 정작 좋은 길을 아는 사람은 진심 어린 조언과 방향을 잡아주는 것에 눈치를 본다. 회사에서는 말 잘 듣는 사람이 성공이 빠르고, 운이 좋다.

그래서 첫 취업일수록 진심으로 같은 자리에서 도와줄 수 있는 멘토를 찾아야 한다. 그래야 취업에 실패해도 다시 도전할 힘을 기를 수 있다. 그리고 무엇보다 결과에 후회가 없다. 시간제 아르바이트를 하면서도 아낌없는 자기 투자를 통해 올바른 취업을 해야 한다. 막상 취업하면 내가 하고 싶은 일이 아니기 때문에 좌절하면서 환경과 사회를 탓할 것이다.

절대 정보 없이 급하게 준비하면 안 된다. 그래서 나도 취업에 실패했다. 조급함을 내려놓고 내 시간을 사랑하고 관심을 기울여주면 누구나 원하는 목표대로 나아갈 수 있다. 첫 직장에 실패해도 좋은 멘토 아래 길을 탄탄하게 쌓으면 '나만의 예쁜 길'이 만들어진다. 그래야 첫 취업의 실패 경험도 좋은 출발이 될 수 있다.

# 내가 UX/UI 취업시키는 일을 하는 이유

"바보가 되었더니 많은 것들이 술술 풀리더라."

– 이성경 –

나는 돈이 없어 컴퓨터 학원에 다녀본 적이 없다. 그래서 디자인을 독학했다. 부끄럽지만 디자이너인데 프로그램 도구를 완벽하게 잘 다루지 못하고 단축키도 모른다. 하지만 신기하게도 어떻게든 디자인 결과물은 꾸준히 내고 있다. 하나씩 만들면서 그때그때 터득했기 때문에 시간이 오래 걸렸다.

이런 성향 때문인지 아무것도 몰라도 계속하다 보면 무조건 원하는 결과물이 만들어진다고 믿었다. 그래서 UX/UI(사용자의 경험을 바탕으로 데이터를 분석해 인터페이스를 설계하는 것) 디자인을 배우는 수강생들에게 내가 배웠던 긍정적인 방식을 아낌없이 나눠주며 힘이 돼주고 싶다. 시작을 두려워하지 않았으면 좋겠다. 누구나 디자인 일을 쉽게 할 수 있도록 만들고 싶다.

디자인은 생각보다 참 어려운 분야다. 정답이 없기 때문이다. 정답이 없는 것을 찾아가 열댓 번 시행착오 끝에 결과물이 나오는 구조다. 어떻게 보면 기록하지 않으면 그때그때 처리하고 흘려보내야 하니 비효율의 극치다. 그래서 만드는 시간을 단축하기 위해 무슨 수를 쓰든 간에 패턴이 반복되는 형태를 만들어야 한다.

작업 과정이 수월해야 견디기 힘들다는 에이전시 같은 곳에 오래 버티면서 다닐 수 있다. 그래서 어떤 디자인은 단순히 만드는 형태에 집중하기보다는 자신이 만든 결과물을 선택받기 위해 제출하고, 보는 사람을

〈정답이 없는 디자인의 세계〉

출처 : 저자 작성

이해시키는 '설득 과정'이 필요하다. 정답의 기준이라는 것이 없고 취향만 있을 뿐이기에 오로지 '설득하기 위한' 디자인을 만들면 된다.

## UX/UI가 뭔지도 몰랐고, 오랜 방황을 했다!

나도 처음부터 UX(User Experience, 사용자가 플랫폼, 키오스크 등의 서비스를 이용하면서 느끼는 경험들)와 UI(User Interface, 사용자가 표면상 마주하는 컴퓨터나 플랫폼, 키오스크 등의 디자인된 모바일 화면)를 알지 못했고, 이직할 때마다 직무가 자연스럽게 바뀌어 어쩌다 보니 UX/UI로 변경하게 됐다. 대학에서 시각디자인을 전공했지만, 그래픽디자이너가 아닌 왜 UX/UI를 가르치고 있을까? 최근에는 관련 학과와 전공과목이 생긴 모양이지만, 2011년 당시에는 대학 전공과목에 없어 학교에서 배우지도 못했고, UX/UI가 목표했던 내 꿈의 직업도 아니었다.

2015년도쯤 친구 소개로 스타트업을 준비하는 창업동아리에 있는 공대 학생 3명을 알게 되었다. 처음에는 사이드프로젝트(본업을 유지하면서 좋아하는 일을 찾아 구체적인 목표를 가지고 함께 부가가치를 창출하는 활동)로 모였는지, 진짜 창업을 하기 위해 모였는지, 취업하기 위한 과정으로 모였는지 자세히 모르지만, 아이디어 하나로 얼떨결에 상을 받아 시작한 팀이라고 했다. 그래서 영문도 모른 채 합류하게 되어 열심히 했다. 이때 플랫폼 PC 사이트와 앱 디자인이라는 것을 처음 해봤다.

UX/UI를 제대로 공부하고 작업한 것이 아니라 지금 보면 굉장히 촌

스럽지만, 스스로 찾아서 만들어야 하니 두려울 게 없었다. 인쇄 종이에서 인터페이스 화면으로 용도와 크기가 달라지고 다양한 기능 버튼의 이름과 쓰임새만 알면 디자인이라는 체계 안에서의 틀은 똑같다. 그래서 어렵게 느껴지지 않았다. 하지만 서로가 다른 목표를 바라봤기에 팀이 오래 지속되지는 못했다.

〈나의 성장 과정〉

취미 → 고등학교 입시미술 → 대학교 입학 → 에이전시 → 스타트 업 → 사기업 → 학원 강사 → 학원 창업

책 출간

외주

교직 공모전 인턴 용역 외주 외주

동아리 웹툰 용역

사이드 사이드

전자책 온라인 강의

외부 출강 세미나

브런치 ing

출처 : 저자 작성

여러 디자인 회사를 떠돌아다니고 있을 때, 우연히 모교 교수님으로부터 연락이 왔다. 교직원으로 같이 일해보자고 권유하셨다. 교직원이라는 단어도 처음 들어봤고 어떤 일을 해야 하는지 잘 몰라 처음에 두려웠지만, 디자인하는 것과 다를 게 없다고 하니 이번에도 누군가의 부탁으로 별생각 없이 시작했다. 엄마에게 이야기했더니 교직원이 좋다면서 계속 안정적인 직업을 가져야 한다고 강조하셨다. 버티거나 시험을 봐서 정직원이 되기를 원하셨다.

다른 교직원들과는 달리 디자인 상품을 기획하고 만드는 일을 했기 때문에 별 어려움은 없었다. 겉보기에는 교직원은 신의 직장이라고 하지만, 나 혼자서 디자인을 만들어야 해서 오후 5시에 퇴근하는 일이 거의 없었고, 밤늦게까지 남아서 작업했다. 시간이 지날수록 눈에서 빛을 잃어갔다. 교수님께서 "처음 봤을 때 눈이 초롱초롱했는데, 왜 갈수록 눈에서 빛을 잃어가?"라고 하셨던 말이 아직도 잊히지 않는다.

계약기간이 끝나고 팀이 구조조정이 되자 다른 팀에서 일할 것을 제의받았다. 시간이 지나고 보니 '디자인'을 해서 후회했다기보다는 단지 내가 원하는 방향이 아니었다는 사실을 알게 되면서 흥미를 잃어갔다. 그래서 엄마에게 교직원은 이제 안 하고 다시 서울로 올라가 UX/UI 공부를 하겠다고 선포했다.

엄마는 극구 말리셨지만, 이제는 내가 하고 싶은 일을 누군가의 부탁과 요청이 아닌, 내 스스로 찾겠다는 다짐을 하고 일을 그만둔 것이니 엄마도 다른 수를 쓸 수 없으셨다. 그러자 엄마는 그날로 지원을 전부 끊으셨다. 처음에는 어떻게 살아가야 할지 걱정됐지만, 처음으로 내가 한 선택이었기 때문에 아쉽지 않았다.

다시 서울로 올라가 포트폴리오를 만들기 위해 웹디자인을 가르치는 유명한 학원에 내 돈을 털어 등록했다. 그때도 인기 있는 학원이라 수강대기 기간이 길었다. 한 달 뒤에야 상담을 받을 수 있었다. 등록되자마자 학원에만 매진했다. 학원에 다닌 지 3개월 정도 되었을 때 학원 일을 해보라는 제안을 받았다. 실무 경력도 어느 정도 있고, 조건에 맞고 실력도 좋아서 학원 강사를 해보면 정말 잘 가르칠 것 같다고 했다.

당시 학원 시스템을 몰랐기 때문에 당황스러웠다. 또 엄마에게 보고했다. 습관이 돼버린 것이다. 엄마는 당연히 이번에도 해야 한다면서 몰아붙였다. 주변 친구들에게 조언을 구했지만, 가르치는 직업을 가진 사람이 없으므로 조언을 얻을 수 없었다. 잘 모르는 채로 누군가를 가르치는 직업을 갖게 되었다.

나도 처음부터 강의를 잘했던 게 아니다. 계속 반복적으로 강의를 하면서 말투나 몸짓이 자연스러워졌다. 사람을 만나는 것보단 집에 혼자 있는 것이 익숙했던 나는 쉬는 날에 디자인 커뮤니티에 들어가 탐방하는 낙으로 살았다. 그 커뮤니티에는 각종 디자인 관련 정보가 올라온다. 수많은 게시글 중 우리 학원에 대한 글을 보았다. 내 수업을 들은 수강생은 아니었지만, 그들이 학원에 다닌 후 느낀 것과 평가를 적어놓았다. 물론 기존 커리큘럼에 만족하는 수강생도 많았지만 유독 같은 이유로 불만인 졸업생이 많았다. 가장 필요한 프로그램의 기초 설명, 진도 이론, 실무 용어를 더 알려주면 좋겠다는 의견이 많았고, 포트폴리오 스타일이 너무 비슷해서 같은 회사에 지원할 때 떨어질까 불안하다는 의견도 있었다. 나중에 학원을 운영하다 보니 이것이 다 마케팅이라는 것을 뒤늦게 알았다.

하지만 강사 신분인 당시에는 잘 몰랐기 때문에 실제로 학생들이 필요한 것만 알려주면 좋겠다는 말에 정말 공감했다. 이미 학원에서 잘 만들어놓고 몇 년 째 유지하고 있는 커리큘럼이지만, 수강생들이 정말 필요한 것을 분석해 며칠 밤을 연구해서 만든 새로운 커리큘럼으로 가르쳤다. 8년 넘게 회사 생활하면서 후임의 입장에서 알려줬으면 하는 부분, 그리고 상사 입장에서 후임이 알면 좋은 부분을 수업에서 녹여내려고 했다.

수강생들이 더 넓은 시야로 생각하고 바라볼 수 있게, 내 수업만큼은 배우는 것이 많은 수업임을 인정해주길 바라며, 간절히 기도하며 만들었다. 다른 강의도 들어보고 장단점을 분석하며 어떤 것을 가르치면 좋은지 스스로 연구하는 과정도 거쳤다. 직장이 있는 상태였지만 다른 회사에 지원하기도 했다. 직접 자기소개서를 써보고, 실수해 낙방도 해보고, 합격도 하는 등 직접 피부로 느꼈다. 그렇게 오로지 직장과 집을 오가면서 일에 매달렸다.

단순히 UX/UI의 기술적인 측면을 알려주고 싶어서 일을 시작한 게 아니었다. 수많은 회사를 오가며 홍길동처럼 일하다 보니, 생각보다 주입식은 중요한 것이 아니라는 것을 깨달았기 때문이다. 내가 선택해 스스로 직업을 찾기까지 오랜 시간이 걸렸다. 다른 누군가에 의해 꿈이 설계되거나 강요당하면 나중에 정말 후회하기 때문에 나와 비슷한 시기를 겪는 후배들에게 이 말을 꼭 전하고 싶다.

우리는 커갈 때마다 살아가는 이유와 사명에 대해 배우지 못한 채 내가 잘하는 것이 무엇이고, 못하는 것이 무엇인지 잘 모르는 상태로 방황하면서 큰다. 아직도 자신의 꿈을 강요하면서 아이를 키워내는 부모가 많다. 잘하는 분야를 찾아주고, 서로 대화하며 스스로 선택하면서 찾는 형태가 아닌 부모가 생각하는 괜찮은 직업을 골라 당사자의 동의 없이 일방적으로 정해버린다.

그래서 성인이 되어 직장을 가져도 '내가 이걸 왜 하고 있지?'라는 생각이 쌓여가고, 꿈을 잃은 채 취업이나 이직을 준비하게 된다. 최근 내 수업에 등록한 수강생 중에도 지원하고자 하는 목표 회사 없이 단순히 포트폴리오를 만들겠다고 찾아온 학생도 있다. 타인이 회사를 추천하거나 꿈을 대신 만들어주는 심각한 상황에까지 이른 것이다.

〈수동적이고 의존적인 성향〉

출처 : 저자 작성

부모가 같이 여기저기 다니며 내가 잘하는 것을 찾아주는 환경이 아니라면, 내 것을 제대로 시작하기 위해 부모와 싸워서 이겨야 한다. 지원도 받지 말고 자신이 원하는 것을 찾아서 달성하고 증명해야 내 선택을 인정해줄 것이다. 그리고 부모는 꼭 나중에 후회하면서 자식에게 푸념한다. 어렸을 때 빨리 가르쳤으면 더 괜찮을 수도 있었을 텐데 하고 말이다. 늦게 깨닫고 시간은 가는데 사과하면 무엇하겠는가? 그래서 당장 나의 의지로 실행하고 진행해야 한다.

그렇다고 부모 탓을 해선 안 된다. 단지 부모도 나도 우리 모두 이 역할이 처음이었기에 방법을 모르면 알려주기가 어렵다. 나도 애초에 강사로 일하고 싶은 마음이 없었다. 어렸을 때부터 엄마는 교육자가 될 것을 강요했지만 교권이 무너져가는 요즘 세상에 선생님이라는 직업에 매력을 느끼지 못했다.

수강생에게 구타당하는 선생님을 직접 목격한 적 있던 나에게 이 직업은 최악이라고 생각되었다. 그래서 사회 분위기를 제대로 알고 나에게 이런 직업을 강요하는 건지 엄마에게 다시 한번 묻고 싶었다. 나는 내가 보석처럼 빛나고 싶었다. 그래서 실무를 하면서 긴 시간 동안 방황했다.

그럼에도 가르치는 직업을 선택한 이유는 엄마의 강요가 아닌 오로지 분노 때문이다. 나 역시 누군가의 정보로 도움을 받아 배우면서 큰 사람이 아니기 때문에 나의 처한 환경이 억울했다. 100점짜리로 크지 못해서 내가 만든 UX/UI 커리큘럼은 세상을 살아가면서 엄마와 멘토가 나에게 진정으로 해줬으면 좋았겠다는 것을 꾹꾹 눌러 담아 가르치고 싶었다.

기존 온라인강의나 학원도 형식적인 입출식 교육을 할 뿐이라고 생각했고, 단지 일만 잘하는 법이 아니라 일을 성숙하게 바라보는 법을 알려야겠다는 생각으로 UX/UI 교육을 시작했다. 조급하게 직업을 준비하는 것이 아닌 천천히 시간을 들여 선택하고, 신중했으면 하는 바람이다. 정말 제대로 된 교육을 하기 위해 오랜 방황 끝에 UX/UI 취업을 돕는 일을 나 스스로 선택했다.

# UX/UI 취업을 위한 교육의 실체

"백만 가지 사실을 머릿속에 집어넣고도
여전히 완전히 무지할 수 있다."

– 알렉 본(Alec Bourne)–

대학교 졸업 후 취업해서 일을 하다 보면 그동안 대학교에 다닌 시간이 정말 아깝게 느껴진다. 내가 준비한 것이 채용 과정에만 필요하므로 실제 업무할 때 사용할 일이 거의 없다. 그래서 몇몇 사람은 대학의 경험이 필요 없다고 생각한다. 〈디지틀조선일보〉에 따르면 직장인 10명 중 6명은 입사 후 '불필요한 스펙이 있다'고 대답했다. '직장생활을 해보니 막상 필요 없는 스펙은?'이라는 질문에는 '출신 학교' 44.6%, '고학력'이 44.1%로 가장 많이 나왔다. 그다음으로 '봉사활동' 38.5%, '어학 점수'

37.0%, '학점' 31.1%, '동아리 활동' 31.1% 순으로 꼽았다.

〈직장생활을 해보니 막상 필요 없는 스펙에 대한 설문 조사〉

출처: 디지틀조선일보를 참고해 저자 작성

이유를 자세히 살펴보면 대학교를 졸업하려면 취업 조건에 맞는 학점을 받기 위해 밤새워 개인 과제를 해야 했고, 공모전에 맞춰 영문도 모르는 포스터를 제작해야 했다. 또 조별 과제를 하면서 참여하지 않는 친구 때문에 스트레스를 받거나 억울하게 무임승차한 사람과 점수가 똑같다는 것도 받아들여야 했다. 이렇게 지원하고 싶은 정확한 목표 회사 없이 교육과 별개로 두고 학업에 임하니 필요 없게 느껴지는 건 당연하다. 이런 경우는 그저 흘러가는 대로 살면서 지원한 회사에 자기소개서로 억지로 연결고리를 만들어 들어가려고 애쓴다.

취업은 실무를 할 수 있는 자격을 주기 위해 채용공고에 게시된 기준에 통과해야 한다. '어떤 회사에 갈 거야!'라는 목표 없이 대학교를 다녔다면 시간 낭비를 할 수밖에 없다. 미리 알았더라면 과제도 취업과 관련해서 준비할 텐데 관련 없는 소재로 선택해서 시간을 낭비한 게 아닐까? 도대체 내가 뭐한 거지? 4년 동안 무엇을 위해 이렇게나 많은 수업을 들었고, 졸업했을까? 실제 업무에서 필요한 능력과 차이가 너무 커서 충격을 받을 수밖에 없다.

2018년도부터 채용에서 학벌에 대한 인식 변화가 시작되었다. '학벌 중시'가 아닌 '업무 적합성'을 중요시하는 채용 문화로 점차 바뀌면서 학벌을 점점 내려놓게 되고, 대학 중퇴자와 고졸도 많아지고 있다. 공기업과 세계적 기업에서는 이력서에 학교 작성 공간을 삭제하고 있는 반면, 아직도 우리나라 상위 50위권의 회사들은 일명 '스카이(서울대, 고려대, 연세대)'와 '서성한 중경외시(서강대, 성균관대, 한양대, 중앙대, 경희대, 한국외대, 서울시립대)', 이대 등을 선호하고 있다.

## 성실함을 어떻게 증명할 건가?

학벌을 포기한 지원자 중에서도 좋은 기업에 가고 싶다면 조건에 맞는 준비와 특별한 무언가가 필요하다. 하지만 특별한 무언가가 있는 경우가 극히 드물다. 그래서 선택할 수 있는 폭이 좁다 보니, 학벌이 어느 정도 영향을 주는지 정확하게 알아야 한다. 이런 논란 가운데 막연하게 취업 준비생에게 희망 고문을 하기보다는 사실을 알려야 제대로 된 전략을 세울 수 있을 것이다.

대학교에서는 수업을 가장한 취업캠프가 존재하지만 각자 생존을 위해 내보내질 뿐 학생들을 위한 직접적인 취업 컨설팅을 해주지는 않는다. 취업 준비하는 법을 잘 모른 채 다들 졸업하게 되는 것이다. 그렇다고 해서 대학에서의 배움 자체를 부정하는 건 아니다. 그동안의 초중고등학교에서는 느껴보지 못한 작은 사회를 간접적으로나마 대학에서 경험하게 된다.

무임승차, 친구의 학점 배신, 쓰라린 연애 경험, 음주·가무 등 큰 사회로 나아가기 위한 대비 과정이라고 생각한다. 대학에 가야 하는 사람이 있고, 가지 않아도 되는 사람이 있다. 꼭 대학에 가야지 성공하는 건 아니지만 UX/UI 직무로 취업하기 위해서는 고졸보다는 전문대, 전문대보다는 4년제 대학이 유리한 게 사실이다. 내세울 게 없으면 대학이라도 좋아야지 취업에 유리한 것은 부정할 수 없는 사실이다. 갑자기 어떠한 상황 없이 갑자기 열심히 잘하기는 힘들다. 대학교에 들어갔다면 시간이 아깝다가 아닌, 교육의 이유와 마인드를 잘 새겨야 한다. 교육은 이론 중심으로 우리의 지식을 풍성하게 만들어준다.

서울실업고등학교에 UX/UI 포트폴리오 특강을 나간 적이 있다. 고등학교지만 바로 취업해야 하므로 실무 같은 수업을 원했다. 실태를 살펴보니 직무에 대한 이론과 교육 없이 그냥 기계처럼 반복적으로 만들기만 했다. 대부분 과제를 잘 안 해오고 내 프로젝트에 애착과 애정이 없어 보였다. 1:1 상담을 해보니 그냥 직장에 들어가서 일해야겠다는 학생들이 대부분이었다.

꿈 교육이 필요하다고 절실히 느꼈다. 하지만 아무리 말해도 지금 당장 급하지 않으니, 실행력이 떨어지고, 과제를 해오지 않았다. 간절하지도 않기에 동기부여도 먹히지 않았다. 그들의 가치관을 단시간에 바꾸는 건 역부족이었다. 가르치는 시간이 아깝다는 생각이 들어 수업을 자진 포기했다. 스스로 깨닫는 날이 생겨야 비로소 사람은 조금씩 변화한다. 그래서 많은 경험을 할 수 있는 교류의 장이 필요하다.

지나고 보면 대학교도 필요한 경험이 된다는 사실을 깨닫는다. 주어진 일에 최선을 다하는 자세와 집중하고 버티는 능력을 키워주는 곳이다. 혼자 끝까지 처리하는 힘을 기르기 위해 개인 과제를 수행하게 하고, 회사는 그룹 집단이다 보니 조별 과제로 소통하면서 프로젝트를 마무리하는 힘을 만든다. 좋은 인맥을 만들 수 있고, 동아리까지 이어지기도 한다. 그렇게 되지 못할 때는 서로 다투면서 안 좋은 팀으로 남게 된다. 이렇게 작은 실패도 경험한다. 그래서 제대로 준비할 때는 채용에 우대하는 분야의 전문성을 쌓기 위해 대학교에 다니고, 노력하는 자세가 만들어진다. 대학은 취업에서는 명함이다.

대학에 안 가도 성공할 수 있지만, 직장이나 삶에 있어 분명 유리한 것들도 만들어준다. 수많은 시행착오와 메타인지(자신이 무엇을 알고 무엇을 모르는지 아는 것, 자신의 생각에 대해 판단하는 자기 인지 능력을 뜻한다)가 쌓여 많이 헤매면서 해온 노력들이 어디 가지 않는다. 그 모든 것이 밑거름이 되어 좋은 영향을 줄 것이다. 일찍이 꿈이 있거나 대학교에서 굳이 배우지 않아도 되는 일의 형태라면 대학에 안 가도 되겠지만, 대부분 대학 시절의 경험은 주어진 일에 열심히 할 수 있도록 만들어주는 계기가 된다.

## 사설 교육은 선택이 아닌 필수다!

요즘 취업 학원과 온라인 강의의 경쟁이 치열하다. 그만큼 수업 수준도 많이 올라왔고 실무 경험이 없는 사람들이 대학교와 달리 실무에서 일하는 것처럼 배울 수 있으니, 기대를 많이 하고 등록한다. 실제 프로젝트 순서로 커리큘럼을 짜서 진행한다. 그래서 사설 강의는 무조건 받아야 한다.

하지만 대부분 강의 커리큘럼이 괜찮음에도 불구하고 완강을 하지 못한 채 흐지부지될 가능성이 크다. 강사 선택도 잘해야 한다. 유명하냐가 문제가 아니라 내 공부에 도움이 되는지 안 되는지 기준이 있는 상태에서 수업을 들어야 한다. 유명하지 않아도 강사의 설명이 나에게 맞는다면 좋은 강사다. UX/UI에 대한 자신만의 기준이 설 때까지는 강의를 듣지 않는 편이 좋다.

현장에서 실무를 경험한 선배들이 후배들의 시행착오를 단시간으로 줄여주기 위해 꿀조언들을 전수하려고 강사의 길에 들어서는 경우가 많다. 그래서 수강료는 시간을 단축해주는 경험값이라고 보면 된다. 수강료가 아깝다면 배움을 포기하면 된다. 온라인보다는 학원이 좋고, 학원보다는 과외를 추천하고 싶다. 그 이유는 강의의 수준 차이라기보다 끝까지 완주할 가능성 때문이다. 사실 완강률은 수강생의 의지에 따라 달라진다. 나 역시 한 번도 온라인을 끝까지 완강해본 적이 없다. 하지만 언제든지 들을 수 있으므로 구매해놓는다. 언제 다 들을 수 있을지는 의문이다. 온라인 장점은 수강료가 저렴하고 시간과 공간의 제약을 받지 않아 언제든지 반복해서 들을 수 있다는 것이다. 단점은 현장감이 떨어져 집중력과 자제력의 문제가 있고, 강의에 대한 지나친 의존 가능성, 인터넷 환경의 유혹을 떨치기 어려워 끝까지 못 듣는 경우가 많다는 것이다.

회사로서는 본 업무 외에 다른 것을 하는 것을 선호하지 않기 때문에 강사로 일하는 것을 비밀로 하는 경우가 많아 현직과 전직의 구분이 힘들고 신상을 언제든지 숨길 수 있다. 가끔은 진실하게 작성된 곳도 있지만 강사의 경력이 과대 포장된 경우도 있다. 주입식 교육을 하므로 보고 따라 해야 하는 교육이 대부분이며 학생 수가 많아 피라미드 성과 방식이다.

그런데 현실은 온라인, 학원, 과외에서 받은 교육을 실무에서 안 쓰면 그만이다. 요새 사용자가 똑똑해진 만큼 강의 선택 기준이 까다로워지고 있어 이젠 공격 마케팅이 통하지 않는다. 최대한 잘 가르치는 경쟁사 강의에 침투해서 라이팅 워딩을 훔치는 형태로 마케팅을 이용한다. 마케팅은 화려하지만 실상 수업은 별로인 경우가 더 많다.

## 좋은 멘토를 찾으면 꿈이 시작된다!

신수정의 책 《일의 격》에서는 "가장 훌륭한 멘토는 당신이 돈을 많이 지불한 멘토"라고 했다. 돈을 지불하고 들을 가치가 있기 때문이다. 마음으로 가르치는 멘토를 찾는다면 더할 나위 없이 좋다. 강의 비용이 값비싸다면 이유가 있을 것이고, 감사한 마음으로 최선을 다해 배워야 한다.

이런 멘토의 특징은 너무 완벽한 경력보다는 실패와 시행착오를 많이 겪은 무림 고수와 같은 느낌을 풍긴다는 것이다. 사람을 변화시키고 실행시키는 멘토기 때문에 많은 변화를 가져다준다. 꾸준한 동기부여를 주며, 수준 높은 질문을 통해 결국에는 스스로 답을 찾게 한다. 인간으로 성숙하게 만드는 피와 살 같은 가이드를 제공하기 때문에 없던 꿈도 만들어준다.

좋은 멘토를 구별하는 법

1. 핵심을 찌르는 질문을 하는가?
2. 자신의 답이 맞지 않다고 강요하지 않으며, 선택을 하게끔 유도하는가?
3. 모두에게 같은 시간을 쓰면서 봐주지 않고 소통을 통해 스스로 깨닫게 하는가?
4. 자신의 의지로 길을 가도록 배려하는가?
5. 방치처럼 느껴지지 않고 충분히 수행할 수 있게 기다려주는가?

좋은 멘토는 핵심을 찌르는 질문을 하고 그 질문이 매력적이다. 내가 어떠한 질문을 해도 답변이 홍수처럼 쏟아져 고민이 단번에 해결된 느낌을 받는다. 진지한 경청과 피드백을 하고, 말보다는 듣는 것을 먼저 하고 답을 강요하지 않는다. 그렇게 스스로의 의지로 길을 가도록 배려한다. 방치된다고 생각할 수 있지만 방치가 아닌 충분히 수행할 수 있게 기다려주는 것이다. 상대의 시간에 대한 배려심이 있다. 하지만 그 선을 넘으면 다음부터 기대하지 않는다.

처음 존중을 받을 때는 잘 모르지만, 어느 순간 나의 멘토가 나의 위엄을 지키기 위해 노력한다는 사실을 깨닫게 되면, 엄청난 감동을 받는다. 그 밖에도 다른 사람에게 인정받으려 애쓰지 않으며 말을 꾸며내지 않고 있는 그대로 전달한다. 성과를 투명하게 공개하고, 자신이 상대와 어떤 가치 있는 말과 행동을 주고받는지에 집중한다. 인정은 그 뒤에 자연스럽게 따라온다. 이런 멘토는 좋은 멘토며, 스스로에게 충실하고 자신만의 기준이 확실하게 있다.

## 경솔한 수강생은 애초에 거른다!

전문 지식을 전하는 멘토가 조금이라도 어려 보이면 무시하는 사람들이 있다. 이런 사람의 특징은 멘토의 나이와 경험, 그리고 출신을 반드시 물어본다는 것이다. 수업을 듣고 속으로 판단해도 늦지 않다. 커뮤니티에서 들었던 소문만 듣고 멘토의 수준을 테스트하려고 든다. 이런 사람은 애초에 수강생으로 받지 않는 게 좋으며 끝까지 데리고 있어봤자 끝이 좋지 못하다. 수업할 때마다 힘이 들고 스트레스를 받는다. 약점이라도 생기면 물고 뜯거나 감정적으로 동요시키고 휘두른다.

프로젝트의 기간이 정해져 있고 스스로 수행해야 할 때 완성을 하지 못하고 포기하면 결국 가르쳐준 멘토의 실력을 탓한다. 시간을 최대한 질질 끌려고 하고, 결석을 밥 먹듯이 한다. 꼭 한 번쯤은 불쌍한 척 봐달라고 부탁한다. 이런 수강생은 멘토의 가치를 무시한다. 멘토는 약속한 시각에 나와 수업하고 있다. 상대가 자기 기분대로 움직여줘야 직성이 풀리는 상당히 이기적인 학생인데, 이런 사람의 특징은 수업 분위기를 다운시키거나 안 좋게 만든다.

힘을 합쳐 만들었음에도 마지막에 뒤통수를 치는 수강생이 꼭 있다. 지정된 시간이 아닌 합의되지 않은 시간까지 멘토를 귀찮게 해서 지나친 도움을 받고, 마지막 결과물을 한꺼번에 독차지한다. 멘토를 도구로 다루며 필요 없으면 버리는 사람이다. 한 번은 실수로 거두지만 이런 수강생은 두 번 다시 받지 않는 것이 좋다.

배움 안에 있는 만큼은 매너를 지키는 것이 좋다. 함께해준 사람에 대한 존중이 필요하다. 자기 시간을 쓰는 것을 극도로 싫어하면서 멘토에게 도움이 되는 행위를 하는 것 자체를 자기가 손해 본다고 생각하는 사람도 있다. 이런 사람은 더 잘해줄 필요도 없다. 멘토에게도 도움이 되는 수강생들이 필요하다. 그래서 경솔한 수강생은 애초에 걸러 좋은 에너지를 최대한 비축해 간절한 수강생에게 정성을 쏟아야 한다.

# 주변 환경이 당신의 취업을 결정한다

"이 세상에서 정말 위대해지는 방법은 없다.

우리는 모두 모진 환경의 지배를 받는다."

— 제임스 딘(James Byron Dean) —

어릴 적부터 나는 그림 그리는 것을 좋아해서 미술학원에 가고 싶다고 졸랐다. 하지만 엄마는 미술을 배우면 그저 돈을 못 버는 화가만 되는 걸로 알고 완강히 반대했다. 그때는 나도 많이 어리고 직업도 뭐가 뭔지 잘 몰랐다. 그저 그림을 썩 잘 그리지 못했기 때문에 거절하신 것 같았다. 그 뒤로 엄마한테 칭찬 한번 받아보겠다고 그림만 그렸다. "그림 잘 그리네" 이 한마디가 너무 듣고 싶었다.

그래서인지 항상 자신감이 없었고, 내성적인 성격이었다. 하지만 엄마는 그림 같은 것 그리지 말고 학교 공부를 열심히 하라고 강조했고, 그러다 보면 학교 선생님이 될 수 있다면서 꼭 선생님이 되라고 강요하시다시피 했다. 솔직히 나는 관심이 없었다. 당시에 선생님이 뭔지 모를 때는 누군가의 뒤에서 뒷받침한다는 것 자체가 멋도 없고, 내키지도 않는 일이라고 생각했다.

영어학원과 피아노학원에 보내줘도 동기부여가 없어 잘하지 못했다. 왜 해야 하는지 몰랐다. 결국에 답이 보이지 않자, 엄마는 그림이라도 그렸던 나를 미술학원에 보내기 시작했다. 미술에 관해서 알지 못했기 때문에 그때부터 엄마는 나에게 정보를 줄 수 없었고, 직무에 관한 건설적인 이야기를 일절 나누지 않았다. 혼자 알아서 헤쳐가야 했다.

## 내 미래를 위해 가족이 진지하게 소통해본 적이 있는가?

엄마는 직업이 카멜레온처럼 자주 바뀌었다. 새벽에는 우유와 신문 배달, 1년 동안은 전력 회사에 다니면서 저녁에는 도시락 가게, 틈틈이 전기 공사에 필요한 고무 안에 볼트를 끼우는 아르바이트도 하셨다. 너무 여러 가지 일을 해서 정확히 무슨 일을 하셨는지 아직도 잘 모를 정도다.

엄마는 종종 짬을 내서 아파트 단지 모임에 나가 이런저런 이야기를 듣고 오셨다. 모임에는 대부분 아기 엄마가 많았다. 주부, 중소기업에 다니는 직장인, 장사하는 분들이 많았다. 그중 가장 괜찮았던 직업이 대기업 회사원이나 중학교 선생님이었다. 당시 여성의 직업이 선생님이면 결혼을 잘한다는 이야기가 있었다. 때마다 해외여행도 자주 갈 수 있다는 소리에 엄마는 그게 부러운 눈치였다.

수다가 시끌벅적하게 무르익자, 아주머니들은 다들 남편 자랑하기 바빴다. 늘 일정한 시간에 칼퇴근, 안정적인 수입, 주말 데이트, 기념일 선물 같은 자랑을 들을 때마다 엄마는 더욱 비참해졌다. 더군다나 남편 이야기만 나오면 입 꾹 닫는 엄마를 보며 사람들은 수군거렸다. 아빠가 집에 자주 오지도 않고 마주칠 일이 없기에 이혼가정으로 착각하는 경우가 많았다.

가끔 엄마가 아빠와 통화하는 내용을 엿듣게 되면 떨어져 사는 것 때문에 불만을 털어놓는 엄마의 시끄러운 목소리와 거실에서 우는 소리가 내 방까지 들려와 눈치가 보여 숨죽이고 이불 속에 꼭꼭 숨어 있곤 했다. 엄마는 그 뒤로 우리를 학원에 보내려고 악착같이 돈을 벌었다. 아쉬운 건 충분한 대화를 통해 우리가 잘하는 것을 관찰하며 파악한 다음 학원에 보냈더라면 더 낫지 않았을까 싶다.

하지만 지나간 세월을 후회해서 무엇하겠는가. 그 당시에는 '아이들 교육은 학원만 보내면 선생님이 알아서 책임지겠지'라는 생각으로 맞지 않는 학원만 보냈다. 다니는 학원의 가짓수는 아주머니들의 자존심 싸움으로 번졌다. 피아노, 속셈, 태권도 등 자기 아이를 파악해서 보내는 것이 아니라 그저 유행 따라 학원에 돈을 들이는 것이 교육이라고 생각했을 것이다.

네이버웹툰에서 대박을 터트린 〈여신 강림〉의 '야옹이'라는 작가 분이 만화로 몇 억 원을 벌었다는 성공 인터뷰를 보았을 때, 그림으로도 그렇게 돈을 벌 수 있다는 것을 처음 안 엄마는 "어렸을 때 재능이 있었던 것 같은데 그때 왜 막았을까?" 하시며 이제 와 지난 일을 미안해하신다.

자신이 잘 모르는 분야라고 위험하다면서 아이들까지 경험하지 못하게 해서는 안 된다. 맞벌이라서 아무리 시간이 없고 바빠도 하루 정도 전문가를 찾아 자문할 수 있는 시간은 있다. 지난 일을 원망하면 안 된다는 것을 머리로는 알지만, 그래도 크면서 콤플렉스로 자리 잡았다. 아무리 바빠도, 삶에 여유가 없어도 충분한 휴식 시간은 가질 수 있었다는 것을 알게 된 순간 우리의 미래에 대해 크게 생각하지 않았다는 것을 깨달았다.

부모님도 나름의 다른 현실적인 목표가 있었다. 남들에게 떳떳하게 보이기 위해 번듯한 아파트를 얻는 일에 집중하신 것 같다. 그 목표를 이루고 나서는 우리에게 충분히 사랑을 줬다고 말하다가, 커가면서 아쉬운 게 보이고 신경을 못 써줬다는 것을 알게 되면 그땐 미안하다면서 원망하는 자식을 미안하게 만든다. 그런데 사실, 환경 탓을 할 게 아니라 나 또한 꿈을 위해서 노력했던 적이 없었다. 내 스스로 자책하고 지난날을 후회하게 된다. 내 미래를 위해 가족과 진지하게 소통한 적이 없었다는 사실이 응어리로 남게 된다.

## 꿈이 큰 친구와 꿈을 공유해라

보통 취업을 준비할 때 진심으로 응원해주는 친구가 있는 반면에 방해되는 친구가 있다. 포트폴리오를 보여주면 진짜 열심히 만들었지만, 주변 반응이 좋지 않다. 취업 준비할 때 집중해야 하니 친구와 예전처럼 잘 놀지도 못하고 좋은 취업 소식이 때론 취업을 준비하는 친구들에게도 심리적 압박감을 줄 수 있어 합격 사실을 굳이 알리지 않는 사람들도 많다. 겉으로 축하는 해줬지만 초조해지니 진심으로 축하해주지 못하는 사람도 있다. 그래서 굳이 소식을 알리지 않는다. 포트폴리오를 만들고 있는 과정에는 비밀로 하는 것이 좋다. 최대한 피드백은 주변 지인이 아닌 멘토에게 구하자. 친구에게 피드백을 받다 보면 어느 순간 그 친구와 멀어지고 있다는 것을 느끼기 때문이다.

지인의 취업 성공에 대한 상대적 박탈감 때문에 취업 준비생들끼리는 비밀로 준비하는 것이 배려일 수 있다. 마음이 넓지 않아서 친구가 좋은 곳에 취업했다면 배가 아프다. 포트폴리오 작업을 했다고 보여주면 괜한 심술이 나서 제대로 된 피드백이 어렵다. 집중적으로 준비하는 상황을 오히려 더 방해하거나 집중하지 못하도록 흔들리는 말로 피드백을 요동치게 만들 수 있고, '미안하지만 제발 떨어졌으면 좋겠다'는 생각이 들 수도 있다.

자격지심은 사람에게 있어서 필요한 감정이다. 나도 처음에는 그랬다. 서로가 비슷하니 취업 준비를 같이하면 서로 정보를 공유하고 자소서(자기소개서)도 봐주면서 도와준다. 하지만 결과가 똑같이 좋지 못하면 분란이 생긴다. 친구는 결과가 좋은데 내가 좋지 않으면 의도적으로 만남을 피하게 된다. 그 친구는 자기 집중을 잘했고 나는 잘하지 못해 얻은 결과지만, 그것을 인정하기 싫었다.

친구가 나보다 못했던 것만 보여 내 도움을 받고 조건이 좋아진 거라며 질투의 감정이 생긴다. 하지만 기분 좋지 않은 표정을 혹시라도 들킬까 걱정된다. 어떤 표정, 어떤 말을 해줘야 할지 모르겠다. '내가 걔보다 뭐가 부족하지?' 이렇게 생각하게 된다. 사람이기에 당연히 시기, 질투의 마음이 들 수 있다.

차라리 친구에게 솔직하게 털어놓고 "내 상황이 좋지 못해서, 진심으로 축하해주지 못해 미안해" 이렇게 말한다면 약간의 거리감이 생기겠지만 관계에서 배려라는 또 다른 관계 모양이 생긴다. 성장한 친구의 관점에서 새로운 환경에 들어갈 수 있는 기회가 생긴 거다. 나 또한 자극받고 분노해야 좋은 환경에 들어갈 힘이 생기고, 들어가기 위해 피나는 노력을 해야 한다.

하지만 꿈이 큰 친구는 다르다. 굉장히 특이하고 발상이 남다르다. 항상 긍정적인 말만 해준다. 어떨 때 보면 좋은 말만 듣고 안주하라고 하는 뜻인 것 같아 부정적인 생각이 들 때도 있지만 그건 크나큰 착각이다. 그런 친구는 무한의 에너지를 준다.

꿈이 큰 친구들은 응원과 격려를 해준다. 도대체 어떤 인생을 살아왔길래 저렇게 생각할 수 있을까 감탄스럽다. 환경이 좋아서 그런 거겠지 생각하게 되면 부러워지고, 그러면 내가 치졸하거나 작아지는 느낌이 들어 그 공간에 오래 머물러 있지 않으려고 한다. 최대한 한 번의 에너지만 받고 잠적한다. 친구의 열정에 비해 내 노력이 적어 어느 순간 게을러지고 귀찮으니 관계를 그만둔다. 천천히 성장해도 좋으니, 관계를 포기하지 않고 최대한 소통해서 꿈을 같이 키워서 그 길을 묵묵히 함께 가고 있다고 느끼게 되면 나 자신에게도 변화가 생긴다.

## 부정적인 감정은 나누지 말고 피해라

날이 갈수록 취업난에 시달리고 지친다. 그래서 서류에서 탈락하면 도전이 무섭고 시작할 엄두가 안 난다. 이런 감정은 우리를 불안하게 만든다.

"얼른 취업해야지, 뭐하니?"

살면서 주변의 눈치를 보게 만드는 말을 한번은 들어봤을 거다. 열심히 안 하고 노는 것으로 보여 압박을 주는 말이다. 나도 모르게 조급해지고 빨리 취업하지 않으면 안 될 것 같아 시간을 많이 쓸수록 죄책감이 들고 미안해진다. 어디론가 숨고 싶다. 하루하루 갈수록 돈은 떨어져가고 고립된다. 이렇게 준비하는 사람은 어떠한 정보 교류 없이 혼자 힘으로 취업을 준비하려고 한다. 눈치가 보여 학원비 달라는 소리도 못 하고 숨어서 버티고만 있다.

이런 사람의 특징은 자소서를 오래 붙잡고 있으나 이전에 썼던 지원동기를 그대로 돌려쓰고, 주력으로 하는 업계가 없고 그냥 모든 업계의 직무를 다 쓰려고 한다는 것이다. 원서도 업계 및 직무 위주가 아닌 기업 위주로 쓰고, 취업을 아직도 운이라고 생각한다. 취업을 핑계로 힘들다는 말을 입에 달고 산다. 면접이 잡히면 그때야 준비한다.

이러한 방법이 나쁜 것만은 아니지만, 혼자 준비하면 엄청난 시행착오의 시간을 견뎌야 한다. 그래서 집중할 수 있는 공간에 나를 던져 준비하면 조금 더 빠르다. 주변 사람들의 도움을 받으며 긍정적인 동기부여와 꾸준한 꿈 소통을 한다면 목표에 도달하기 훨씬 쉽다. 그래서 꾸준히 긍정적인 에너지를 주는 멘토를 만나야 한다.

〈뇌는 말의 지배를 받는다. 말을 내뱉으면 그 말이 뇌에 각인되고 행동을 이끌어낸다〉

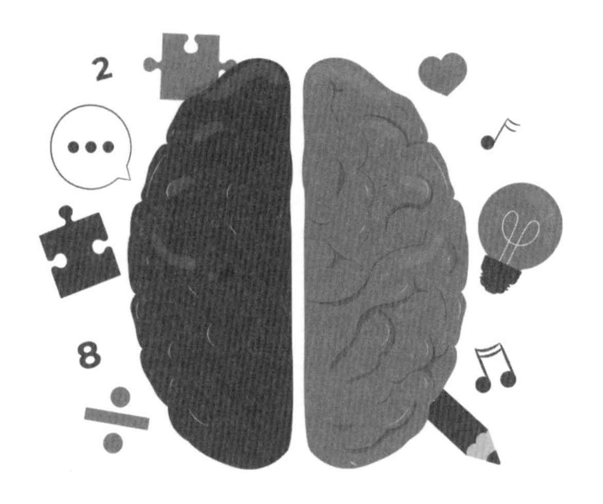


출처 : 저자 제공

*"역시 될 놈만 되고 안될 놈은 안돼."*

이런 말을 듣는 순간 될 놈이 아닌 안될 놈으로 확정짓는다. 그래서 될 애들만 될 거라는 생각에 나 역시는 안될 사람인가 생각하게 된다. 인간 회피 성향인 '요나 콤플렉스(Jonah Complex)'가 발동한다. "저 사람이니까 가능하지! 애초에 학벌도 좋고, 전공자이잖아?" 하며 자기 능력을 과소평가해 성장을 회피하는 현상이다. 원래 우리 몸은 힘든 일이 닥치면 두려움을 느낀다. 그 두려움으로부터 우리 자신을 지키기 위해 방어기제를 세운다. 그로 인해 안전하지 않은 길은 최대한 피하려고 노력하고, 직업의 안정성 등을 추구하게 된다. 자기계발서에 나오는 뻔한 말을 실행

**〈"어제와 똑같이 살면서 다른 미래를 기대하는 것은 정신병 초기 증세"라고 말했던 아인슈타인〉**

출처 : 저자 제공

해야 극복할 수 있다. 스트레스를 대담하게 돌파하고, 자신의 요나 콤플렉스를 벗어던져야 한다. 될 사람은 되고 안될 사람은 안되고의 차이는 단 하나, 실행하느냐 안 하느냐에 달려 있다.

*"돈 아까워! 하지 마! 공짜로 들어!"*

어느 한 유명 커뮤니티의 방장이 강의를 돈 주고 들으면 아깝다고 말했다. 브런치에 글을 쓰고 있는 영향력이 있는 분인데, 그 사람을 좋아하는 사람들은 똑같이 편견을 가진다. 무료는 공짜라는 이름의 유인책 같은 거다. 사람들은 대개 공짜에 혹한다. 공짜를 좋아하는 사람은 호구 고객이 될 확률이 높다. 장사꾼은 손해 보는 장사를 안 한다. 돈 안 쓰고 누릴 수 있는 것을 좋아하니까 가난하다. 이런 사람들의 특징은 계속 어렵게 살거나 예전에 비해 딱히 나아진 게 없다는 것이다. 그저 바라기만 하면 성장은 어렵다. 공짜로 뭔가를 쓰는 사람은 결국 지갑을 열게 되고, 그리고 공짜 때문에 예상치 못한 지출을 하게 된다.

공짜 마케팅을 잘하는 곳은 기업이다. 어떻게 해야 더 돈을 쓰는지 잘 알고 있다. 근본적으로 손해 보고 장사하는 곳은 단 한 군데도 없다. 공짜로 강의를 들으면 의지가 꺾인다 해도 손해 볼 게 없고, 안 해도 좋으니 쉽게 생각한다. 반면에 많은 돈을 쓸수록 그리고 프로그램이 엄격할수록 진지하게 받아들인다. 공짜거나 싸면 진지하게 받아들이지 않는다. 해도 좋고, 안 해도 그만으로 경제적 손실에 타격을 주지 않으니, 우선순위에 밀려서 함부로 하게 된다.

〈"공짜 치즈는 쥐덫에만 놓여 있다"는 러시아의 속담〉

출처 : 저자 제공

부정적인 감정은 교류해봤자 안 좋은 잔재만 남는다. 그래도 '말해야 속이 풀리잖아!'라고 생각하는 사람이 있다. 그건 어디까지나 말하는 사람'만' 생각했을 때다. 부정적인 생각과 분위기는 병이고, 바이러스처럼 전염된다. 최소한 사람을 배려한다면 부정적인 감정은 교류하지 않는 편이 좋다. 만약에 들어주는 사람이 있다면 그 사람에게 정말 감사하면서 살아야 한다.

만약 부정적인 감정을 교류할 수밖에 없는 상황이라면 말하기 전에 듣는 이에게 허락은 맡았으면 한다. 그 말을 듣는 사람은 무슨 날벼락인가? 상대방이 나중에 느낄 후폭풍도 생각해줘야 한다. 자신의 부정적인 감정을 들어주는 사람이 없다면 정신과에 가서 돈 내고 상담을 받으면 된다. 그래서 부정적인 말과 감정의 교류는 취업 준비하는 사람에게 '죄악'이니 최대한 듣지도 말고 상황을 피해야 한다.

# 취업 준비,<br>멘토 없이는 안된다

"한 명의 훌륭한 교사는, 때로는 타락자를
건실한 시민으로 바꿀 수 있다."

– P. 윌리(독사들의 세대)–

취업은 혼자 준비하면 어렵다. 혼자 준비하는 게 틀린 건 아니지만 혼자만의 판단을 굳건히 믿고 간다면 괜찮다. 견디는 과정에서 수많은 실패와 번아웃을 극복하기 위한 단련된 회복 탄력성을 갖기까지 시간이 오래 걸린다. 시행착오를 하나하나 겪으면서 좌절과 실패를 즐기고 다시 도전해서 하나씩 문제를 풀어가는 쾌감을 느끼는 과정이라고 할 수 있지만, 생각보다 상처를 많이 받을 것이고, 상처가 아물면서 강해진다.

수많은 실패와 좌절을 견뎌낼 자신과 힘이 있다면 과감히 혼자 이것

저것 준비해도 좋다. 그런데도 왜 멘토가 필요하냐면 멘토는 프로그램으로 움직이기 때문에 시작과 끝이 반드시 있다. 어찌 보면 사람 관리의 영역이니 한 번도 끝까지 해보지 않았던 사람들에게 포기하지 않고 완수할 힘을 기르게 한다. 그래서 필요하다는 거다.

이런 도움 없이 자신이 직접 수만 가지의 시행착오를 겪어서 조언하는 위치가 되기까지 엄청난 시간을 투자하고 견딜 수 있으면 혼자 해도 멋있게 클 수 있다. 하지만 이게 너무나 두려우니 누군가 관리·감독해줘야 하기 싫은 사람도 하게 된다. 진입장벽이 너무 높게 느껴지면 하기 어려워진다. 그래서 이 강도를 낮추기 위해 누군가 쉬운 방법으로 알려줄 수 있는 사람을 찾아야 하고 무조건 도움을 받아야 한다. 돈을 써서 최고의 멘토를 찾아 시간을 최대한 단축해야 한다.

〈다양한 장르를 디자인했던 과거의 작업물〉

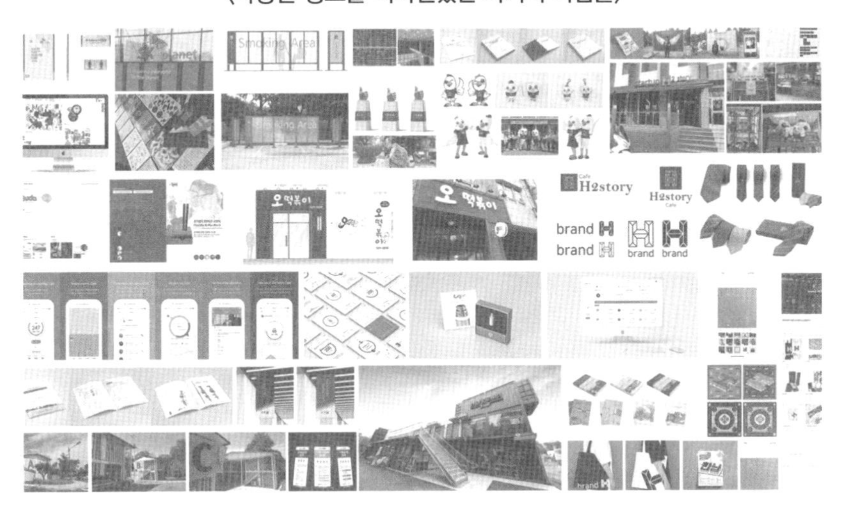


출처 : 저자 제공

나도 처음에는 혼자 해결하는 게 편했다. 도구를 잘 다루지 못하는 상태에서 무조건 죽이 되든 밥이 되든 결과물을 만들어야 했다. 항상 3개월 동안 회사에 적응할 때까지 동료 직원들이 나를 보고 '일 못해 보인다고 생각할까?' 생각하며 스트레스로 밤을 지새웠다. 그래서 무조건 그날 터득해야 했고, 밤새우면서까지 작업해야 했다. 그런데도 왜 학원에 다니려고 생각도 안 했고, 왜 한 번도 다닌 적이 없을까? 지금 생각해보면 도움을 요청해보거나 부탁해본 적이 없기 때문이다. 그래서 답답하게 혼자 해결하려고 애를 썼다. 당시 돈이 나가는 게 아깝고, 시간은 걸려도 혼자 만들 수 있으므로 굳이 도움을 안 받았다. 시행착오를 겪어서 얻은 것도 물론 있지만, 그래도 시간을 아껴서 만들 수 있는 방법이 있는 걸 알았더라면 그때 투자할걸, 배워볼걸, 부탁하는 게 좋았을걸 하는 사실을 깨닫기까지 오랜 시간이 걸렸다.

## 최고의 멘토는 부모로 시작된다!

부모는 내게 착하고 도덕적인 것만 강조했다. 새로운 도전을 하고 싶어서 조를 때 항상 엄마는 "안 돼", "하지 마"를 입에 달고 다니셨다. 그래서 항상 뭔가 하지 않는 쪽을 택했다. 그 이유는 '돈이 없어서'라고 했다. 그러면서 왜 영어학원은 보낼 생각을 했는지가 아직도 의문이다. 영어를 해야 하는 동기부여를 심어주셨다면 열심히 했을 거 같은데, 그러지도 않으셨다.

나는 착한 사람이라는 이유로 절대 나서거나 튀는 행동을 안 했다. 조금 튀었다간 거슬린다며 친구들이 바로 떠날 것처럼 보였기 때문이다. 친구들의 기분을 항상 맞춰야 했다. 이런 학교생활도 엄마한테 말하면 괜히 걱정하실 것 같고 막상 말하면 돌아오는 대답이 "그건 아무것도 아니고 대학교 가면 괜찮아진다"였으니 이런 고민을 하는 내가 이상한가 생각했다. 그냥 빨리 시간이 가기를 바랐다.

내성적이고 자신감이 없었고 조용하고 항상 땅을 보고 다녔다. 슬리퍼 신발을 들고 다니지 않고 질질 끌었다. 친한 친구도 없었고, 아이들의 기분에 맞춰 눈치를 많이 봤다. 담임선생님이 학생들 보는 앞에서 신발을 끌지 말라며 내 정강이를 발로 찼다. 어떻게 반응해야 몰라서 10초간 충격을 받아 넘어져 그대로 얼어붙었다. 얼어붙은 그 상태의 나를 선생님은 잡아끌어 세웠다.

주변에 있었던 친구들도 "헉!" 하면서 바라만 봤다. 나를 이용해서 학생들에게 카리스마 있는 선생님처럼 보이고 싶은 걸까 생각하며, 무섭고 위압감이 들어 당시 어렸던 나는 아무 말도 할 수 없었다. 그 이후 담임선생님에게 함부로 대드는 학생이 없었다. 나는 아직도 전체 학생이 보는 앞에서 정강이를 맞고 수치스러움을 느꼈던 그 일이 상처로 남아 있다.

한 친구가 항상 자신감이 없는 나를 답답해했다. 발표할 때 입을 꾹 닫고 있는 나에게 "너는 왜 말을 못해? 7 해봐, 7! 말해봐!"라며 강요했다. 몰라서 대답하지 못하는 게 아니라 자신감이 없고 주눅이 들었다. 친구는 "야, 너 바보야?" 하면서 한심해하며 한숨을 쉬었다. 아마도 자신감을 가지라고 어린 나이에 알려주고 싶었던 것 같다. 나는 단 한 번도 부모님께 칭찬받은 적이 없다. 그리고 항상 하는 것마다 안 된다고 하시니 나를 숨기는 방법밖에 없었다.

항상 뒤에서 눈치 보면서 살았는데, 국어 시간에 문제를 많이 틀려 매를 맞았을 때 아무 표정 없이 맞는 내 모습을 보고 친구들이 대단하다는 듯 쳐다봤다. 검정 쇠 파이프로 엄청 세게 때려서 학생들이 그 선생님을 특히 더 무서워했다. 정말 아팠지만 아픈 것을 참는 내 모습에 친구들이 놀라워하니, 관심이라도 받고 싶었다.

그래서 공부를 안 하고 선생님 보는 앞에서 대놓고 잠을 자고 모두가 쳐다보는 앞에서 매를 맞는 것으로 자존감이 올라갔다. 이 무서운 선생님의 매도 안 아픈 척 맞을 수 있으니까 여기에서 자존감을 끌어올리려 매번 선생님을 나만의 방식으로 괴롭혔다. 수업 시간에 잠자기, 칠판에 선생님이 뭔가 쓰고 있을 때 몰래 과자 먹기 같은 것으로 관심을 받는 것에 쾌감이 들었다.

그때마다 친구들의 "너 대단하다"라는 말에 칭찬받는 기분이었다. 성장을 위한 칭찬이 아니니 발전 가능성이 없었다. 잘하는 것으로 칭찬을 못 들어봐서 자신감이 없었고, 학창 시절 노는 것도 공부하는 것도 애매했다. 모범생처럼 열심히 공부해서 좋은 대학을 간 것도 아니다.

이건 자신감이 잘못된 방법으로 표현된 사례다. 일진 친구들처럼 누굴 때리거나 경찰서에 갈 정도로 심각한 반항기를 겪진 않았지만, 관심받고 싶어서 미친 짓을 했다. 인간은 누구나 인정받고 싶어 한다. 자존감과 자신감의 원천은 환경으로부터 만들어지기 때문에 그래서 가장 최고의 멘토는 부모라고 하는 것이다.

집안에서 대화를 많이 하고, 잘한 것에 대한 칭찬과 그에 따른 보상 체계가 잘 잡혀 있다면, 외부에서 긍정적인 에너지를 표출하고 자신감이 좋은 방향으로 발현된다. 이건 경제적으로 잘살고 못살고를 떠나서 관심의 문제다. 아무리 부모가 동창회, 모임에 나가서 자식 자랑하듯 칭찬한다고 그게 자식 귀에 들리기나 할까? 직접 칭찬해서 어릴 때부터 아이들에게 자신감을 키워줘야 한다. 그래야 아무것도 없어도 시작할 힘이 생긴다.

부모가 반드시 아이들이 목표를 정해서 끝까지 할 수 있게 과정에 대한 칭찬과 격려를 끊임없이 해줘야 한다. "괜찮아, 너 지금 잘하고 있어! 꼭 결과가 좋지 않아도, 넌 지금 상황에 최선을 다하고 있고, 이것을 끝까지 한 것 자체가 엄청 대단한 거야." 살아오면서 우리가 가장 하기 힘든 일 중 하나가 똑같은 일을 꾸준히 반복하는 것이다. 그래서 한 번의 단편적인 완성된 결과물에 기대한다. 하지만 버티는 힘을 키우는 것이 우선이다. 이것이 취업할 때 많은 영향을 끼친다.

무언가를 끝까지 하거나 버티는 과정이 훈련되어 있지 않은데 갑자기 잘한다는 건 도둑놈 같은 심보며 말도 안 된다. 기대와 결과만 바라기 때문에 진행하는 사람 입장에서는 괜히 부담스럽고, 도전하기 두렵고 포기가 쉬우며, 유지하기가 어렵다.

돈을 떠나 성장 과정에서 부모가 아이들을 관심 있게 신경 써주거나 바라봐주지 못하고, 소통하지 못한다면, 자식들은 커서 부모를 원망한다. 아이들이 커서 사회로 나아가 부모가 준 사랑처럼 똑같이 필요할 때만 부모를 찾게 될 것이다.

## 나는 어떤 멘토를 선택해야 할까?

최대한 다양한 멘토를 둬서 좋은 자리에 올라갈 수 있게 전략을 짜라. 성공적인 취업을 위해서는 좋은 멘토와 나쁜 멘토, 둘 다 경험해야 한다. 그래야 반면교사를 삼을 수 있고 나 또한 좋은 멘토가 되기 위해 노력한다. 좋은 멘토는 미래를 보는 사람이다. 반면, 안 좋은 멘토는 과거와 현재만 보는 사람이다. 나쁜 멘토는 나를 신뢰하지 않고 나를 자신보다 열등한 존재로 여기고 대한다.

우리가 언제 멘토가 필요한가 생각해보면 '업무 처리할 때'가 가장 많을 것 같지만 '업무 스트레스를 해결하기 위해서'인 경우가 더 많다. 고민을 털어 잠깐 위안으로 삼을 수 있는 공간이 필요한 것이다. 왜 멘토를 구해야 할까 그 이유를 생각해보면 '업무 능력을 키우기 위해서', '대처 능력을 키우기 위해서', '미래를 대비할 만한 정보를 얻기 위해서' 등 멘토 관점에서 상담제를 해야 하는 명분을 만들 수 있다. 아무것도 모르는 상태에서 멘토를 찾거나 하면 큰 수확을 기대하기 어렵다.

나쁜 멘토는 야근을 밥 먹듯이 하고, 업무시간에 집중하지 못 하고 남아서 야근하는 습관이 있는 사람이다. 습관적 야근을 하는 사람은 일 목표가 거의 없거나 목표 달성을 위한 세부 계획도 없다. 가정 또는 애인이 없거나, 아이를 너무 돌보기 싫어서 일부러 늦게 가거나, 실력이 없거나 야근을 많이 했다는 이유로 감정적인 호소를 한다. 사실 아무도 그 노고를 인정해주지 않는다. 주변 동료들이 판단했을 때는 최대한 여유를 부려서 일이 많이 없는 사람으로 판단하고, 이유 없는 야근은 쓸데없다. 나는 일을 다 못 해 야근은 한 적은 없지만, 상사가 집에 안 가니 눈치가 보여 같이 의미 없게 야근을 한 적이 있다. 도저히 할 게 없어서 그다음의 업무를 찾아보거나 상사의 업무를 도와주거나 했다. 내 체력만 갉아먹고 다음 날 출근하기 힘들 뿐이다.

학교나 학원에서도 멘토를 쉽게 찾아볼 수 있다. 나는 어떤 멘토를 경험해왔는가 생각해보면, 정말 좋은 멘토도 있었을 것이고, 나쁜 멘토도 있었을 것이다. 나 역시 아픈 경험을 해봤으므로 내가 가르치는 학생들에게는 나쁜 멘토의 기억을 심어주면 안 되겠다는 자기만의 신념이 생긴다.

간혹 사람인지라 나도 나처럼 해줄 수 있는 멘토를 만나 서포트를 받고 싶다고 생각한다. 그러면 '나도 좀 더 빛나는 사람이 될 수 있지 않을까?', '왜 나는 주변에 그런 역할을 해줄 수 있는 사람이 없지?' 그런 생각이 들어 가르치다가 잠깐 우울해진 적도 많다. 멘토에게 서운하게 하면 할수록 멘토도 사람인지라 더 잘해주기가 힘이 든다. 그래서 그런 기분을 느끼게 하면 안 된다. 그럼 적당히 해야 한다는 마음이 생기기 마련이다. 돈을 떠나 이것 또한 기브 앤 테이크다.

나는 멘토 관점에서 수강생에 차별을 두고 대하는 경우가 종종 있다.

열심히 안 했을 때 그리고 우리에게 시간 쓰는 게 아깝게 느껴질 때 도와주기 싫어진다. 멘토가 좋아하는 수강생은 말 잘 듣고 묵묵히 열심히 해주는 사람이다. 시간을 많이 뺏지 않으면서 혼자 척척 잘하다가 궁금한 게 생기면 간혹 물어보는 학생이다.

이 친구들은 반대로 멘토가 부탁할 때도 흔쾌히 들어준다. 피해가 가는 건 아니니 그 정도는 주고받는 게 아깝지 않은 것이다. 가는 게 있으면 오는 게 있다고 생각하는 수강생은 정말 온 힘을 다해 도와주고 싶은 생각이 든다. 그리고 훗날 서로에게 큰 도움이 되는 관계로 발전된다.

나를 진정으로 생각해준 멘토가 있더라도 수많은 학생 중에 먼저 불러준다는 건 어디까지나 부탁하고 싶은 이유가 있거나 필요해서다. 수강생 경험에 도움이 될 것 같아서 혹은 같이 일해보고 싶거나 그런 이유로 연락을 줄 수 있다. 여기에 잠시 시간을 쓰는 것이 아깝게 느껴진다면 도움을 받을 때 염치없어진다. 근데 살면서 한 번쯤 아쉬운 소리를 하게 되는 건 수강생이다.

수업하다 보면 모순적인 상황이 아주 많이 발생한다. 우리나라 초중고등학교의 주입식 교육의 수업 방식을 비판하면서도 버릇처럼 몸에 밴 듯 주관식 문제에도 정답을 요구하는 사람들이 많다. UX/UI 같은 경우는 수십만 명의 사용자의 심리 상태를 통계적으로 파악하거나 그 집단을 유인할 때 쓰는 방식이 매번 바뀐다. 시각적인 화면을 봤을 때 인지하는 학습 능력의 차이도 사람마다 다르다. 그러니 평가도 달라지고 하루, 이틀, 한 달 사이에 가치관도 바뀐다. 그래서 정답이 없는 분야기 때문에 강사들도 가르치는 스타일이 제각각이다. 나같이 가르치는 강사는 세상에 나 하나뿐이다. 내가 정답은 아니다. 하지만 가르치는 방법이 특이하고 괜찮으니 가끔 경쟁사 강사들이 학생처럼 숨어 강의를 듣고 배워간다. 수강생에게 반대로 묻고 싶다. 찾으면 나올 수 있는 정보들만 가르쳐주는 멘토가 좋은가? 아니면 내 썩은 마인드를 성장시켜줄 수 있는 멘토가 좋은가? 스스로 취향을 알고 선택해야 도움이 된다.

# 취업 멘토가 보여주는 신기한 마술

"스승은 부모보다 더 존경받아야 한다.
부모는 생명을 준 것 뿐이지만 스승은 잘 사는 기술을 주었기 때문이다."

– 아리스토텔레스(Aristoteles) –

취업 멘토는 수강생이 어떤 회사에 취업해 어떻게 살아가야 할지 길잡이가 되어준다. 그 과정에서 멘토는 수강생이 현재 곤란한 상황에 빠져 있다면 도와줘야 한다. 그런데 수강생들은 지정된 것보다 더 많은 시간을 학습 향상에 할애해주길 바란다. 둘의 관계는 어디까지나 이익과 성과를 나누고, 함께 취업 프로젝트를 준비하는 동반자라고 생각하는 게 좋다. 선을 넘으면 이 좋은 마음가짐도 지속하기 힘들다.

그러다 보니 수강생이 생각하는 환상적인 멘토의 모습이 깨어지기도 한다. 수강생의 바람에 부응하지 못해 멘토는 가끔 위축되기도 한다. 수강생은 취업 컨설팅을 뛰어넘어 현직자에 버금가는 전문적인 학습지도를 원하기도 한다. 하지만 아무리 현직자라도 직장인으로서 갑자기 컨설팅하려고 하면 생각보다 오류를 범할 때가 많다. 멘토의 역할이 학습 능력을 향상해주는 게 메인이 아닌, 미래의 방향성을 잡아주는 길잡이가 되어야 하는 이유다. 수강생과의 시너지가 좋고, 서로 취지가 잘 맞으면 멘토는 생각보다 멋있는 마술을 부릴 수 있다.

당신이 정한 멘토에게 교육받는 이유는 무엇인가? 취업을 위해 등록하기는 했지만, 당신에게는 생각보다 지원하는 회사를 향한 최종 목표가 없다. 멘토는 이런 수강생에게 사회적 지지를 제공해준다. 수강생이 미래지향적인 목표를 설정하고 사회적 관계망을 형성하게끔 도와준다. 나 또한 내 수강생들이 취업 준비를 잘하도록 돕고 있다.

보통은 힘들게 업무를 보다 퇴근하면 쉬든 놀든, 즐기는 시간을 갖게 마련이다. 하지만 내 수강생들은 더 좋은 회사에 가려고 어려운 시간을 내어 공부하러 모인 사람들이다. 특이한 열정 집단이라고 할 수도 있겠다. 이들은 각자의 다양한 취업 정보, 교육, 직업에 영향을 주는 경험을 공유한다. 인적 네트워크도 형성하는 만큼 얻을 수 있는 자원의 양이 많다. 따라서 여러 풍요로움 속에서 취업 준비를 위한 힘을 얻는다.

이처럼 친한 친구 같은 느낌은 아닐지언정 마음이 맞는 사람끼리 열심히 취업을 준비하다 보면 분명 좋은 참여 기회가 생긴다. 그리고 이는 한 사람의 인생에 많은 영향을 미친다. 혼자 준비하려면 규모가 작을뿐더러 필요한 자원도 한정적이다. 그러므로 추가적인 실익을 제공받기 어려운 부분이 있다. 필요할 때 정보를 얻고 싶어도 손수 찾아다녀야 한다. 그에 비해 같은 길을 가려고 모인 집단에는 잠재된 풍부한 양의 자원이 있다. 서로 사회적 관계를 넓히고, 좋은 시너지 효과와 막대한 영향을 주고받을 수 있는 것이다.

이렇게 멘토가 있는 집단은 관계망이 잘 형성되어 있다. 자신에게 부족한 공부 관련 정보뿐만 아니라 다양한 사례와 경험에 대해 들을 기회가 많이 주어진다. 자신 없던 분야라도 멘토와 함께하면 실력도 늘고, 자신감도 충만해진다. 그러니 UX/UI 디자인에 대한 열정은 있는데 내성적인 사람이라면 더욱 멘토가 필요하다.

이 교육 과정에 함께하면 평생 꿈이 없던 수강생들도 가슴속에 꿈을 품게 된다. 회사 생활에 잘 적응하지 못하는 수강생에게는 그 대처 방법을 알려준다. 간혹 UX/UI에 관심이 없었는데 수업을 통해 디자이너의 꿈이 생기기도 한다. 그렇게 자신에게 필요한 진로와 적성을 찾는 기회를 챙기게 되기도 한다. 이런 꿈 소통은 자주 할수록 좋다.

나는 초등학생 때부터 일찌감치 포토샵을 홀로 터득하면서 배웠다. 하지만 활용할 줄도 어디에 쓰는지도 몰라 취미에 그쳤다. 당연히 발전과 성장은 이루어지지 않았다. 하지만 이 경험이 내가 훗날 디자이너가 되었을 때 좋은 밑거름이 되어주리라는 것을 누가 알았겠는가? 어쨌든 긍정적으로 생각하다 보면 설령 늦더라도 결국은 바라온 최종 이미지에 연결된다는 걸 깨달았다.

나에게는 형식적이지 않은, 나만의 디자인을 만드는 방법이 있다. 단축키를 써서 만들기보다는 감각으로 만드는 디자인이 그것이다. 나는 수강생들에게도 디자인에는 정답이 없다고 가르친다. 그들에게 힘들지 않게 디자인하는 방법을 알려주고 있다. '디자인' 하면 시간이 오래 걸리고 어려운 작업이라고들 여긴다. 하지만 사실 원리만 알면 디자인은 참 쉽다. 그 원리를 알려주니 수강생들이 나에게 디자인을 배우려고 하는 것이다.

누구나 타인의 작품을 모방하는 데서부터 디자인을 시작한다. 한창 만화 〈이누야샤〉가 유명해지며 여러 팬카페가 생기기 시작했다. 그 카페가 특이한 건 이누야샤를 좋아하면서 포토샵을 잘 다루는 사람들이 많았다는 점이다. 그들은 무료로 자기 실력을 뽐내기 위해 스캔 메인 제작을 시도했다.

초등학생이었던 나는 그게 멋있어 보여 포토샵 7.0을 깔고 따라서 디자인하기 시작했다. 동영상 꼬랑지, 축전 잘 만드는 사람들의 것들을 참고해 비슷하게 만들었다. 베끼지는 않았지만 말이다. 내가 더 잘 만들어 관심받고 싶었던 것도 아니었다. 그러다 사람들이 비슷한 색감과 구성의 내 작품을 칭찬하자 화가 난 원작자와 저작권 시비가 붙었다. 원작자의 작품을 훔쳐봤지만, 나는 자존심 때문에 안 본 척 시치미를 뗐다. 원작자는 계속 내가 자신의 작품을 베꼈다며 공개 저격을 하고 분위기를 안 좋게 만들었다.

몇몇은 그렇게 안 똑같다면서, 뭘 그렇게 예민하게 구냐고 나를 대변해주기도 했다. 하지만 원작자는 자기 친구와 합세해 개인 메일이나 쪽지로 상처받은 것에 걸맞은 돈을 내놓으라고 했다. 그렇게 계속 실랑이를 하다가 결국에는 흐지부지되고 말았지만 말이다. 똑같이 베끼지도 않은 데다 상업적인 활동도 아니었다. 어차피 무료로 만든 것이니 어떤 사람도 한쪽을 편들지 않고 말리고 나섰던 셈이다.

당시 디자인을 하면서 어느 선까지 타인의 작품을 참고해야 할지 정말 궁금했다. 디자이너들은 남의 디자인을 베끼면 찝찝해할뿐더러 항상 저작권 문제에 휘말릴까 두려워한다. 100% 똑같이 만드는 건 당연히 안 되는 일이다. 그건 연습 예제에나 해당할 뿐이다. 하지만 잘된 디자인은 참고해야 할뿐더러 실력을 키우기 위해 카피해야 한다. 이때 카피하는 행위는 연습일 뿐이다.

상업적인 용도가 아닌, 단순히 자랑하기 위해 업로드한 디자인은 보호받기 어렵다. '디자인보호법' 2조에서 정의하는 디자인은 물품의 형상, 모양, 색채 또는 이들을 결합한 것으로 시각을 통해 미감을 일으키는 것이다. 쉽게 말하면 디자인 저작권은 눈에 보이는 모양만을 보호해준다. 보호하는 권리의 범위가 생각보다 좁은 편이다.

다시 말해 저작권에 등록한 출원 디자인만 보호해준다고 보면 된다. 모양이 달라지면 저작권을 보호받기 어렵다. 즉, 오직 단 한 사람에게만 배타적인 독점권이 생기고 내가 등록한 유사 디자인까지만 권리를 행사할 수 있다. 디자인 등록을 받으려면 창작 형태로서 신규로 등록된 것이어야 한다. 또한, 공업상의 이용 가능성을 충족해야 한다.

지금 다니는 회사에 불만이 많은 한 수강생이 있었다. 일하는 방식을 마음에 들어 하지 않았다. 게다가 A를 작업하려고 A를 설명했는데, 자신도 모르게 방향이 B로 가고 있을 때 바로잡아줄 수 있는 사람이 없었다. 그래서 사수가 필요했다고 고충을 털어놓았다. A로 방향을 틀어야 함을 머릿속에서는 잘 알고 있었지만, 그 점을 말해주는 사람이 없으니 대오가 흐트러지게 되었다고 했다.

그는 자신의 역량이 많지 않다고 생각해 리드는 해본 적이 없다고 했다. 그 이유를 물어보았더니, 동료 디자이너보다 손이 느리기 때문이라는 답이 돌아왔다. 다음 스태프에게 자신이 하던 작업을 넘기기 바빠 승리의 기회가 주어지지 않는단다. 항상 손이 빠른 친구가 뒷정리하는 모습을 지켜봐야만 했다. 이렇게 작업에 많은 시간을 할애해야 했다.

이를 극복할 수 있도록 나는 수강생에게 다음과 같은 조언을 해주었다. 손이 느린 건 생각이 많아서 그렇다. 생각을 적게 하고 바로 피드백을 받으면 일정 부분 해결되는 문제다. 동료인데도 자기 주도를 한 번도 안 해봤다는 건 동등한 위치에서 일하는 게 아니다. 너 스스로가 자신의 서열을 조금 낮추고 동료의 눈치를 많이 보는 것 같다. 그러면 자존심 상하는 일이 많이 발생한다.

반대로 동료 디자이너에게 피드백이라는 구실로 핀잔을 주거나 간혹 무시하며 가르치는 경우도 있다. 이도 상대의 자존감을 많이 깎아내리는 짓이다. 손이 더 빨라 프로젝트를 마무리한 동료는 일을 더 하고 싶은 욕심에 다음 작업을 하려는 그에게 눈치를 주기도 한다고 했다.

보통의 수강생들은 시작은 하는데 끝을 잘 못 맺는다. 나는 수강생 중 한 명에게 왜 내 수업을 듣냐고 물어본 적이 있다. 무조건 강제성이 있어야 시작하고 돈거래가 있어야 끝까지 배운다는 친구였다. 그는 살면서 멘토다운 멘토를 만난 적이 없다고 했다. 어떤 멘토가 좋은 멘토인지 한 번도 비교해보진 않았지만, 나의 좋은 점은 자신에게 동기부여를 끊임없이 해주는 거라고 했다. 그게 자신에게 큰 힘이 된다고 했다. 항상 동기부여를 해주고 다독여주어야지 포기하지 않고 잘하게 된다고 했다. 그러면서 사회생활의 힘든 점, 어려운 점을 어떻게 대처하고 해결해나가야 할지 모르겠다고 했다. 손이 느려 항상 디자인에 자신감을 느끼지 못한다고도 했다.

멘토는 다양한 동기부여를 통해 의욕이 없는 수강생을 열정이 넘치게 만들 수 있다. 매일 신선한 아이디어로 잠든 욕망을 깨워줄 수 있다. 끝까지 완수하지 못하는 수강생도 애정 어린 관심과 격려와 소통하는 모습을 자주 보여주면 늦더라도 결과물을 낼 수 있게 된다. 멘토는 불가능을 가능하게 만드는 멋진 마술사다.

# 첫 취업이 당신의 미래를 만든다

"첫 단추를 잘못 끼우면 마지막 단추는 끼울 구멍이 없다."

— 괴테(Goethe) —

사람들은 UX/UI 분야로 취업하기 위해서 나를 찾는다. 수강생에게 너무 과도한 양의 정보가 아닌 꼭 취업에 필요한 정보만 전달하고, 집중해서 만들고, 끝까지 신경 써서 취업할 수 있게 봐주기 때문이다. 첫 수강생부터 성과가 좋았고 나와 진행한 포트폴리오로 수강생이 아무 경력이 없어도 카카오, 라인, 배달의 민족, 위메프, 쿠팡, CJ의 최종 면접까지 볼 수 있는 경험을 얻었다. 떨어지는 수강생도 있었지만, 최종 합격시켜 첫 출발을 다르게 만들었다. 수강생도 살면서 이렇게까지 열심히 해본 게 처음이었다고 말한다. 최근에는 비전공자를 마이다스아이티, 포스코,

IBM 등에 취업시켰다.

## 경력이 없는 고졸 첫 수강생, nhn 서류 합격과 실패, 그리고 합격

학원에서 강사로 일하면서 처음 만난 수강생은 단지 웹디자이너가 되고 싶다는 마음으로 나를 찾았다. 하지만 UX/UI로 가르치겠다고 나는 말했다. 학생은 자신이 그걸 할 수 있을까 걱정하는 표정이었다. 10명이 들어올 수 있는 넓은 강의실 안에 달랑 한 명으로 시작했다. 심각한 건 수강생의 이력이 고졸인 데다 디자인 경력도 없었다. 디자인 일이 처음이라고 했다. 이 수강생을 취업시켜야 한다니, 보통 쉬운 일은 아니었다. 그래도 몇 번 디자인을 취미로 만들어봤다고 했다.

'진짜 어쩌지?'라는 생각뿐이었다. 이 수강생도 나를 보고 '강사 일은 처음 하는 건가?' 하고 생각했을 것 같다. 실무 경력은 많지만, 강사는 처음이라 잘할 수 있을지 많이 걱정하는 상태로 진행했다. 그래서 내가 먼저 작업해보면서 진짜 하나하나 뜯어가며 알려줬다. 내 목표는 이 고졸 출신에 무경력인 수강생을 온 힘을 다해 경력 5~6년 차 실력으로 끌어올리는 것이라고 다짐했다.

〈첫 수강생의 작업물에 대한 피드백〉

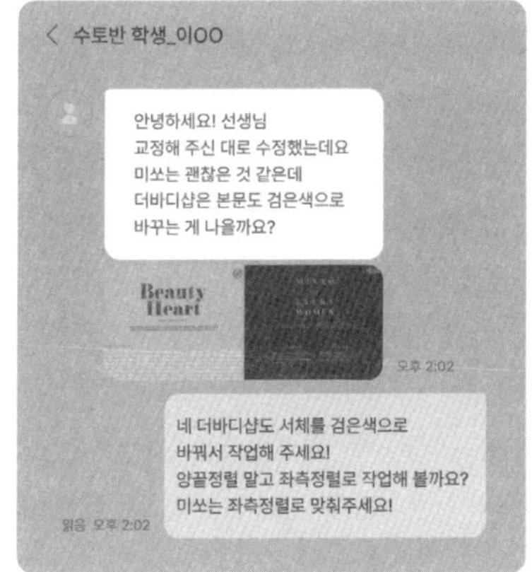

출처 : 저자 제공

서체 쓰는 방법을 몰라 타이포그래피부터 하나하나씩 가르쳤다. 색 감각이 없는 상태에서 색채와 같이 넣어 편집한다는 건 어려울 수 있다. 그래서 흑백부터 작업하라고 교정시켜줬다. 엉성한 부분이 많았다. 처음이다 보니 계속 수정 작업을 시켰다. 수정할 때마다 풀 죽어 있고 자신감을 잃는 모습을 보고 이렇게 말했다.

"디자인은 완성도 없고 정답이 없어요. 무한대로 수정이 되는 영역이죠. 수정, 고쳐야 할 점은 업그레이드하기 위함이지 디자인을 못 하거나 부족해서 하는 것이 아니에요. 경력 10년 차든 비전공자든 내일 되면 수정해야 하는 작업이 디자인입니다."

이 말을 들은 수강생은 다시 힘차게 작업하기 시작했다. 계속 수정을 거치자, 타이포그래피 다루는 법을 터득했다.

〈첫 수강생의 작업물에 대한 피드백과 완성된 포스터〉

출처 : 저자 제공

수강생 입장에서는 자존심 상하지만 처음 배우는 거니 하나하나 내 말을 따라야 했다. “딴 거 하지 말고 내가 해 오라는 거 그대로 해 오세요!”라고 가르쳤다. 토씨 하나 안 틀리게 따라 하도록 만들었고 한 번만 아니라 계속 반복시켜 체득시켰다. 그래픽을 할 때도 내가 그래픽을 배치한 순서대로 그대로 가르쳤다. 곧 잘 따라 했다. 잘할 때 강도를 올렸다.

어려운 프로모션 작업을 할 때도 계속 포토샵을 붙잡고 있어서인지 실력이 느는 게 보였다. 수강생도 내가 애쓴다는 것을 알아 악바리처럼 열심히 해줬다. 특히 프로모션 작업을 어려워했는데, 갑자기 단일형 편집에서 긴 프로모션을 단시간에 쳐내기 쉽지 않은 모양이었다. 마찬가지로 지금 "속도가 중요한 게 아니고 완성의 감도를 알아야 마지노선을 알고 디자인을 끝낼 수 있으므로 지금은 속도를 보지 않겠어요. 다만 자신의 한계까지 최대한 질을 끌어올려 감을 파악할 수 있게 합시다"라고 전달했다. 다시 수강생은 힘차게 작업했다.

**〈첫 수강생의 프로모션 작업물〉**

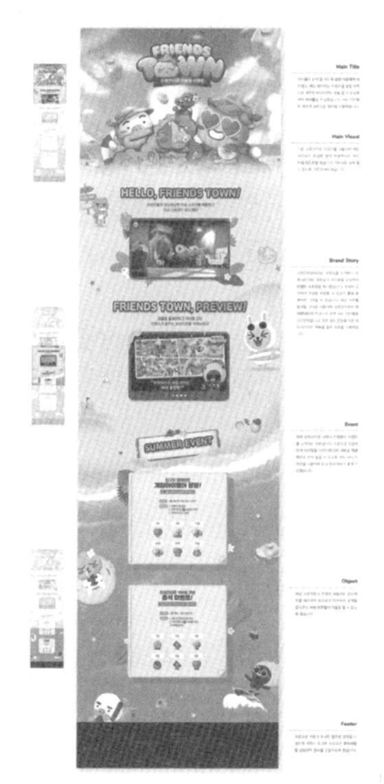


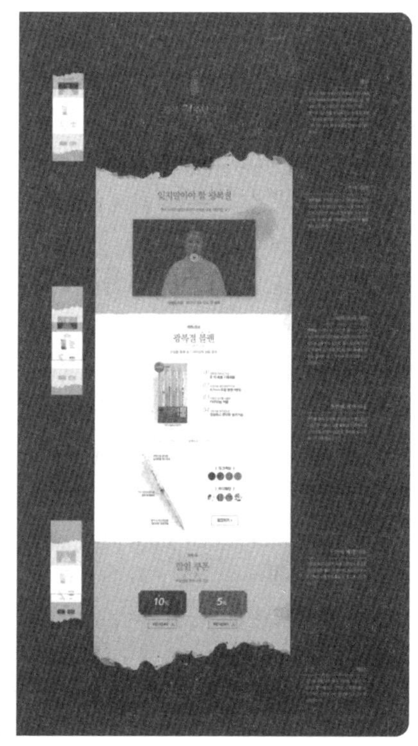

출처 : 저자 제공

수강생과 기존 브랜드 페이지 리뉴얼 작업으로 3개 작품을 진행했다. 어느 정도 디자인 실력이 올라온 단계라 그래픽이 적은 인터페이스 화면을 디자인하는 건 수월했다. 많은 것을 알려주고 싶었지만, 처음 배워보는데 이 단계에서 너무 많은 것을 집어넣으면 머리가 터지고 포기하고 싶은 마음이 생길 수 있어서 수강생이 버거워하지 않는 선에서 천천히 알려주었다.

그래서 '딱 여기까지만 알려줘야지'라며 다짐하고 지금 수강생이 할 수 있는 최선을 찾았다. 나머지는 실무에서 부딪히면서 알아가는 게 좋다고 판단했다. 내가 알고 있는 100% 중에 고작 30%밖에 안 줬지만, 이 30%를 가져가기 위해서 학생은 부단히 노력했다. 단 한 번도 나에게 핑계를 댄 적이 없었고, 책임감이 상당히 강한 수강생이라 뭐라도 될 것 같았다.

기나긴 여정 끝에 포트폴리오를 다 만들었다. 지원했더니 예상치도 못한 곳에 서류 합격이 되었다. 큰 회사에서 사전 과제를 진행하게 될 줄

〈첫 수강생의 프로모션 작업물〉

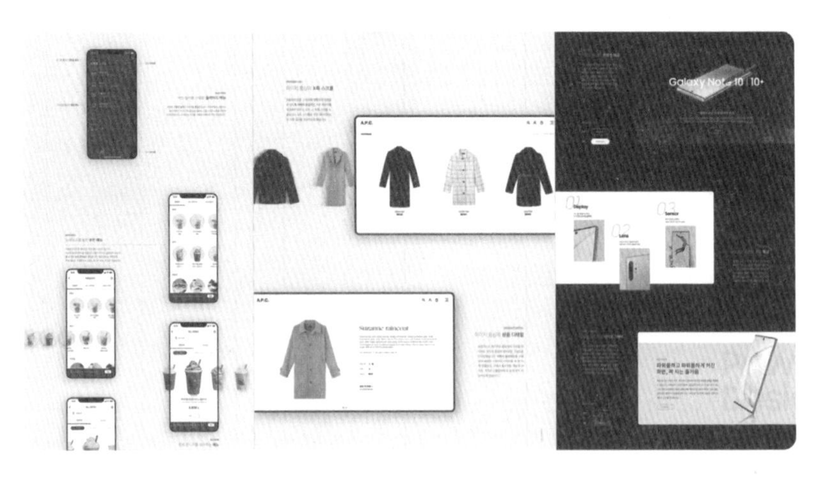


출처 : 저자 제공

몰랐다. 우리는 그저 열심히 포트폴리오를 만들어서 준비했을 뿐이다. 수많은 면접에서 떨어지면서 수강생은 자신감을 잃어가고 포기하려고 했지만, 나는 수강생을 끝까지 놓지 않았다.

최종적으로 에이전시에 붙었고 연봉도 나쁘지 않은 출발이었다. 내 첫 연봉보다 많았다. 내심 부러웠다. 하지만 같이 노력했기에 얻은 성과다. 이 작업을 통해 편견이 깨졌다. 아무리 학벌이 안 좋고 경력이 없어도 간절히 원하고 노력하면 뽑힌다는 사실을 알았다. 그래서 나는 확신이 생겼다. 취업에 간절한 사람들은 어디든 갈 수 있고, 그 첫 시작이 나와 함께라면 버티는 습관을 만들어줄 수 있기에 도전 자체가 큰 배움이다.

〈첫 수강생의 합격 순간을 공유한 카톡 화면〉

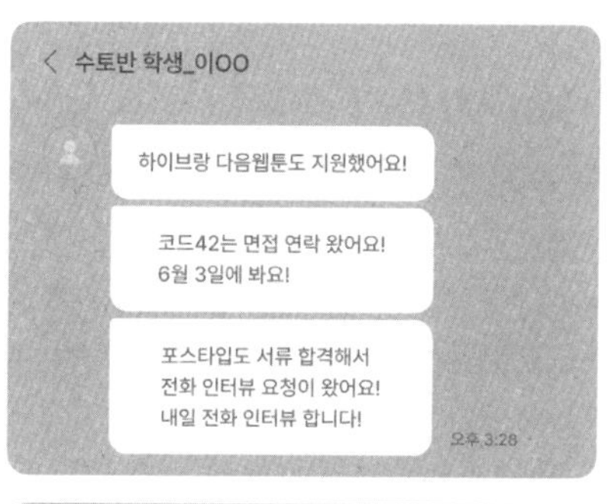


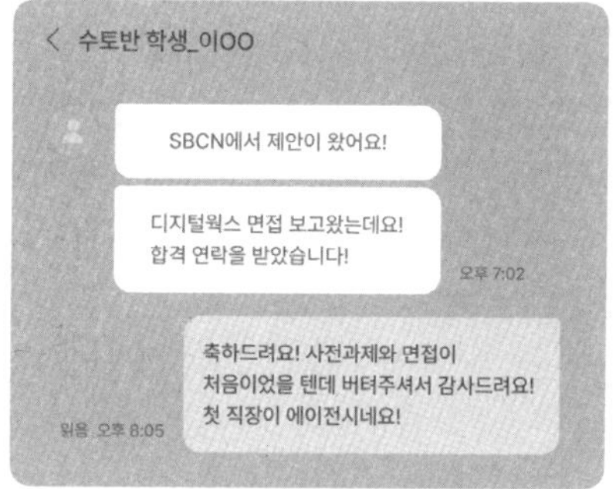


출처 : 저자 제공

## 좋아하는 취미와 취업을 연결시키자!

나도 취업을 준비했을 때 내가 좋아하는 게 뭔지도 모른 채 회사만 보고 준비했다. 회사가 나를 뽑아줄지도 모르니까 그냥 뽑히길 바라면서 준비했다. 일을 하면서도 내가 왜 일하고 있을까 하는 의구심이 들었고, 일이 재밌지도 않았고, 좋아하지도 잘하지도 못했다. 그냥 적응하면 잘하겠지 생각했고, 무의미한 시간이 해결해줬다. 생각해보면 그림을 좋아해서 미술학원에 다녔고 미술학원에 다니다 보니 디자인과에 진학했고 디자인과를 졸업했더니 디자인실을 운영하고 있다.

그래서 나는 어떤 회사의 소재와 상관없이 '디자인을 할 수 있는 환경'이면 좋을 줄 알았다. 하지만 퇴근하고 나는 밤새 게임을 했고, 좋아하는 아이돌을 보며 시간을 보냈다. 그리고 그런 쪽으로 너무나 많은 시간을 보냈고, 밤새워서 볼 정도니, 누구보다 정보를 많이 알고 게임과 엔터테인먼트에 푹 빠져 있었다. 하지만 막상 취업을 준비했을 때 아무 목적도 없던 스타트업 회사나 불러주는 회사에 나를 맞춰갔다. 조금만 빨리 알았다면 게임 회사, 엔터테인먼트 회사의 UX/UI로 취업 준비를 했을 텐데, 수강생을 가르치면서 좀 더 좋은 방법으로 취업을 시켜야 하니 뒤늦게 이런 사실에 대해 알았다.

회사에 나를 맞추기보다는 평소에 내가 어떤 것에 빠져 있고, 어떤 것에 많이 소비하는지 아는 게 중요하다. 그래야 잘하면서 내가 좋아하는 것을 찾을 수 있고, 실력을 집중적으로 키울 수 있다. 그래서 수강생에게 질문한다. "다들 어떤 것에 푹 빠져 있어요?" 이런 질문을 받아본 적이 없는 수강생은 한참 동안 고민한다. 살면서 처음 받아본 질문이라고 한다.

답변을 얻기까지 상당한 시간이 걸린다. 자신이 푹 빠져 있는 건 패션이라고 하면서 잘 모르는 커머스 쪽을 준비한다. "어느 정도까지 알고 있어?"라고 하면 그냥 골랐다고 한다. 전혀 자신과 상관없는 일반 IT를 준비한다. 회사 타이틀만 보고 선택한다. 정말 가고 싶냐고 다시 물어보면 잘 모르겠다고 말한다. 그냥 유명하고 복지가 좋아 보이니 가는 거라고 답한다.

그래서 첫 수업 시간부터 1~2주 혹은 길면 3주 동안 자기가 평소 좋아했던 것을 찾는 시간을 가진다. 다들 '진도 나가야지 뭐하는 거야?'라고 생각할 수 있다. 그리고 경쟁사가 나에게 "힘든 짓을 굳이 사서 왜 하냐?"면서 대놓고 욕을 한 적도 있다. 커리큘럼대로 수강생을 따르게 만드는 건 편하다. 하지만 의미 없는 취업을 하게 하는 건 내가 싫다. 한 번도 자신이 좋아하는 것을 직업으로 연결할 생각을 안 한 경우가 많아 소재 선택에 너무나 오래 걸린다.

그만큼 우리는 자신에 대해 잘 모른다. 많은 돈을 소비하면서 빠져 있는 소재가 있는가? 그것을 직업으로 연결했으면 한다. 그러면 '내가 직장에서 뭐 하고 있지?' 하는 정체성에 대한 혼란이 어느 정도 해결된다. 나는 다른 학원이나 온라인 강사처럼 다량의 원서를 넣으라고 절대 안 한다. 마치 오토바이를 타면서 표창 명함을 뿌리는 것과 무엇이 다른가? 회사도 동네 옷 가게 고르는 것처럼 옷을 고른다. 회사를 명품처럼 바라보면 원서를 넣을 때도 신중해진다. 면접 준비하는 시간도 아낄 수 있다. 우리의 시간을 아끼고 목표하는 곳에 집중하자. 우리의 미래를 위해서!

# 첫 취업은 인생의 터닝포인트가 된다

"뜻이 있는 곳에 길이 있는 법이다."

– 속담 –

신입사원이 커리어가 망해가는 과정은 '빨리 이직, 빨리 도망, 빨리 포기'를 거친다. 회사 환경이 너무 안 좋거나 이상할 경우 빨리 퇴사하라고 한다. 하지만 몇몇 사람들은 회사를 최대한 오래 다니는 게 짧게 다니는 것보다 좋다는 것을 알고 있다. 이건 단순히 스펙적인 게 아니고 내가 어떤 일을 맡았을 때 오래 할 힘에 대한 문제다.

나도 마찬가지로 끈기가 없었다. 같은 회사에서 3년 이상 버틴 적이 없기 때문이다. 쉽게 귀찮아 하고, 하루도 빠짐없이 일기를 쓰는 것이 힘든 성격이다. 꾸준히 무언가를 유지한 경험도 없다. 이렇듯 내가 경력은 많지만 '왜 아직도 성공 못 했을까?'에 대한 해답은 지속성이 없어서라는 것을 실패하고 나서야 깨닫는다.

하지만 나는 지금 취업을 돕는 일을 하고 있다. 조금 부끄럽지만 나도 완벽하지 않은데 누군가 컨설팅한다는 건 모순이다. 나의 장점은 단기간에 엄청난 양으로 폭발시킬 힘이 있다는 거지만, 단점은 그것을 지속하는 힘이 없다는 것이다. 그래서 나도 꾸준한 수련을 통해 지속하는 끈기를 만들어야 한다. 나처럼 회사를 짧은 기간 홍길동처럼 왔다 갔다 한 같은 성향의 분들은 조금만 힘들면 포기할 가능성이 크기 때문에 회사가 아니더라도 무엇을 시작하든 유지하는 힘이 없어 힘들다.

그래서 시스템적으로 일을 지속적으로 끈기 있게 할 수 있게 해주는 공간이 회사라고 보면 된다. 그래도 최대한 좋은 환경에서 끈기 테스트를 하는 게 좋기는 하다. 보통 회사는 2년 이상 다니면 배울 게 현저히 적어진다. 그 후로는 끈기와 지속성에 따라 근무 기간이 달라질 뿐이다.

## 주어진 일에 최선을 다해야 터닝포인트가 된다

회사는 주어진 일에 최선을 다할 수 있는 공간이다. 하지만 편의만 찾으려고 하니 회사 생활에서는 당연히 성공할 수 없다. 피겨 선수 김연아는 15년 동안 피겨 하나에 매진하며 세계 최고의 자리에 올랐다. 턱 끝까지 차오를 정도로 열심히 했기 때문에 피겨를 떠날 때 아쉬운 마음이 하나도 없이 오로지 해방감만 들었다고 한다. 김연아는 "금메달을 따는 건

주어진 일이고, 나는 내 할 일을 했을 뿐인데"라고 말한다. 해방감을 느낄 정도가 되려면 온 힘을 쏟아 집중해야만 가능하다. 그녀는 피겨를 떠날 때 눈곱만큼도 아쉽지 않았다고 한다.

이렇듯 시작과 끝이 있다. 지금의 BTS처럼 우리 때는 동방신기가 큰 인기를 얻었다. SM 엔터테인먼트 소속 아이돌로 당시 최고 남자 아이돌 그룹이었다. 멤버 중 김재중은 올해로 20년 차가 되었다. 외모와 노래 실력 모두 훌륭한데도 그는 엄청난 노력을 꾸준히 한다.

우연히 넷플릭스에서 김재중이 출연한 〈온 더 로드〉라는 다큐멘터리 영화를 본 적이 있다. 그는 16살부터 꿈을 찾아 서울로 올라와 공장, 막노동 아르바이트를 하면서 생활비를 벌었다고 한다. 처음 그는 데뷔가 무산될 수도 있다는 생각에 미용학원도 준비하면서, 그래도 가수 데뷔를 꿈꾸며 연습생 생활을 했다. 소속사가 2번이나 바뀌었지만 20년이라는 기간 동안 홍길동처럼 옮겨 다니지는 않았다. 하나의 목표를 위해 엄청나게 집중한 결과다. 이제는 내가 너무나 존경하는 아티스트가 되었다.

회사원은 아이돌이나 운동선수와는 다르다고 말할 수도 있다. 하지만 그 틀을 깬 사람이 있다. 서울여대 시각디자인과를 졸업하고 SM에 그래픽디자이너로 입사한 민희진 디렉터다. 그녀가 평사원에서 출발해 총괄이사까지 될 수 있었던 건 전문가적인 비즈니스 마인드 덕분이다. 당시 쉽게 다가가기 힘든 아이돌이 대부분이라 틀을 깨자며 소신 발언을 했고, 친근한 소녀시대의 콘셉트 이미지 맵을 만들어 이수만 회장에게 발표했다.

소녀시대의 콘셉트가 대박이 나자, 그래픽디자이너에서 아트디렉터로 직무가 바뀌고 PD 총괄이사까지 맡으면서 세상에 알려지게 되었다. 민희진은 앨범을 만들 때마다 자신만의 독특한 감성을 넣었는데, 앨범을 바라볼 때 마치 사연이 있을 것 같은 디자인을 담아낸다. 이처럼 성공하는 사람들의 공통점은 15년 이상 한곳에서 꾸준한 비즈니스 마인드로 임해왔다는 것이다. 이렇듯 최선을 다할 각오가 되어 있다면 반드시 첫 취업은 인생 포인트가 된다고 확신한다.

## 왜 선배들이 좋은 곳에 들어가라고 '말'로만 할까?

한 수강생이 이직을 준비하고 있었다. 배워야 할 시기인 수강생에게 짧게 근무했는데 왜 갑자기 이직하냐고 물었더니 "사수가 없어서요"라고 했다. 솔직히 사수 없어도 시키는 대로 일만 잘하면 별문제 없이 성장할 수 있다. '왜 사수를 굳이 찾으려고 할까?', '어떤 목적이 있길래 찾는 걸까?', '단순히 일을 잘하기 위해서일까?' 등 여러 생각이 오갔지만 깊이 생각해보면 그것도 모순에 불과하다. 사수라는 그 사람들이 실상 업무적으로 알려줄 수 있는 게 굉장히 한정적이기 때문이다.

배운다고 해봤자 업무에 대한 피드백과 평가를 들을 수 있는 정도다. 여기서 말한 후임이 원하는 사수는 호구 같은 사수다. 왜 사람들은 호구 같은 좋은 사수를 만나려고 애를 쓸까? 근데 왜 우리 주변에는 좋은 호구 같은 사수가 안 보일까? 왜 사람들은 좋은 회사에 들어가라고 그렇게 조언을 많이 할까?

후임은 사수가 아무 조건 없이 먼저 선의로 알려주기를 원한다. 그들은 좋은 호구 같은 사수를 찾으려고 애를 쓰고 바라기만 한다. 환상에 불과하다. 미안하지만 먼저 무언가를 내놔야 도움이 따른다. 도움받고 싶으면 부탁을 먼저 할 게 아닌 후임이 사수에게 필요한 존재임을 각인시켜야 한다. 사수 입장에서는 무조건 후임을 챙겨야 할 의무가 있는 것도 아니다. 사수는 후임이 자신에게 도움이 될 것 같으면 도와준다. 도움도 되지 않는데 먼저 나서서 도움을 줘야 할 의무가 없다고 생각한다.

기분이 나빠 '나 혼자 잘하면 되지'라는 생각으로 사수의 도움이 필요없다면 시간이 오래 걸리는 길을 선택하면 된다. 물론 경험으로서는 직접 해보는 게 좋겠지만, 먼저 선배들이 시행착오를 겪었기에 장단점을 물어보고 좀 더 빠른 길을 선택해 가도 이득이다. 사수들은 경험이 많다. 그래서 그 경험담을 들으려고 해야 한다. 꼰대여도 들을 가치는 있다.

그 이유는 선택의 책임은 100% 나에게 있지만 좀 더 현명한 선택을 하기 위해서 들어보는 거다. '왜 모든 사수가 입을 맞춰 대기업이 좋다고 할까?' 중소기업 혹은 대기업을 경험해본 사수들은 하나같이 입 맞춰 말하는데, 거기에는 이유가 있을 것이다.

중요한 건 급여 차이도 상당히 크다. 중소기업 신입 연봉과 대기업 신입 연봉과은 3배 이상 차이 난다. 솔직히 처음에는 배워가면서 성장하는 것을 목표로 경력을 쌓는 것이 목적이긴 하지만 돈을 벌려고 회사 다니는 건데 똑같은 강도에 3배 이상 월급이 많다면 기도 살고 보람도 그만큼 크다. 그리고 복지도 중소기업과 차원이 다르다. 중소기업에서 복리

후생을 찾기 힘든 경우가 많다. 대기업에 다니는 사람들의 제일 큰 장점을 뽑자면 복지와 환경이다. "정말 대기업에 오길 잘했다"라는 말이 괜히 있는 게 아니다.

작은 회사에서는 일을 체계적으로 배우기 어렵고, 교육 시스템도 없다. 그냥 체계 없이 일을 배운다. 하지만 아예 모르는 후임들에게 체계 없이 알려주는 게 학습이 더 빠를지도 모른다. 하위 그룹에 속한 기업일수록 규모가 작아 시스템으로 일하지 않고 정리되어 있는 매뉴얼이 빈약하다. 돈을 벌어야 교육에 재투자할 텐데 여건이 좋지 않아 한 사람에게 여러 가지 일을 생길 때마다 그때그때 말로 알려준다.

대기업은 교육 프로그램도 많고, 업무에서 배울 점이 많고 전문성이 깊다. 보람도 없는 작은 회사에서 경력을 쌓으면 대기업에 갈 수 있다고 막연한 환상을 가지는 사람들이 있다. 하지만 목적의식도 없고 매출이 작고 규모가 작은 직장을 다니면서 대기업에 한 번에 이직하기란 현실적으로 어렵다. 그만큼 회사 선택은 처음부터 중요하다.

## 회사를 탐방해라

좋은 회사라는 백 가지 인터넷 정보보다는 눈으로 직접 한번 확인하는 게 더 좋다. 자신만의 회사를 선택하는 기준이 있어야 한다. 직무를 고를 때 내가 잘할 수 있는 업무인지, 경력을 쌓을 수 있는 업무인지, 근무지가 출퇴근하기가 쉬운지, 연봉은 일정 기준에 충족하는지, 만약 자취한다면 생활비를 충족할 수 있는지, 퇴직금 포함인지 별도인지, 회사 규모와 매출액이 얼마인지 등 자신만의 기준으로 근무할 여건인지 확인해야 한다. 남들이 좋은 회사라고 말한다고 흔들려서는 안 된다. 지원한 여러 회사에서 답이 오기 전에 작은 회사에서 먼저 온 제안은 잠시 미루는 것도 좋다.

[회사를 탐방한 수강생 이야기]

온라인으로 강의하다 보니 대전에 사는 수강생이 서울에 취업하고 싶어서 KTX를 타고 먼 거리를 왔다. 은행 쪽에 취업하고 싶어서 금융과 관련된 회사를 탐방했다.

첫 번째는 강남 파이낸스 빌딩에 갔는데, 가본 곳 중 제일 좋았다고 했다. 지하 3층부터 지상 3층까지 일반인이 이용할 수 있고, 구글 코리아가 22층에 있었다. 지하에는 각종 편의시설 및 레스토랑이 있었고, 건물 자체에 위압감이 느껴졌다고 했다. 주변 환경 자체가 굉장히 쾌적했고, 주변 거리에 서서 담배 피우는 사람도 하나 없고 나무도 그늘져서 좋았다고 했다. 여기 오고 싶다는 생각이 많이 들었다고 했다.

두 번째로 방문한 빗썸 코리아에서 우중충한 분위기가 삭막한 느낌이 들어서 가까이 가고 싶진 않았다 했다. 이건 어디까지나 수강생이 느낀 분위기다.

세 번째 두나무는 건물이 2개로 나눠져 있는데 메리츠타워, 미림타워 둘 다 가봤다고 한다. 두나무는 가고 싶은 생각은 없었는데 별관 맞은 편이라 지나가면서 큰 건물과 사람들이 있길래 가봤다고 한다. 건물 안에 어떤 회사들이 있는지 모르겠지만, 담배를 피우면서 삶에 찌든 어두운 표정으로 남자가 서 있었다고 했다. 힘들어 보인다는 생각을 한 것이다. 그래서 순간 저기는 가면 안 되겠다는 생각이 들었다고 했다.

사실 회사 탐방은 매우 주관적이고 정답이 아니다. 실제 마주하면 생각이 달라진다. 갔다 오고 나서 주변에서 아무리 그 회사 좋다고 말해도 직접 눈으로 본 게 있으므로 걸러 들을 수 있고 희석이 된다. 사람마다 가고 싶은 회사가 다를 수 있고, 어떤 사람은 빗썸 코리아와 두나무에 가고 싶을 수 있다.

그리고 퇴근길 체험까지 해봤는데 사람이 너무 많았다고 한다. 한여름에는 진짜 안에 있기 힘들 것 같다는 생각을 했다고 한다. 지하철을 두 번이나 지나치긴 했지만 기다린 20분이나 대전에서 집에 가는 버스 타려고 기다리는 20분이나 비슷해서 힘들진 않았다고 한다. 중요한 건 직접 가보니 목표가 뚜렷하게 생겼다고 했다.

포트폴리오를 만들 때 정말 가고자 하는 회사를 탐방하고 마주하고 기록해야 확실해진다. 최근에 커리큘럼에 추가한 사항이다. 생각보다 우리는 회사가 불러주는 대로 취업한다. 가고 싶은 회사를 탐방해봐야 한다. 취업을 준비하기 전에 취업하고 싶은 회사를 탐방하자! 기껏 2~3시간 걸려서 현장까지 왔는데 내부까지 못 들어갈 수 있다. 그래도 괜찮다! 주변 분위기를 보는 거다. 보통 1층 건물 주변에서 담배 피는 사람이 많다면 비흡연자에게는 안 좋은 근무 환경일 수 있다. 그리고 흡연자들의 모습을 살펴보면, 회사 내부에서의 힘듦이 외부에 나와서 드러날지도 모른다. 지쳐 있는 모습은 티가 나기 때문이다. 그래서 지원하고자 하는 회사 탐방을 꼭 가야 한다. 어쩌면 인생의 터닝포인트가 될 수도 있다.

# 취업은 자기계발의 시작이다

"경험은 엄한 스승이다. 먼저 시험에 들게 하고,

그 후에 교훈을 주기 때문이다."

– 버논 샌더스 로(Vernon Sanders Law) –

주변에서 중소기업이 안 좋다는 이야기를 듣고 경력과 스펙이 부족한 수강생들 또한 중소기업에 들어가는 것을 싫어한다. 나 역시도 중소기업에서 일했던 경험이 '추억'이 될 만큼 좋았냐고 물어보면 '아니'라고 답할 것이다. 하지만 기업 입장에서 놓고 본다면 어떤 회사든 '중소기업 시기'를 거칠 수밖에 없다.

우리가 다 아는 유명한 회사들도 그런 '힘든 시기'를 거쳤다. 그 회사에 합격이 된 이상, 그 힘든 시기를 함께할 것인가? 혹은 도망갈 것인가?

선택은 각자의 몫이다. UX/UI는 구축, 리뉴얼, 운영 크게 3가지로 나뉜다. 구축은 흔히 스타트업 시스템이 없는 상태에서 기초 뼈대를 만들어 내는 작업이다. 리뉴얼은 구축 작업이 끝난 스타트업이나 구 시스템을 다시 재정비하고 싶은 크고 작은 기업이 진행한다. 기초 공사가 끝나고 나서 정리되지 않은 잔재들을 기존보다 보기 좋게 정리하는 작업이다. 운영은 정리한 것을 두고 유지할 것은 하고, 문제 생겼을 때는 보수하기 때문에 반복적인 패턴 작업이 많다.

3가지 경험에서 각각 배우는 게 있고 이 모든 경험이 시간 낭비라고 생각되지는 않는다. 자신의 취업 목적과 목표가 뚜렷했다면 말이다. 아무 목적의식 없이 열심히만 하고 회사를 그만두는 순간 '내가 뭐한 거지?' 싶고 남 좋은 일만 했다면서 자책하게 될 것이다. 후회가 되더라도 회사를 그만둔 순간 남이 된다. 내가 고생했던 것들도 기록을 안 해놨다면 흔적 없이 사라질 뿐이다. 이때 반드시 알아야 할 것은 취업은 채용 거래라는 사실이다.

만약에 당신이 '기업에서 무엇을 얻을 것이고, 반대로 내가 무엇을 줄 것인가?'에 따라 아무리 안 좋은 환경이더라도 경험을 통해 기회를 찾아낸다. 이 작은 회사에서 '실수를 해보면서 10년 동안 성장하는 것을 목표로 두자!' 그렇다면 '10년이라는 귀한 시간'을 거래한 것이다. 10년 동안 나는 어떻게 성장할 것인가? 집중하면 된다.

하지만 취업을 돕다 보면 이 모든 것을 거짓말로 쓰는 수강생이 많다. 속으로는 다른 회사를 목표하고 있으면서 잠깐 다리를 걸쳐두는 회사로

째려본다. 내가 그 기업에 대표라면 절대 뽑으면 안 된다. 솔직히 나도 싫다. 하지만 가르쳐야 하는 수강생들이니 솔직하게 그들에게 "나라면 안 뽑아요"라며 정신 차릴 수 있게 말한다. 그만큼 이기적인 지원자가 많아지고 있다. 좋은 기업에 가고 싶은 건 알겠는데 그러려면 자신부터 좋은 직원이 될 자질을 갖춰야 하지 않겠는가.

## 인성이 중요한 이유

회사는 탈락자를 잘 걸러내야 한다. 중소기업은 특히나 사람을 잘 뽑는 게 중요하다. 사람 1명 잘못 뽑으면 망한다. 중소기업도 사람을 가려서 키운다는 사실을 알아야 한다. 자신의 검은 속내를 들키는 순간, 중소기업도 마찬가지로 기회는커녕 우대조차 안 하려고 할 것이다. 쉽게 말해 한철 쓰고 말 용도이다. 언젠가 떠날 사람임을 회사도 직감한다. 그러면 회사가 그 직원을 품을 이유가 없어진다. 그런 작은 회사마저 등을 돌리게 한다면 자신에게 원인이 있는 거다. 하지만 사람들은 억울하다는 듯 "처음에는 그럴 생각이 없었어요!"라고 말하는데, 이미 분위기에서 티가 난다. 회사와 사전에 소통 없이 서프라이즈를 한다며 스스로 온몸 바쳐 일하는 사람 또한 조심해야 한다. 이런 유형은 1~2년 사이 급하게 성과를 내려고 한다. 결국은 몇 개월 못 버티고, 스스로 분에 못 이겨 퇴사한다. 이처럼 야망만 너무 커도 문제다.

많은 사람이 초고속 승진을 꿈꾼다. 하지만 회사가 사전에 보고하고 합을 맞춰 공도 미리 줄 것을 약속하고 정하는 거다. 이런 유형들이 흔히 퇴사한 이유는 회사는 내 마음대로 못 하는 곳이라고 불만을 가져서다. 우선 진행하든 말든 사전에 회사에 보고해야 정상이다. 상식과 벗어난 행동을 제멋대로 이행하고, 야망과 욕심을 드러내는 사람 중 끝까지 함께하거나 약속을 지키는 사람을 본 적이 없다. 앞뒤가 다르기 때문에 내 사람으로 두고 싶지 않다. 꼭 이런 사람들이 뒤통수를 잘 때린다.

스승을 배신하는 사람은 회사에서도 똑같이 행동하며 남의 공을 가로챈다. 이건 수강생들에게서도 마찬가지로 빈번하게 일어난다. 혼자 포트폴리오를 다 만들었다며 자기 실력인 척 공을 독차지한다. 절대 멘토의 도움을 안 받았다고 할 것이다. 채용을 하는 사람들은 반드시 알아야 한다. 도움 없이 포트폴리오를 혼자서 만들기 어렵다는 것을! 지원자가 멘토의 공을 인정하는 것 자체를 싫어할 수 있다는 것을 말이다. '돈을 주고 배웠으니까 됐지!'라고 생각하며 포트폴리오를 다 만들고 나서 멘토가 필요 없어지면 연락하기 귀찮다고 멘토를 차단하기도 한다.

언제든지 필요 없어지면 쉽게 버리는 이런 사람들은 팀 프로젝트를 할 때 마지막에 결국 불화를 일으킨다. 언제든지 자신에게 유리한 쪽으로 제안이 들어올 때 반드시 배신하는 사람이 이런 유형으로 박쥐처럼 움직인다. 그리고 어떠한 도움을 받았어도 공을 자신에게 돌린다. 사람을 그저 '이용 도구'로 본다. 이런 사람을 품을 것인가? 한 번 배신한 사람은 언젠가 또 배신한다. 혼자 포트폴리오를 다 만들었다고 능력 있는 척하는 수강생들이 그렇다. 이런 유형은 결국 실컷 쓰이다가 회사로부터 버려진다.

## 최고가 되어 떠나자

배달 어플리케이션의 선두 기업인 '배달의 민족'의 창업자 김봉진 대표는 회사를 다 키워놓고 13년 만에 퇴사했다. 떠나면서 그가 좋아하던 이미지를 보여주었는데, '평생직장 따윈 없다. 최고가 되어 떠나라'라고 적혀 있다. '배달 앱' 분야의 최고가 된 만큼 다음 새로운 개척지를 찾겠다는 의미로 풀이된다. 나도 깊은 깨달음을 얻었다. 직장에 이 한 몸을 바

〈'우아한형제들'의 김봉진 대표가 직접 지어 본사에 적은 문구〉

출처 : new1 기사

쳐 모든 것을 다 포기하고 일만 하면 안 된다. 일만 하는 노예가 아닌 그 직장에서 최고가 되어 떠날 준비를 해야 한다.

누구보다 회사를 열심히 다녀놓고 퇴사 후 홀가분한 것보다, 아쉬운 게 더 크고 억울하다면 생각보다 일을 잘못한 것이다. 목표 없이 회사만 바라보고 열심히 일했기 때문이다. 나도 회사만 바라보고 일만 했기 때문에 억울했지만 돌아보면 이것 또한 큰 배움이 된다.

〈자신의 분야에서 최고가 되는 10가지 방법〉

1. 가장 잘할 수 있는 분야에 집중해라(집중력)
2. 자신의 목표를 시각화하라(끈기)
3. 그 분야에서 누가 최고인지를 먼저 찾아내라(열정)
4. 목표를 이루었을 때 생기는 보상을 다 적어라(균형)
5. 정보를 모으고 시각화하고 분석하라(집중력)
6. 선의의 경쟁자를 만들어라(열정)
7. 정보를 공유하라(집중력)
8. 최고라는 생각을 유지하라(열정)
9. 목표까지의 전 과정에 의미를 두라(끈기)
10. 봉사와 나눔을 실천하라(균형)

출처 : 네이버 블로그 〈나경, sungho041〉

아빠의 좌우명 중 '최선을 다하자'는 말이 있는데, 당시 나는 왜 최선을 다해야 하는 거지? 정도로 생각하며 받아들였던 걸로 기억난다. 어떤 뜻인지 몰랐는데, 크면서 알게 되었다. 내가 최고가 되려면 최고가 되는 방식을 따라야 한다. 내가 생각하는 범위에서 최선을 다하면 안 된다. 그것을 벗어난 최선을 다해야 하는데, 그게 바로 '혼신'이다. 한 텔레비전 프로그램에서 유재석이 한 말이다. 최고는 '혼신'을 말한다. '혼신'을 다하기 위해서는 다음의 4가지 조건을 충족시켜야 한다.

첫 번째, 삶을 균형 있게 살아야 한다. 나는 삶을 균형 있게 살지 못했다. 너무 일에만 몰두한 나머지 관계가 엉망이다. 직업적인 부분에서 성공한 것도 아니다. 애매해서 문제다. 직업으로 아무리 큰 성공을 거두었다고 하더라도 건강, 가족, 친구와 같은 인생을 구성하는 다양한 부분에서 균형 잡힌 성공을 이루지 못했다면 결코 그 인생은 성공적이라 할 수 없다. 우리가 생각하는 연예인 중에서도 돈 많고, 부자인데도 행복하지 않은 이유는 균형 있게 살지 못해서일 가능성이 크다. 그제서야 비로소 알게 된다. '내 편을 많이 만들걸, 사람들에게 잘하는 게 이래서 중요한 거였구나!'

두 번째, 열정적으로 임해야 한다. 태어나서 죽을 때까지, 특히 자신의 인생 목표나 현재 하는 일은 필요한 요소다. 나를 위해 정말 열정적으로 일해야 하는 것은 너무 당연하다. 하지만 너무 열정적인 나머지 주변 관계까지 해치면서 일할 필요는 없다는 것을 말해준다.

세 번째, 집중이다. 어떤 일을 하든, 그 순간만큼은 자신이 선택한 그 일 하나에만 오직 온 관심과 애정을 쏟아 집중해야 한다. 하찮더라도 괜찮다. 그 순간만큼은 집중해서 애정을 쏟으면 단기간일 경우에는 좋은 작품이 되고, 장기간이 될 때는 큰 마을이 된다.

네 번째, 끈기다. 어떤 일이든 끈기 즉, 지속적인 노력 없이는 성공도 없다. 나의 가장 치명적인 단점이다. 하지만 이건 나뿐만 아니라 나에게 배우는 수강생도 마찬가지로 혼자 할 수 있는 지속성이 없으므로 나를 찾는다. 관리 감독해줄 사람이 필요하므로 아직 훈련이 안 된 상태다. 나도 수강생을 가르치면서 같이 성장하고 있다. 서로의 마음을 알기에 끝까지 할 힘이 있다. 다음은 내 수업 시간에 진행하는 과정이다.

[근무 목표 세우기]

1. 나와 연관된 업종분야 정하기 : 자신이 잘 알고 있는 취미 분야 및 UX/UI 관련된 직무와 연관성을 고려해 산업군에 대한 목표를 정한다.

예) 게임 - 넥슨, 패션 - 무신사, 커머스 - 쿠팡, 지식 - 네이버

2. 기업 난이도 정하기 : 업종 분야를 정하면 자신의 직업 가치관을 고려해서 입사하고 싶은 기업 유형을 정하고 난이도를 매긴다.

예) 상 - 대기업, 공기업, 외국계

중 - 중견기업

하 - 중소기업, 에이전시

3. 가고 싶은 기업 명단 리스트업 하기 : 가고 싶은 기업부터 차례대로 작성한다.

예) 상 - 넥슨, 네이버

4. 나와 연관된 직무로 채용하는지 파악하기 : 열심히 준비해봤자 안 뽑으면 말짱 도루묵이다. 기업별로 채용조건과 우대사항을 파악한 후 나의 직무와 연관된 직무를 뽑는지 알고 리스트를 정리하는 게 중요하다. 그러면서 가고 싶은 회사부터 우선으로 정한다.

예) UX 라이터, UX 기획, UXUI 디자이너, UI 디자이너, GUI 디자이너

5. 취업 시기 정하기 : 언제 뽑는지 시기를 알고 포트폴리오는 몇 개월 준비할지 계획한다. 굳이 상반기, 하반기 나눠서 준비할 필요는 없지만, 이때 공고가 많이 나오기는 한다. 보통 포트폴리오는 작품 수에 따라 완성에도 차이가 있다. UXUI 포트폴리오 같은 경우는 한 프로젝트의 시작과 끝이 있는 작품이 좋다. 실무에서 1차 테스트 기간이 보통 6~8개월 걸린다. 그래야 하나의 작품이 나온다. 그래서 포트폴리오가 취업하는 용도로 쓰일 때는 여러 사람이 붙어서 한 프로젝트를 거의 1년 가까이 혹은 그 이상 걸리는데 고작 1개월은 귀여운 수준이다. 애초부터 완벽하게 만들기는 어렵다. 어떻게 만들 것이고, 어떤 사람처럼 보이고 싶은지가 중요하다.

6. 근무일지와 패턴 작성하기(회사 매뉴얼 보고 작성하기)

7:00 - 기상 및 아침 식사

8:30 - 사내 메신저 통해 채팅 회의. '오늘 해야 할 일 리스트' 문서로 정리해 업로드 하기

9:00 - 상사의 업무 지시(메신저 또는 이메일) 확인

10:30 - 프로덕트 팀과 사용 트렌드 정리 / 화상 회의 / 외부 이메일 확인 및 회신 / 데이터 정리

12:00 - 점심 식사

13:00 - UX 주간회의 WBS 업로드 공유 / 디자인팀 미팅 및 발표 / 내부 디자인 리뷰 및 발표

15:00 - 녹취 기록 /사업 관련 데이터 확인 및 보고서 정리 / UX 다이제스트 발송하기

17:00 - 업무일지 작성 및 제출

17:30 - 퇴근

8. 근무 중장기 목표 세우기[7년 목표]

1년 목표 : 시작과 끝을 정해놓고 시작해라.

2년 목표 : 어떻게 성장할 것인가?

3년 목표 : 어떤 사람이 되고 싶은가?

4년 목표 : 어떤 도움이 되고 싶은가?

5년 목표 : 어떤 사람으로 기억되는가?

6년 목표 : 어떻게 떠날 것인가?

7년 목표 : 그다음 단계는?

〈채용 공고 정리표〉

### 채용 공고 정리

Table

| 기업(회... | 부서명 | Select | Date | 직무 | 담당 업무 | 자격 요건 | 우대 사항 | 지원 서류 | 링크 |
|---|---|---|---|---|---|---|---|---|---|
| 빅크 | (채용시) UX/GUI 인턴 | PO | | 디자인<br>서비스 기획 | • 웹/앱 서비스 기획 및 UI/UX 기획<br>• 프로젝트 QA F/U<br>• 서비스 및 플랫폼 브랜드 디자인 지원<br>• 각 크리에이터별 브랜드 이미지/콘텐츠 이미지 등 각종 이미지 기획 지원 | - | - | • 포트폴리오 제출 필수 (포트폴리에 대한 설명 필수)<br>• 포토샵, 피그마, 일러스트 등 다양한 디자인 툴 숙련자<br>• 이력서 | https://team.bigc.im/apply |
| 오일나우 | (채용시) 프로덕트 디자이너 | PO | | 디자인 | • 오일나우 앱 서비스 UX 설계, UI 디자인<br>• 제품 디자인 방향성 제안, 구축<br>• 커뮤니케이션 문서 작성<br>• 데이터 분석 및 사용자 리서치 | • UX,UI 디자인 경력 3년 이하<br>• Figma, Protopie, illustrator 등 툴을 활용하여 원하는 바를 제작할 수 있는 분<br>• 사용성을 고려해 완성도 있는 화면을 디자인할 수 있는 분<br>• 오일나우의 비전과 팀 문화에 공감하고, 함께 좋은 제품과 팀을 만들어나가고 싶은 분<br>• 비지니스 요구사항을 빠르게 이해하고 아이디어로 구체화시킬 수 있는 분<br>• 논리적 및 기획적 사고로 자신의 생각을 주도적으로 제안할 수 있는 분<br>• 다양한 협업 부서와 원활한 커뮤니케이션이 가능한 분 | • 개발자와 함께 실제 서비스를 만들어(출시해) 본 경험이 있는 분<br>• 학습과 성장에 목말라 있으며, 이를 실천으로 옮기는 분 | • 이력서와 포트폴리오는 자유 형식입니다.<br>• 이력서는 직무 역량이 잘 드러날 수 있도록 구성해주세요. (민감한 개인정보는 필수 사항이 아닙니다.)<br>• 포트폴리오에는 어떤 고민을 통해 문제를 해결했는지, 왜 그 해결 방안을 선택했는지에 대한 이야기를 담아주시면 더 좋습니다.<br>• 팀으로 진행한 프로젝트의 경우 내가 맡은 부분과 기여도에 대해 꼭 명시해주세요. | https://oilnow.notion.site/cef0271d6b2149bf90c416b11fe14fb2 |
| EY한영 | 09.20 | PO | September 20, 2023 | 디자인 | • 고객 및 사용자 경험 기획 설계 및 디자인<br>• 국/내외 시장 Trend 및 경쟁사 동향 리서치 및 분석<br>• 컨설팅 산출물, 비주얼, 동영상 등 콘텐츠 디자인 및 편집 업무<br>• 프로젝트 템플릿 및 가이드에 따른 보고서 표준화<br>• 기타 팀 내 업무 지원 (회의록 작성 등) | • 국내외 대학 4년제 졸업자 혹은 2024년 2월 졸업 예정자<br>• 인턴 기간(3개월) 동안 Full time 근무 가능한 자 | • 고객 & 사용자 경험 (UX) 및 사용자 인터페이스 (UI) 디자인에 대한 이해도가 있는 자<br>• UX / UI 관련 프로젝트 경험자 우대<br>• 시각 / 그래픽 디자인 등 관련 전공자 우대 (포트폴리오 제출 가능자 우대<br>• UX/UI, 콘텐츠 디자인 작업, 동영상 제작 등)<br>• 영어 커뮤니케이션 우수자 우대<br>• PowerPoint, Adobe Photoshop & Premiere, Sketch 또는 Figma 등 능숙하게 다룰 수 있는 자 우대 | • 자사양식 이력서(입사지원서, 경력기술서, 자기소개서) | https://www.peoplenjob.com/jobs/5431992?career_level=1&field=all&q=디자인 |

출처 : 수강생 한사랑 디자이너의 정리표

CHAPTER 1 **SUMMARY**

〈목표 회사 탐방의 예시〉

**목표 회사 : 엑스티 에이전시**

엑스티는 잡플래닛 평이 괜찮고 사옥도 있고 50위 안에 드는데

주력 포폴이 금융 쪽이 많았어요.

역시 들어가 보진 못했고 인상은 좋았어요!

주택가지만 역과 가깝고 바로 옆에 분위기 있는 카페 있어요!

일층에는 유리로 됐는데 블라인드 쳐져 있고 옷 가게처럼

행거가 보였고 건물은 4층 정도라

더즈 에이전시랑 비슷한 인상 받았고요!

퇴근시간대 도착했는데 6시 칼퇴 하는 거 같습니다!

출처 : 수강생 김새미 디자이너의 탐방글

첫 번째 탐방 회사 :

두 번째 탐방 회사 :

세 번째 탐방 회사 :

이 회사에 가고 싶은 이유 :

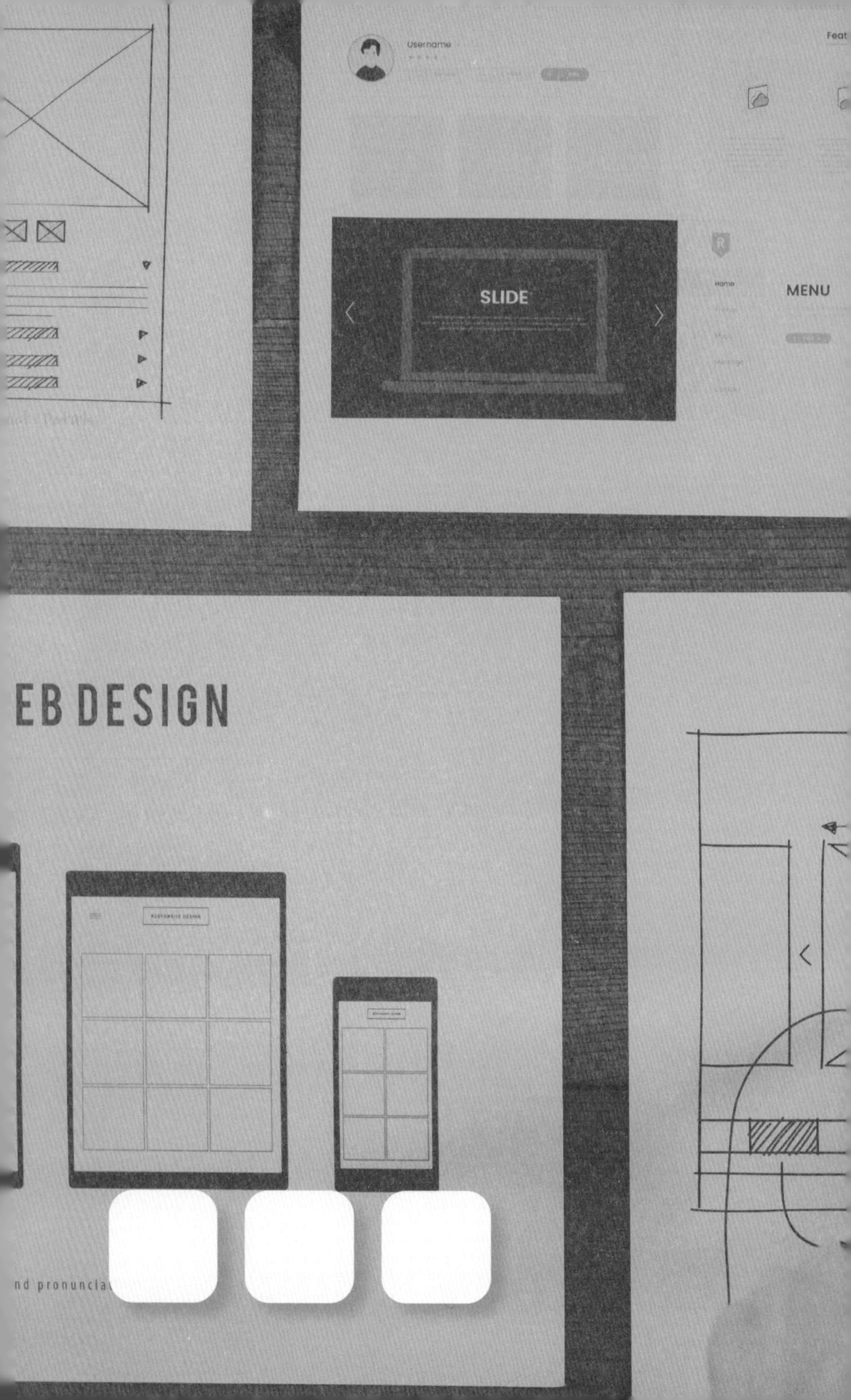

Username
SLIDE
MENU
Home
EB DESIGN
nd pronuncia

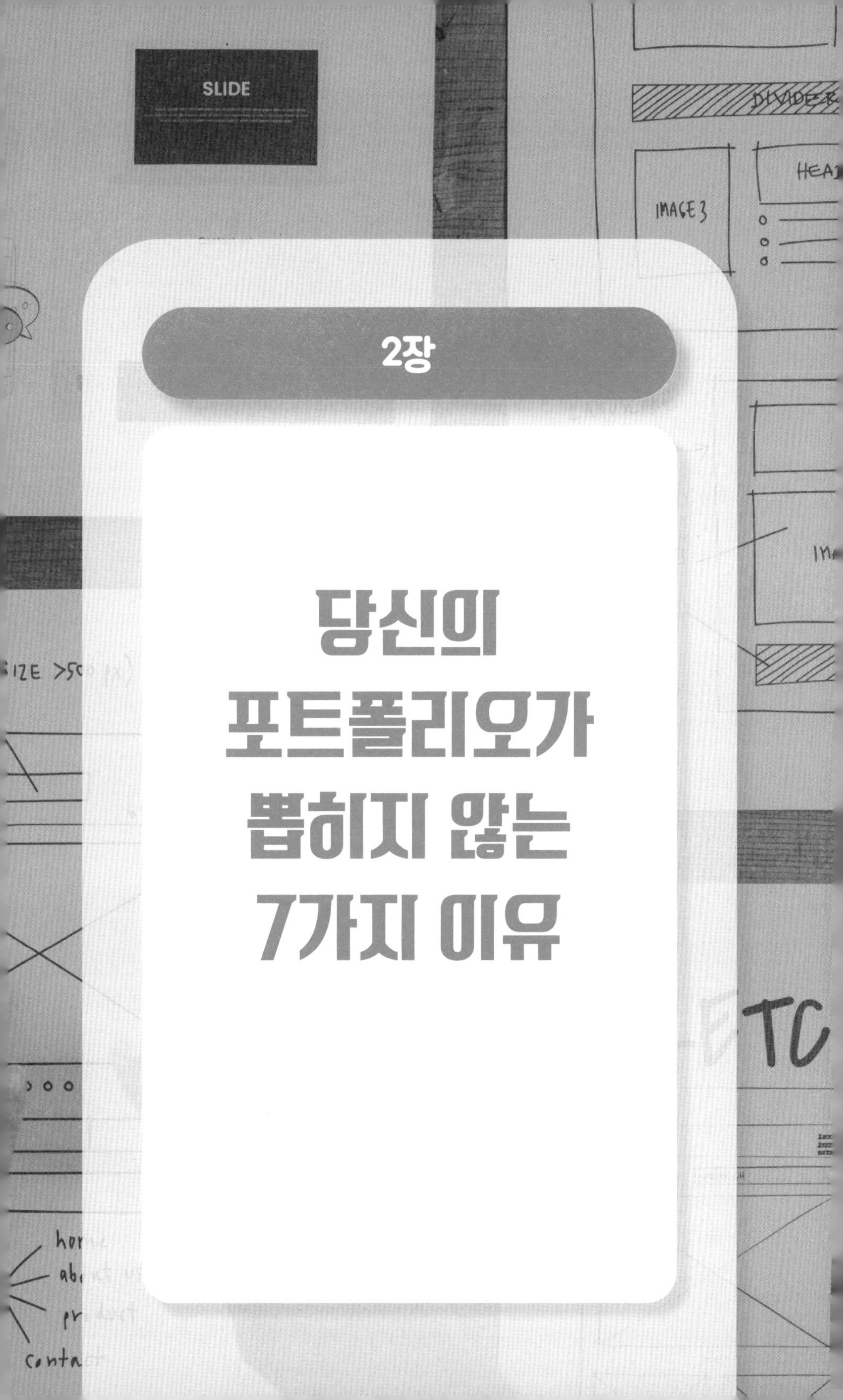


# 2장

# 당신의 포트폴리오가 뽑히지 않는 7가지 이유

# 물경력의 그림자에서 나와라

"그대의 가치는 그대가 품고 있는 이상에 의해 결정된다."

– 그라시안(Baltasar Gracián) –

혹시 당신도 '물경력(경력이 되지 않는 일)'이라고 생각되는가? 보통 취업에 실패한 디자이너는 수년간 고생해서 쌓은 경력이 스스로 매력적이지 않다고 생각한다. 그 이유는 시각디자이너에서 UX디자이너로 직무가 변경되면, 이전에 쌓아놨던 경력이 활용할 데 없으니 쓸모없어진다고 판단한다. 그래서 다시 처음부터 시작해야 한다는 생각에 막연한 두려움을 느끼는 동시에 지난 경험을 자책한다.

'물경력'이라는 단어는 백과사전에 기재되어 있지 않다. 사람마다 자기 마음대로 정의를 내릴 수 있어 매우 위험하다. '물경력'이라 지칭하는 사람은 지난 배움을 쓸모없다고 자체 판단하는 사람이다. 사실 당신의 능력을 평가하는 대상은 당신과 같이 일해보지 않았기 때문에 모른다. 하지만 스스로 가치를 낮추는 행동을 하니 채용자도 당신을 그 수준으로 생각한다. 당신이 스스로 낮춘 가치는 돈으로 시간을 거래한 셈이다. 그래서 자신이 '물경력'이라며 인정할 때 진짜 '물경력'이 된다. 정말 지난 배움은 가치 없다고 생각하는가? 어떻게 연결시킬 수 없는 것인가? '물경력'이 안 되려면 부정적인 판단 자체를 하지 말아야 한다.

'나는 대기업을 나오지 않았는데 수강생은 어떻게 가르치겠는가?' 하고 내 스스로 '물경력'이라고 생각했다면 이 일을 하지 않았을 것이다. 내가 해왔던 진귀한 경험이 지금의 나를 만들었다. 나는 지난 내 경험을 사랑한다. 아무리 주변에서 '물경력'이라고 놀려도 자신의 가치를 지키면 지난 경험도 소중해 '물경력'이 아닌 반드시 '값진 경험'이 된다.

그래서 '물경력'인지 아닌지의 대한 판단은 얼마만큼 자신의 일을 가치 있게 생각하고 소중한지를 아는 것이다. 내 일을 사랑하는가? 그 일은 당신의 삶에 어떤 영향을 미쳤는가? 그 경험으로 인해 내가 어떤 변화를 겪었는지, 어떤 과정으로 성장했는지 말할 수 있는가? 그리고 당신을 지나친 사람에게 고마움과 미안함을 느끼는가?

'물경력'이 안 되게 하려면 나에게 필요한 경력만 쌓아야 한다. 보통 '물경력'은 인생에 목표가 없기에 쌓이는 것이다. 그래서 반드시 취업할 때 한 가지 꿈을 만들어야 한다. 예를 들어, '삼성SDS UX 디자인 직무'에 지원한다고 가정해보면, 가장 먼저 살펴봐야 하는 것이 채용 전형 절차다. 삼성SDS의 UX 디자인 절차는 직무 적합성(직무와 일치되는 특정 능력) 평가 ▶ 포트폴리오 심사 ▶ 면접 ▶ 건강검진 순서로 이루어진다. 디자인 직무는 영어 회화 최소등급에는 해당 사항이 없지만 제출하면 차별화된다. 대부분 '물경력'인 경우는 직무 적합성에 부합하지 않아 서류에서 많이 탈락한다.

〈물경력이 만들어지는 이유〉

출처 : 저자 제공

물경력 대처법은,

첫째, UX 관련된 역량, 기술, 경험

둘째, 시각적 자료로 실력을 증명

셋째, 내가 책임지고 마무리하는 신뢰성

이렇게 3가지가 한 치 오차 없이 일맥상통하게 떨어져야 믿고 채용한다. '물경력'은 전문성이 없는 사람이다. 그래서 자기 직무를 제대로 설명도 하지 못하는 사람에게는 쉽게 일을 맡기지 않는다. 역량이 없으면 역량을 갖춰야 하는 게 기본이다. 적어도 UX로 일을 해보겠다고 생각하면 사업 흐름을 읽을 줄 알아야 한다. 직관적이고 감각적인 디자인 실력도 중요하지만, 사업기획 능력을 우선으로 본다. 그래서 프로젝트 리더의 자질이 있는 사람을 선호한다.

UX와 관련된 포트폴리오를 열심히 준비했다고 하지만, 인정을 못 받는 이유는 빠르게 대충 만든 작품을 그럴싸하게 분석한 것처럼 시각적 자료를 들이밀기 때문이다. 자신의 역량을 속이려고 하지만, 정말 기획 측면에서 경쟁 마켓을 여기저기 현장을 발로 뛰며 조사해 만들었다고 말할 수 있는가? 귀찮아서 인터넷에서 찾은 데스크 리서치(보고서, 논문, 규정, 문건 등 기존 자료를 통해 필요한 정보를 수집하는 방법)로 넘쳐난다.

스마트 연동 전자기기를 기획했다고 하자. 그러면 기획만 하면 되는 게 아니라 어떻게 진행될지 알고 움직여야 한다. 만약 전자기기 디자인 후에 모바일 사업부로 기획을 전달한다고 예측해보면 해결할 방법론(업무를 처리하는 순서별 방식, 프로세스)을 가져와 순서를 적용한다. 국내 전자기기 조사 ▶ 경쟁사 벤치마킹 ▶ UX 방향성 제시 ▶ UX 컨셉 설계 ▶ 모바일 플랫폼 UI 설계 및 GUI ▶ 개발 ▶ 검증과 같이 수행한 기록을 포트폴리오에 담아야 내가 한 경험이라고 말할 수 있다. 또한 시작은 UX를 검증했지만, 추후 확장할 수 있는 직무는 사업기획, 서비스기획, 마케팅기획, 웹기획 CX, BX, PM으로까지 역량을 넓힐 수 있다.

우리는 '물경력'이 되고 싶지 않아서 좋은 회사를 찾지만, 좋은 회사를 구별하는 눈은 경험해봐야 길러진다. 돈도 많이 받고, 복지도 좋고, 편하고, 일이 쉬운 직업은 이 세상에 어디에도 없다는 것을 깨달아야 한다. 그런데도 아직 망상의 직무를 찾아다니는 사람은 계속 대우받지 못하는 직장에서 일한다.

경력자인 내가 신입사원에게 일을 한두 달 가르쳐 나와 비슷한 수준의 결과물을 낼 수 있다면 일의 강도가 쉽다는 것이고, 바꿔 말하면 이 일은 누구나 할 수 있고 '물경력'이 될 가능성이 높다. 계속해서 단순한 반복 업무만 하다 보면 발전이 없다. 하지만 애초에 끈기 없는 유형의 사람이라면 똑같은 업무를 반복하는 연습도 중요하다. 하지만 무료하게 똑같은 일을 하면 큰일이지만, 특정 직무에 적어도 2년 이상 근무해야 쉽게 옮겨 다니지 않을 사람이라고 판단한다.

입사해서 제일 처음 확인하면 좋을 것이 팀장이 하는 업무가 나와 어떤 차이가 있는지 유심히 살펴보는 것이다. 사원인 나와 하는 일이 똑같다면 내 미래도 달라질 게 없음을 느껴야 한다. 현재 내가 맡고 있는 업무에 대한 성과를 명확하게 설명하기 어렵다면, 지금 다니고 있는 회사는 전문성이 없다. 또한 직무 역량과 크게 상관없는 잡다한 업무가 과도하게 많다면 역량과 관계없는 일이 될 수 있으니 하루빨리 도망치는 게 좋다.

'물경력'이 '굿경력'으로 인정된다면 합격의 기쁨과 좋은 회사에서 일할 기회가 주어진다. 여기에 역량을 쌓아 자신만의 커리어를 안정적으로 쌓아나가면 된다. UX 디자이너로 인정받고 싶다면 신규 프로젝트를 주도하는 연습이 필요하다. 대략적인 과정은 다음과 같다.

1. UX 디자이너는 신규 프로젝트를 의뢰받은 후 서비스를 진단해야 한다.
2. 해당 서비스가 전달하고자 하는 가치를 추출해 이를 반영한 UX 기획을 수립해야 한다.
3. 프로젝트 기획이 완성 단계에 이르렀다면 이를 구현해야 한다.
4. 프로젝트 매니저로서 일정과 지원관리, 리스크관리, 관계자와 소통하고 관리해야 한다.

뻔한 말일지 몰라도 뻔한 걸 해야 제대로 준비하고 있는 거라는 사실을 알아야 한다. 대부분 채용공고에 나와 있는 뻔한 것을 안 해서 문제다. 기획 역량을 키우고 꾸준한 평가를 받아야 한다. 그대여! 가고 싶은 회사가 눈에 띄게 명확하다면 절대로 '물경력'이 될 수 없다.

# 베껴서 만든 것은 결국 들통난다

"이 드로잉을 완성하는 데 5분이 걸렸지만,
이에 다다르기까지 60년이 걸렸다."

― 르누아르(Auguste Renoir) ―

사람들은 자기 생각에 의해 만들어진 작품을 타인이 허락 없이 베끼는 것에 대해 민감하게 반응한다. 하지만 반대로 자신이 새로운 프로젝트를 진행하게 되면, 타인이 모아놓은 자료를 보고 참고하며 좋은 아이디어를 생각해낸다. 이렇게 기존 프로젝트에 하나를 더 얹은 작품을 새롭게 탄생한 아이디어라고 칭하며 원조라고 떠들어댄다.

모방은 창조의 어머니라는 말이 있듯이 새로운 프로젝트를 진행하는 데 타인의 작품을 참고하는 건 이상한 행위가 아니다. 사람은 생각의 동물이기 때문에 다양한 작품으로 영감을 얻는 건 당연하다. 타인의 자료를 참고하고 자기 작품을 위해 시간을 단축한 대가로 타인에게 고마움을 표현한다면 문제가 생기지 않는다. 그래서 최소한 감사의 인사를 안이 아닌, 밖으로 표현해야 한다.

보통은 모르는 사람이기도 하고, 나 하나쯤은 괜찮을 거라는 생각에 몰래 슬쩍 참고하면 모를 거라고 생각한다. 작품을 열심히 만든 타인에게 감사한 말 없이 무작위로 가져와 베끼기 바쁘다. 나는 이런 수강생들에게 그런 행위가 잘못되었다고 직접적으로 조언하지는 않는다. 편하게 취업하고 싶어서 그런 길을 택했으니 참담하게 떨어지는 채용 결과를 통보받고, 고생하면서 만든 것이 헛수고가 되는 결과를 얻은 것이다. 계속 떨어졌다면 이유가 있다는 것을 스스로 알아야 한다. 하지만 그런 사람들은 또 남 탓하기에 바쁘다.

물론 '잘 베끼면 문제없지 않나?'라고 생각할 수 있다. 예를 들어, 대입 시험을 위해 열심히 공부한 옆 사람의 시험지를 커닝해서 70~80점을 기적적으로 받아냈다고 가정하면, 그 사람의 본실력은 기본 바탕이 없으니 잘 찍어도 30~40점이다. 그리고 이런 사람은 틀린 문제를 다시 풀어보려고 노력하지 않는다. 나쁜 행위를 했으니 그 상황을 덮어버리려고 외면할 뿐이다.

〈포트폴리오를 베꼈을 때의 문제점〉

어떤 사람인지 알 수 없음

허락없이 사용함 (도덕적 문제)

이전 경험을 부끄러워하며 소설로 각색함

출처 : 저자 제공

들통날 것을 두려워하면서도 위험을 무릅쓰고 왜 베낄까? 혹여나 '들키게 되면 불합격하지 않을까?' 노심초사하기도 한다. 하긴 합격한 포트폴리오들의 양이 상당하니 돈을 주고 배우면 돈도 아깝고, 오래 걸릴 것 같아서 베끼고 싶은 심정은 이해한다. 이런 사람은 진짜 채용자에게 악영향을 준다. 손해는 고스란히 채용자들의 몫이 된다. 그래서 베낀 사람들은 여러모로 민폐를 끼친다. 베끼지 않은 기준을 찾아 틀린 그림 찾기처럼 골라내야 한다.

첫 번째, 문제 과정을 꼼꼼하게 검사해 사실을 확인한다.
두 번째, 사전과제로 문제를 출제해 비슷한 문제를 풀 수 있는지 확인한다.

이렇게 해서 베낀 사람을 운 좋게 거르거나, 거르지 못해도 문제해결이 될까? 생각해보면 상당 부분은 걸러진다. 막상 포트폴리오를 발표하면 다들 혼자 힘으로 만들어 왔다고 한다. 빨리 베껴서 만든 게 효율이라고 생각하는 바보는 없었으면 한다. 보통 잘 만들어놓은 작품을 그대로 가져와서 내용만 바꾸는 사람도 있다. 회사를 우습게 생각한다. 그런 지원자는 인성이 좋지 않고 교활하다.

이미 경력자 채용의 경우 실무는 단순한 반복 업무를 하더라도, 채용공고의 주요 업무와 자격조건을 보면 기준치가 상당히 높다. 청년실업을 걱정하면서도 자기 사람은 제대로 된 인재를 뽑고 싶어 한다. 들어가려는 사람은 많은데 채용되는 사람이 적으니, 그 기준에 들어야 해서 경쟁력을 저절로 높이는 상황이 발생한다.

결국 사회적 구조 때문에 일어난 현상이라고 말할 수 있다. 그래서 취업에 가까스로 성공한 사람은 그렇게라도 시간을 냈기 때문에 결과를 얻어간다. 합격한 사람들에게 "당시, 취업이 수월했나?"라고 물어보면 "치열했다"는 답변이 돌아온다. 편하게 준비했다는 사람을 본 적이 없다.

단순히 베껴서 나쁘다고 말하는 것이 아니다. 이 사람이 왜 베꼈을까 파고들면, 경쟁자의 포트폴리오 만드는 양이 많아 도저히 자체적인 힘으로 할 수가 없다. 회사와 학원 수업, 그리고 수면의 시간을 빼면 하루에 취준생이 누릴 수 있는 시간은 4~6시간 정도 된다. 이 시간을 쪼개서 활용해야 하니 문제다.

실제 사례로, 내 수강생이 독학으로 준비한 포트폴리오로 2년간 원서를 넣었는데, 합격하지 못했다. "어떻게 준비했어?"라고 물어보니, 비핸스(무료 온라인 포트폴리오 사이트)에 나와 있는 작품을 거의 베꼈다고 말했다. 그래서 "왜 베꼈어?"라고 다시 물어보니 "빨리 취업하고 싶어서 그냥 보고 했어요"라고 말했다.

베낀 행위를 탓해봤자 달라질 게 없다는 것을 느꼈다. 그렇게 우리가 만들어야 할 포트폴리오는 쉬지 않고 계속 이어졌다. 실무 경험이 없으면, 같은 문제여도 더 많은 시간이 필요하다. 작업 습관이 안 잡히면, 같은 문제여도 더 많은 시간이 필요하다. 실제로 만드는 건 2시간이 걸리는데, 2시간 집중하기 위해 마음을 먹기까지 4시간이 걸린다. 집중력이 약하면 15분마다 딴짓을 한다. 이 모든 걸 극복하면서 수강생의 습관, 성향, 능력에 맞는 양을 정해서 처리한다. 그래서 똑같은 양식을 쓰지 않는 이상 포트폴리오는 같을 수 없다.

"UX에 대해서 자기 생각으로 바꿔서 설명해주세요."

*"네?…(일단 한번 놀란다) 사용자 경험은… 유저익스피어런스…."*

포트폴리오를 베끼지 않기 위해서는 어떻게 해야 하는가? 사실 베낀 과제는 쉽게 드러난다. 프로젝트의 결과만 있거나, 시각 자료에 맞지 않는 설명이 기재되어 있다. 혹은 개념에 관해 물어보면, 이 답에 대해 아는지 모르는지 자연스럽게 알 수 있다. 또한 상당한 양의 프로젝트를 만들어 오면 의심을 안 할 수가 없다.

결국에 들통나면 반성하는 사람도 있지만, 인정을 거부하는 사람도 적지 않다. 하지만 개선하기 위해 채용하려는 입장에서는 마음껏 의심해 봐도 된다. 포트폴리오 제작은 누구나 힘들고, 그래서 베껴서 쉽게 만들고 싶어 한다. 결국 내가 뽑히기 위해서는 독자적인 방법이 필요하다. 취준생의 포트폴리오 실력은 계속해서 상향 평준화가 되어가고, 채용하려는 회사의 눈도 점점 높아진다. 그래서 제대로 도움을 못 받는 수강생은 자신에게 새로운 아이디어가 없고, 잘된 작품을 따라 하는 것이 유일한 발전의 길이다.

타 학원이나 온라인 강사들 중에서 수강생이 모방하더라도 모른 척하는 경우가 있다. 그런데도 내 수강생이 합격이 잘된 이유는 수강생이 잘 선별될 수 있게 최선을 다해 헌신했기 때문이다. 채용 시장에 좋은 선택지가 될 수 있도록 베끼지 않고 열심히 준비하는 게 우리가 할 일이다.

# 공산품 같은 작품은 쓰레기통에 냅다 버린다

"한때는 불가능하다고 생각했던 것이 결국에는 가능한 것이 된다."

— K. 오브라이언(k. O'Brien) —

여러 장의 포트폴리오를 모아놓고 평가하면, 어디 단체에서 합을 맞춰 만들었는지 비슷한 포트폴리오가 많이 보인다. 보통 지원자들은 학원, 부트캠프, 온라인 강의 등 다양한 사교육의 도움을 받고 오다 보니, 비슷한 패턴들이 반복적으로 보인다. 그래서 채용하려는 회사는 포트폴리오를 걸러서 가장 먼저 탈락자를 제거한다.

특색이 없고 비슷한 포트폴리오는 매력이 없어 조금만 시나리오가 비슷하다 싶으면 5초 안으로 걸러내 쓰레기통으로 넣는다. 기승전결이 뻔하고 요즘은 똑같은 양식으로 가르치는 곳이 많아 글만 갈아 끼운 것처럼 만든다. 포트폴리오는 신선한 충격을 줘야 한다. 그래서 그냥 만들기만 하면 합격이 안 된다. 포트폴리오를 제출하는 이유가 단순히 많이 배웠다고 어필하기 위해서가 아니다. 포트폴리오를 만든 목적이 무엇인지 생각해봐야 한다.

나는 처음부터 포트폴리오를 단순히 UIUX 이론만 가르치는 것이 아닌, 문제를 직접 풀 수 있게 사고력(정답이 없는 문제를 판단하는 힘)을 키우는 방식으로 가르친다. 내 첫 수강생은 고졸 출신에 디자인을 한 번도 해보지 않은 사람이었다. 채용 후 민폐가 되지 않을 정도로 실력을 끌어올려야 했다. 2018년 당시 웹디자인을 기반으로 한 비주얼 포트폴리오가 많았는데, 논리적으로 UX를 설명하는 사람이 많이 없었다. 그래서 화면 분석 페이지를 넣었다. 하지만 지금은 다른 취준생들도 많이 따라 하니 경쟁력이 없어 사용하지 않고 있다.

2020년에는 UX 프로세스 양식을 순서대로 넣어서 설명하는 사람이 없었다. 나는 대학교를 갓 졸업한 수강생의 포트폴리오에 UX 과정을 순서대로 전부 집어넣었다. 지금은 웬만한 준비로는 합격하지 못하는 수준으로 취준생의 포트폴리오가 상향 평준화되었다. 최근에는 지원 회사에 특화되게 맞춤 형태로 포트폴리오를 제작하고 있다. 만약 이렇게 했는데도 떨어지면, 그 소재를 가지고 다른 경쟁사에 지원하면 된다. 그러면 그 좋은 아이디어를 다른 경쟁 회사로 뺏기는 형태가 돼버린다.

〈처음 시도한 린 캔버스〉

Process.

# Lean UX Canvas

놀봄은 아이와 놀이시터를 연결시켜주는 놀이시터 매칭앱으로, 기존에 있는 앱을 리뉴얼하는 것이 아닌 새롭게 구축한 프로젝트입니다.
새로운 사업을 준비하고 있는 기업이나, 초기 창업자 들이 많이 사용하는 린 캔버스 프로세스를 활용해 아이디어를 구체화시키고, 기존에 있는 다른 앱과는 차별화 있는 구조를 세웠습니다.

1

**문제** Problem

- 인증과정이 **너무 복잡하거나,** 반대로 인증 절차가 **까다롭지 않아** 부모님들께 신뢰를 받기 어렵다.
- **아이를 어떻게 놀아줄지 고민이다.** 연령별 주의해야 할 사항과 놀이 방법을 잘 모른다.
- 위치, 시간, 부모님 동행 여부뿐만 아니라 **아이의 자세한 사항을 미리 알 수 없다.**
- 놀이돌봄의 **일정이 변경 되거나 취소** 되었을 때, **긴급하게 도움**을 요청해야 할 곳이 필요하다.

**대안** Exiting Alternatives

- **인증관리**
- **커뮤니티 기능**
- **더 자세해진 놀이 정보**
- **매니저 긴급 채팅**

7

**솔루션** Solution

- 너무 복잡 하지 않고, **다양한 인증 뱃지**를 통해서 선생님의 신뢰를 쌓는다.
- 선생님끼리 **커뮤니티**를 통해 놀이 **정보 교류 등** 가이드 제공한다.
- **놀이정보를 통해 자세한 사항**을 미리 알 수 있도록 한다.
- **놀봄매니저 챗봇**을 통해, 어려운 상황이나 생기면 **바로 물어볼 수 있다.**

4

**핵심지표** Key Metrics

- **핵심지표**를 보고싶다면 , 버튼클릭!

핵심지표 바로가기

3

**가치제안** Unique Value Proposition

- **내가 일하고 싶을 때, 원하는 시간동안** 자신있는 활동으로 일할 수 있다.
- **나와 가장 잘 맞는 우리 동네 아이를** 놀봄앱에서 만날 수 있다.

놀이가 처음이더라도 전문가 OT와 커뮤니티 기능의 **놀이 정보 공유**를 통해 더 즐겁게 활동을 할 수 있다.

**상위개념** 무드보드, GUI, ICON High - Level Concept

- 주요 타깃층 대상은 20 - 30대이지만, 아이와 관련된 서비스로 **둥글둥글한 오브제, 귀여운 캐릭터**를 사용하여 **귀여운 느낌, 친근한 이미지**를 주도록 한다.

2

**경쟁우위** Competitive Analysis

- 커뮤니티 기능으로 놀봄 선생님들의 놀이 돌봄 노하우 공유가 가능하다.
- 학습 돌봄보다 놀이 돌봄에 더 초점을 맞춰 부담없이 접근할 수 있도록 한다.
- 채팅기능이 있다.

학습돌봄에 초점을 맞춘 다른 앱들과 달리 놀봄은 **놀이돌봄**에 더 초점을 맞추었기 때문에 다양한 **놀이 정보 공유와, 사용처를 전국**으로 넓혀 많은 사람들이 사용할 수 있도록 한다.

8

**채널**[1] Channels

- 소셜미디어 ( 인스타그램, 페이스북 ) 전업주부 조혜진
- 구인앱 ( 알바천국 ) 광고 피소나 정희연
- 대학교 커뮤니티 대학생 최지훈

[1] 채널이란? 고객과 만날 수 있는 가장 효과적인 채널이며 고객도달 경로입니다.

5

**고객세그먼트** Customer Segments

- **이미 아이를 많이 만나 본** 유치원과 어린이집 선생님 전업주부 조혜진
- 아이를 좋아하는 **20대 중반** 피소나 정희연
- 아이와 **관련된 학과**의 학생 취준생 안효정
- **아이와 잘 놀 수 있는 활동적인** 성향을 가진 사람 대학생 박영준

6

**얼리어답터** Early Adaopters

- 아이를 정말 좋아하는 **20 - 30대**
  설문과 인터뷰를 통해 위 내용과 같은 유형의 선생님이 많다는 것을 확인했습니다. 피소나 정희연
- **아이와 관련된 직무경험**을 쌓아야 하는 사람 취준생 안효정
  설문과 인터뷰를 통해 위 64명 중 17명은 유아교육과나 아동관련 자격증을 보유한 것을 확인했습니다.

**비용구조** Cost Structure

- 앱 및 홈페이지 개발 1200만원
- 유지보수 개발비의 10 - 15 %
- 마케팅 비용
- 고객상담 인건비

**수익구조** Revenue Streams

- 놀봄 부모님 앱에서 매칭을 통한 수수료
- 원데이 클래스를 통한 수익
- 광고를 통한 수익
- 보험을 통한 수익

출처 : 저자 제공

## 〈처음 시도한 태스크 플로우〉

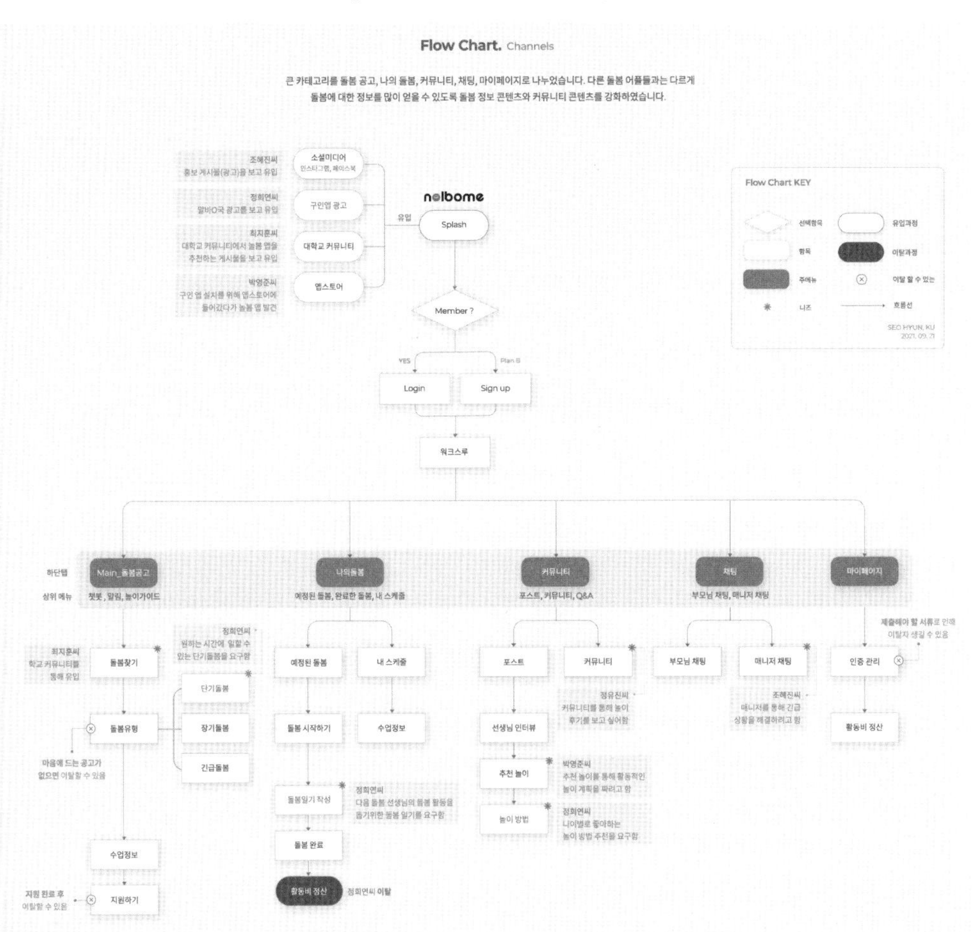


출처 : 저자 제공

공장에서 생산한 공산품처럼 느껴지지 않게 하기 위해서는 남들과 다르게 가야 한다. 그래야 내가 뽑힌다. 그래서 나는 수강생들과 다양한 전략으로 작업한다. 내 감을 믿고 따르는 수강생을 믿는다. 이게 팀워크가 아닐까? 그래서 내가 할 수 있는 신선한 이미지로 충격을 주는 방법이 좋다. 하지만 그게 긍정적인 느낌이어야 한다. 보통 우리는 포트폴리오의 전문적인 지식 수준이 높은 사람을 회사가 좋아한다고 생각하지만, 실상은 그렇지 않다. 실력, 능력보다 태도와 인성을 더 중요하게 여긴다.

예를 들어, '토스'라는 회사에 지원하기 위해선 토스만을 위한 포트폴리오를 제작하는 것이 좋다. 내 수강생은 토스에 취업하기 위해 토스 앱을 수천 번 이상 들어갔다 나왔다 했다. 그랬더니 토스에서 내부 설문지 인터뷰에 참여할 기회를 얻었다. 여기에서 수강생이 전달하고 싶은 건 자신이 직접 사용해본 경험을 토대로 불편한 점을 전달하고, 좋은 방향성을 제안하는 것이었다. 자신만의 방식으로 토스를 존경한 이런 사람의 작품은 도저히 쓰레기통으로 버릴 수가 없는 것이다.

〈토스의 내부 사용자 설문 페이지〉

출처 : 수강생 엄태경 디자이너 자료 제공

취업포털 사람인에서 기업 인사 담당자 419명을 대상으로 '올 상반기 신입 채용에서 가장 뽑고 싶었던 지원자 유형'을 조사한 결과에 따르면 밝고 예의 바른 태도를 지닌 지원자(42%)가 1위를 차지했다. 다음으로 자신감 넘치고 열정적인 지원자(18.4%), 회사 직무에 대한 이해가 높은 지원자(18.4%), 직무 관련 경험이 많은 지원자(13.4%) 등의 순으로 집계되었다.

해당 유형의 지원자를 뽑고 싶었던 이유로는 '적응을 잘하고 오래 다닐 것 같아서(50.6%, 복수응답)'를 가장 많이 선택했다. 이어 '발전 가능성이 크고 성장이 빠를 것 같아서(27.9%)', '조직 분위기를 좋게 만들 것 같아서(19.1%)', '위기 상황에도 흔들리지 않고 버틸 것 같아서(11.9%)', '업무 퍼포먼스가 뛰어날 것 같아서(7.9%)' 등의 이유가 있었다.

이런 건 포트폴리오가 아닌 면접에서 보여줘야 하는 게 아닌가 생각하겠지만, 면접과 포트폴리오는 일심동체다. 그래서 우리에게 앞의 결과는 아주 중요한 힌트를 준 것이다. 업무 퍼포먼스가 뛰어난 사람은 가장 마지막에 있는데, 실력이 좋아 보이는 느낌보다 회사의 충성도를 올리는 콘셉트로 바꿔야 한다는 사실을 시사한다. 이런 식으로 다르게 접근하고 차별화를 두는 것이다.

회사는 일하는 기계를 뽑으려고 하는 게 아니다. 지원하는 회사가 공장 같은 회사가 아닌데 왜 자신은 공장의 직원이 되려고 준비하는 걸까? 그런 느낌이 들지 않게 하기 위해서는 최대한 남들과 달라야 한다. 그리고 깨달음을 주는 포트폴리오를 만들어야 한다. 다음의 지문을 보고 생각해보자. 남들과 다른 포트폴리오가 되려면 글로 정의 내릴 줄 알아야 한다.

① 해당 회사에 꼭 포트폴리오 보여주려는 이유가 무엇인지?
② 기간은 얼마나 걸렸는지? 그렇게 해서 만든 결과가 메리트가 있다고 생각하는지?
③ 해당 포트폴리오로 무엇을 알아줬으면 하는지?
④ 포트폴리오가 진짜 자신의 실력이라고 생각하는지?
⑤ 포트폴리오 작품의 퀄리티를 지속적으로 현장에서 보여줄 수 있는지?
⑥ 그렇게 해서 만든 포트폴리오로 해당 회사에 들어가고 싶은 이유가 무엇인지?
⑦ 다른 지원자와 차별화되는 자신만의 특장점은 있는지?

애써 열심히 만든 포트폴리오, 많은 돈을 투자했지만 왜 합격이 안 되는지 빨리 깨닫길 바란다. 다른 사람과 똑같은 양식으로 만든 포트폴리오는 승산이 없다. 그렇게 만들어진 포트폴리오가 공산품 취급을 당하면 기분이 좋지 않을 거다. 가치 없는 포트폴리오는 5초 만에 쓰레기통으로 버려진다는 사실을 알면 너무 슬플 것이다.

그래서 더욱 나를 도와줄 수 있는 사람을 찾아 적절한 돈을 지급하고, 최고의 도움을 받아야 한다. 너무 간절하면 다른 사람에게 쓸 시간을 나한테 쓰도록 배움에 2배를 베팅하면 된다. 공장 속에서 피어나는 꽃을 찾을 수 있게 우리는 최고의 포트폴리오를 만들면 된다. 그러면 결코 쓰레기통으로 버려지지 않을 것이다. 나만의 방정식을 찾아 포트폴리오를 만들어 설득하는 방법을 키워보자.

# 독학은 학원을 절대 이길 수 없다

"승리하면 조금 배울 수 있고, 패배하면 모든 것을 배울 수 있다."

— 크리스티 메튜슨(Christy Mathewson) —

독학으로 취업에 성공하는 사람이 많을까? 아니면 사교육에 투자해서 취업에 성공하는 사람이 많을까? 애초에 부모가 좋은 습관을 길러주는 노력을 했다면, 하루라도 일찍 자기 주도적 성향이 자리를 잡아 혼자서 충분히 할 힘이 있다. 하지만 대부분은 그렇지 않다. 무언가를 배울 때, 수업에 한번 빠지니 그다음부터 줄줄이 빠져서 귀찮아서 안 나가거나, 그대로 좀 방치하다가 생각나서 환불을 했던 경험이 한 번쯤은 있을 것이다. 커리큘럼의 문제보다는 게으르고 포기가 빨라서 내 문제로 그만두는 경우가 많다.

그래서 학원에 가봤자 돈만 나간다고 생각하니 독학으로 해결하려고 한다. 하지만 언제 시작하고 언제 끝나는지 기약이 없다. 포트폴리오를 먼저 만들기 시작했지만, 이미 회사를 그만두고 나서 정리해야 하는 상황이다. 하지만 좋은 회사가 아니고서야 좋은 포트폴리오가 쌓이지 않고 자투리 시간에 집중하고 만들다 보니, 이전 회사와 별다를 게 없는 곳으로 이직하게 된다.

정말 몰입한다면 독학으로도 포트폴리오를 만들 수 있지만, 대부분은 놀거나, 쉬고 싶은 유혹을 참아가면서 만들기가 쉽지 않다. 인간은 생각보다 의지가 약한 존재다. 처음에는 열정적으로 하다가 나중에 슬슬 힘이 빠지면서 안 하게 된다. 그래서 사람은 관리를 받아야 한다. 학원은 그 관리를 받기 위해 가는 것이다.

아무리 혼자 준비해도 UIUX 직무 자체가 비즈니스적인 사고와 평가를 해야 하니, 정답이 딱 떨어지는 구조가 아니다. 그래서 피드백을 듣지 않으면 퀄리티가 상당히 낮을 수밖에 없다. 독학으로 준비했다는 수강생의 포트폴리오를 보면 혼자 준비한 티가 난다. '잘 만들었네'라는 느낌보다는 보는 사람이 평가하기 미안해질 정도로 숙연하게 만든다.

나는 속으로는 이상하다고 생각하더라도 수강생에게는 "혼자 준비한 거치곤, 잘 만들었네요!"라고 혼자라도 애써 준비한 시간을 무시하지 않으려고 대충 돌려 말한다. 대체로 독학으로 준비한 포트폴리오를 보면, 여백이 너무 휑하거나 설명이 부족하거나, 혹은 넘치게 많거나 하는 등

〈독학 포트폴리오의 특징〉

독학

학원

출처 : 수강생 권진선 디자이너의 작업물

도대체 뭘 말하는지 모를 장면을 계속 보여준다.

독학 포트폴리오의 5가지 특징

- **색깔을 뿌옇게 쓴다**(감성 파스텔 느낌이 아닌 뿌연 연두색, 연분홍색, 연노란색).
- **불필요한 설명이 많다**(요소를 많이 넣었지만 정신 사납다).
- **내용이 앞뒤가 안 맞는다**(모르고 만든 게 티가 난다).
- **모양과 형태가 어색하다**(실무가 아닌 습작 느낌이 다분하다).

학원은 취업 준비와 합격까지 관리해줘서 긴 과정을 끝까지 버틸 수 있게 만든다. 확률적으로 독학으로 합격한 사람이 10명 중 한두 명이다. 반대로 학원에 다녀서 합격한 사람은 10명 중 일고여덟 명이다. 그중 한두 명이 대기업과 대형 스타트업에 가고, 그중 서너 명이 중견기업과 좋은 에이전시에 가고, 그중 네다섯 명이 이력 쌓기 좋은 소기업과 작은 스타트업에 간다.

포트폴리오를 완성하기까지 독학은 10명 중 한두 명이 가까스로 완성하고, 학원에 다닌 수강생은 10명 중 여덟아홉 명이 완성한다. 이렇게 독학으로 준비하는 사람은 학원에 다닌 사람보다 포트폴리오 완성에서 밀리고 합격률에서 밀린다. 그렇게 독학으로 1, 2년 시간을 낭비하면 그제서야 깨닫고 학원에 다니기 시작한다.

자신이 학원에 다니기 전까지는 학원에 다니는 사람을 우습게 보는 사람이 많다. '학원은 실력이 없어서 가는 거지, 강사가 도움 되면 얼마나 도움이 된다고!'라고 생각하지 말고, 조금이라도 시간을 단축하고 싶다면 주변의 협조는 무조건 받아야 한다. 그래서 투자를 아끼지 말고 한 치의 의심도 하지 말고 전문가의 말을 따르자.

자신은 완벽하지도 않으면서 강사의 실력이 완벽하길 바라는 수강생이 있다. 막상 가르쳐 보면 그렇게 과제를 안 해 오고, 빠지고, 게으를 수가 없다. 바라는 것만 많은 사람이 독학하면 반드시 망한다. 그런데도 독학으로 준비하고 싶다면 목숨을 걸면 된다. 독학은 목숨 걸고 준비하는 사람에게 해당한다. 하지만 목숨을 안 걸어서 문제다. 적어도 학원에 다니는 사람보다 '살면서 이렇게까지 열심히 했던 적이 없을 정도'라고 스스로 느낄 만큼 2배 이상 노력해야 한다. 무언가를 지속해서 끈기 있게 해나갈 힘이 없다면 학원에 다녀서라도 하라는 말이다. 시간도 밀리고 꾸준함도 밀리니, 결국에는 경쟁에서도 밀리게 되는 꼴이다.

JTBC 〈다수의 수다〉라는 프로그램에서 냉혹한 일타강사의 세계편에 출연한 영어 일타 조정식 강사가 사교육에 대해서 이렇게 말했다. "사교육 강사는 특정 과목을 연구해서 좋은 성적을 빠르게 만드는 루트를 개발하는 사람들입니다. 학생들은 이 경험을 돈으로 사는 걸로 생각합니다. 그래서 저희가 버는 돈은 학생의 시간을 아껴준 대가입니다."

사교육을 하는 나로서는 공감되는 말이다. 나 또한 10년간 적은 나이에 진급할 기회는 많았지만, 놓친 이유가 있고, 내부 일을 열심히 했지만, 동시에 외부 일도 딴짓을 많이 했다. 수년간 삽질했던 내 경험을 살려 수강생들에게 최적의 상태를 만들어주려고 나는 노력한다. 다른 UIUX 강사들도 많은 실무 경험을 통해서 수강생의 시간 단축을 시켜주고 있다.

하지만 2018년도에 내가 처음 가르칠 때보다 2023년인 지금은 UIUX 직무가 빠르게 세분되고 있다. 2~3년만 지나도 눈 깜짝할 사이에 회사 시스템도 변화되고 있다. 그만큼 경력 많은 사수가 오랜 시간을 걸쳐 다져진 노하우를 다음 기성세대에게 물려주고 원치 않게 자리를 떠나는 느낌이다. 점점 로테이션이 빨라지고 있다.

강사들은 가르치면서 빠르게 변화되는 사회에 두려움을 느낄 것이다. 그래서 수강생들에게 노하우를 주는 것이 충분한 가성비 그 이상의 가치라고 생각한다. 누군가는 10년 걸쳐 어렵게 만든 자신만의 노하우를 수강생들은 한 시간에 배우고 있는 거다. 엄청난 메리트가 아닌가? 나는 시간이 가장 비싸다고 생각한다. 다시 돌아오지 않기 때문이다. 강사는 주어진 시간에 최선을 다해 가르치는 것만으로 훌륭하다. 그 노고에 고개

숙여 감사하는 것까지는 바라지도 않지만, 자기 사정으로 빠져놓고 부탁을 너무 당연하게 여기는 수강생들이 있다.

도저히 학원에 갈 돈이 없어 무조건 독학해야 한다면, 공부의 신으로 불리는 강성태의 공부 비법을 담은 《독학으로 서울대 합격한 비법은?》에서 '나 이 정도로 미친 듯 열심히 해봤다!' 하는 학생의 에피소드를 살펴보자.

"평소 수능 공부할 때 영어단어를 집 식탁에 붙여놓고 아침에 일어나서 밥 먹으면서 외웠어요. 한번은 화장실 벽면에다 유성매직으로 쓰고 샤워하면서 외우고 하나씩 지웠는데 그러니 나름 재밌었죠. 문제집을 풀 땐 모의고사 틀리는 문제 개수당 문제집 한 권씩을 사서 풀었어요. 집 가는 시간이 아까워서 학교 앞에 사는 친구 집에서 거의 밤새 공부하고 학교 뒷문으로 몰래 담 넘어 학교에 갔던 적도 정말 많아요."

혼자 준비할 때는 독학으로 서울대에 합격한 학생처럼 노력하면 학원에서 준비한 사람보다 월등히 뛰어난 조건의 회사에 취업할 수 있다. 정말 수능과 취업이 다를 게 없다고 생각한다. 최고의 대학과 최고의 회사에 가기 위해서 드는 노력의 힘이 같기에 우리가 만약 삼성에 가려고 한다면 서울대에 합격한 학생과 동일한 노력을 해야 한다. 온종일 의자에 앉아 밥 먹을 시간, 집 가는 시간을 아까워하며 포트폴리오 작업에 몰두하면 된다.

학원은 생각보다 커리큘럼이 탄탄하다. 강사 시절에는 내가 가르치는 부분만 보기 때문에 이걸 만드는 게 어렵지 않다고 느꼈다. 그래서 쉽게 따라 할 수 있을 거라고 착각했다. 그러나 상당히 많은 부분을 신경 써야 한다는 걸 내 학원을 창업하고 나서야 알았다. 그 학원이 그렇게 버틸 수 있었던 것은 다 이유가 있었다. 수년간 쌓아온 커리큘럼이 쉽게 무너지지 않는다. 하지만 강사들은 대부분 이 노력의 가치를 낮게 평가한다.

하지만 학원을 어떤 마음으로 차렸는지 그 속사정을 알게 되자 순간 무시했던 나의 행위가 부끄러워졌다. 혹은 어리석은 강사는 자기 소속 출신의 학원을 욕하는 경우도 봤다. 자신을 낮추는 행위라고 생각한다. 사람과 소속된 그룹, 환경은 끼리끼리라는 말처럼 얼마나 주변에 좋은 사람이 없었으면 바보같은 사람들이랑만 일했다고 말할까. 그리고 그 사람이 그중에서 정말 제일 완벽했으며, 가장 최고였을까? 과연 그럴까?

성공한 사람의 성장 과정을 살펴보면 스승의 힘을 빌린 사람들이 더 많다는 사실을 알아야 한다. 뛰어난 스승 아래 뛰어난 제자가 탄생한다. 하지만 회사에 지원하면서 학원에서 만든 게 들키지는 않을까? 노심초사하며 그 사실을 숨기려고 애쓴다. 그럴 필요가 없다. 학원의 커리큘럼은 생각보다 훌륭하다.

# 혼자 준비하면 실패할 확률이 높다

"지금으로부터 1년 후 오늘 시작했더라면 좋았을 걸 하고 바랄 수 있다."

– 카렌 램(Karen Lamm) –

혼자 학습해도 될 사람이면, 이 책을 볼 필요가 없다. 내가 갈 방향이 확실하게 정해져 있어 무엇을 해야 하는지 안다. 그래서 이런 사람들은 어떤 것을 진행해도 결과가 뚜렷하다. 하지만 우리는 방법을 모르기 때문에 인터넷에 나온 뻔한 방법을 찾으려고 한다. 왜 혼자 준비하면 실패할 확률이 높을까? 이유도 단순하다. 우리는 혼자 끝까지 실행할 능력이 부족하기 때문이다.

대부분 스스로 학습이 서툴다. 실행을 미루거나 '나중에 해야지'라는 생각으로 접근한다. 포트폴리오는 단순히 아웃풋이 8할이라 실행을 안

하면 결과물 자체가 나오지 않는다. 그래서 빠른 실행 환경에 속해 있지 않으면, 나 혼자 중장기 프로젝트를 끌고가기에는 무리다. 포트폴리오는 개인의 역량과 조직의 역량 이 두 가지를 본다.

학습이 개인의 역량에서 끝나면 조직 실행력을 높일 수 없다. 함께해야 혼자서 학습한 것도 실무에서 적용할 때, 설득할 힘이 생긴다. 함께하는 이유는 일하는 과정에서 문제점에 봉착할 때 피드백이 필요하고 그 피드백을 보완함으로써 조직과 나를 성장시킨다. 개인의 빠른 학습과 여러 도움의 피드백을 받아 빠른 실행으로 연결해 완성하는 게 포트폴리오다. 이렇게 방법을 너무 뻔하게 알고 있지만, 못하는 이유는 지속성이 약해서 진행하다가 중간에 포기하고 말기 때문이다.

취업포털 사람인에서 성인 남녀 2,693명을 대상으로 '수능과 취업 준비 중 무엇이 더 어려운가?'를 주제로 설문조사한 결과 응답자의 82%는 '취업 준비가 더 어렵다'라고 답했다. 취업 준비가 더 어려운 이유로는 '정답이 없으므로'가 63.6%로 가장 많았다. '언제 끝이 날지 알 수 없어서(63.1%)', '준비해야 할 것이 너무 다양해서(45%)', '수능 점수와 달리 내 평가 점수를 알 수 없어서(36.1%)', '나 혼자 잘해서 잘되는 것이 아니기 때문에(35.4%)' 등도 그 뒤를 이었다.

한편 설문조사 응답자 중 43.8%가 '수능을 다시 치르고 싶다'라고 답했다. 수능을 다시 보고 싶은 이유로는 '취업에 유리한 전공을 선택하고 싶어서(54.3%)'가 주된 이유였다. '학벌로 인해 차별을 많이 받아서(39.7%)', '직장생활보다 차라리 공부가 쉬운 것 같아서(36.5%)', '학창 시절이 그리워서

(25.3%)', '직무나 직업이 적성에 맞지 않아서(22.9%)'도 많은 선택을 받았다.

〈수능보다 취업 준비가 더 어렵다는 설문 조사 결과〉

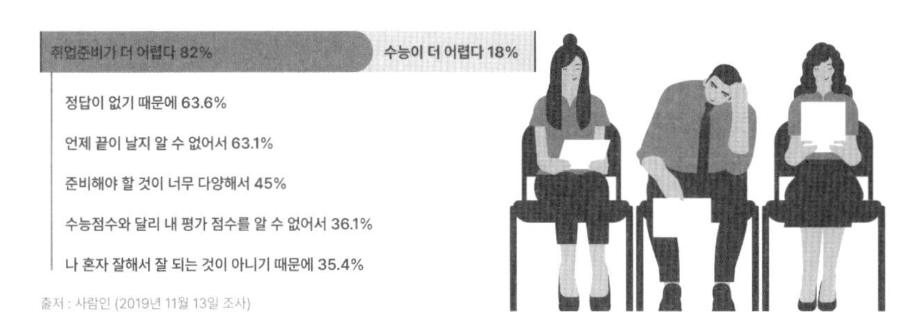


출처 : 사람인(2019년 11월 13일 조사)의 설문조사를 바탕으로 저자가 작성

설문조사에 따르면 수능보다 취업이 어렵다고 한다. 특히나 취업 포트폴리오는 정답이 없어 혼자서 정답을 찾기 힘들다. 그런데 정답을 찾으려고 하고, 그 답을 누군가 말해주기를 바란다. 계속 물어가면서 할 수밖에 없다. 발품 팔아서 하지 않는 이상, 더 부지런하고 긍지가 높아야 혼자 준비할 수 있다. 그러나 대부분 그렇지 않기 때문에 누군가의 도움이나 조언을 받고 싶은 거다.

방법을 모르면 준비하는 것도 모른다. 좋은 대학이나 좋은 회사에 혼자 준비해서 합격한 사람은 10명 중의 1명이라면, 나머지 사람들은 도움으로 합격한 거다. 그래서 대기업에 합격한 사람의 합격의 이유를 들여다보면 혼자 고독한 노력을 한 것도 있지만, 어떤 장소와 프로그램을 지속해서 수행한 결과임을 알 수 있다. 그리고 내 의지로 마감 기한을 정해놓지 않으면 언제 끝날지도 모른다. 혼자 준비해놓고 막상 회사에 들어가면 못 만드는 사람이 많다.

## 혼자 준비하면 어떤 노력을 기울여야 하는가?

그런데도 혼자 준비해서 합격하고 싶다면, 학원에 다닌 수강생보다 몇 배 이상 더 노력하면 된다. 학원은 관리의 영역이니 수강생의 시간을 빡빡하게 관리하고 단축해 원하는 기간에 졸업시킨다. 하지만 독학으로 할 때 스스로 시간을 단축할 방법을 찾아야 하고 직접 발품을 팔아서 정보를 하나씩 모으는 작업을 해야 한다. 실질적으로 보면 시간 단축은 안 되고 더 긴 시간이 걸린다는 것을 알 수 있다.

혼자 작업하는 시간을 최선의 시간으로 효율적으로 압축적으로 사용해야 한다. 의지나 행동력이 전부다. 그리고 다른 건 다 내려둔 채 최대한 1순위를 작업에 둬야 한다. 그래야 완성할 수 있다. 나는 포트폴리오를 만들 때, 준비하는 모든 시간을 포트폴리오에 썼다. 하루에 몇 시간이 아니라 온종일 작업했다. 끝이라는 개념이 없었다. 그냥 '혼자 지쳐서 쓰러질 때쯤 쉬자'라고 생각할 때 쉬었다.

시행착오를 온몸으로 직접 겪어가며 하나씩 씹어먹는 마음으로 준비한다. 학원은 시행착오를 줄여 압축된 것만 가르친다. 그래서 우리는 진행하는 이유에 대해 충분한 설명을 못 들은 체하다 보니, 목적성을 잃을 때도 많다. 하지만 시행착오를 직접 겪어야 끝에 도달한다. 다만 그것을 깨닫기까지 시간이 걸린다.

혼자 하는 공부는 다이어트와 같다. 위기감을 조성해서 되게끔 만들어야 한다. 다이어트도 누군가의 엄격한 관리를 통해 완성할 수 있다. 혼자 하면 하루이틀 하다 그만둔다. 엄청난 피와 땀의 노력으로 '혼자'를 이해해야 한다. 일과 삶의 균형, 휴식은 꿈도 꾸면 안 된다. 돈을 아꼈으니, 시간과 자유를 아끼지 마라. 시간과 돈은 비례한다.

## 혼자서는 어떻게 준비하는가?

어떤 한 수강생이 커뮤니티에서 독학으로 준비하다가 2년 동안 취업이 안된다고 나를 찾았다. 이력서, 자소서, 포트폴리오를 준비하라고 해서 준비했는데 뭐가 문제인지 모르겠다며 여러 곳에 지원했지만, 불러주는 곳이 없다고 했다. "이것저것 보면서 포트폴리오를 만들었지만, 왜 저만 취업이 안되는지 모르겠어요"라며 그가 했던 것을 보여주자마자 문제점이 너무 확연하게 보였다.

"왜 독학하셨어요?"

"커뮤니티에서 독학해도 충분히 취업할 수 있다고 해서요. 학원 다닐 필요성도 못 느껴서요."

"취미로 준비하는데 경쟁에서 이긴다는 게 말이 안 됩니다. 혼자 하려면 목숨 걸고 해야 합니다. 끝날 때까지 끝난 게 아닙니다."

그래서 독학이라는 단어에 현혹되면 안 된다. 다음은 독학에 가깝게 준비한 사람에게 직접 물어본 방법이다.

① 취업 사이트에서 UX 직종을 알아본다.

② 커리큘럼을 보고 뭘 준비해야 하는지 파악한다. 그 위주로 실력을 키운다.

③ 책을 사서 정독한다.

④ 온라인 강의를 듣는다(외부 도움 : 온라인 강의).

⑤ 5주 정도 준비해서 지원한다.

⑥ 지원하고 떨어지는 것을 반복한다.

⑦ 왜 떨어졌는지 분석한다.

⑧ 추상적인 질문도 답변을 준비한다.

⑨ 추가로 개인 프로젝트를 진행한다(외부 도움 : 학원)

⑩ 다시 지원한다. 이렇게 2년 반이라는 시간이 걸렸다.

취업이 길어지면 번아웃이 올 때도 있다. 혼자가 아닐 때는 의지할 사람들이 있다. 학원이 별로라고 생각했을 때, 강사들은 수많은 학생에게 상처받는다. 아무리 잘해줘도 마지막에 서운하게 하는 게 수강생이다. 그래서 이게 쌓이고 쌓이다 이성적으로, 원칙적으로 대할 수밖에 없다. 열심히 하고 싶은 마음이 사라진다.

사람을 가르치는 건 상처를 많이 받는 직업이다. 많은 수강생을 가르쳐오면서 잠적하거나, 연락을 차단하거나 하는 수강생도 많았다. '돈 받았으니 된 거 아니야'라고 생각하겠지만, 우리는 그들의 성과를 위해 최선을 다하는 사람인데, 그 최선의 '성과'를 우리에게 주는 게 아깝다고 말하는 수강생도 있다.

수강생 입장에서는 성과를 홍보용으로 쓰니 괜히 기분이 찝찝할 수도 있다. 반대로 강사 입장에서는 '성과를 공유하지 않는데, 왜 내가 온 힘을 다해야 하지?'라는 생각이 들 수 있다. 기브 앤 테이크는 확실해야 좋은 관계가 유지된다. 성과는 공동이 노력해서 얻은 결과물이다. 제발 혼자 했다고 착각하지 마라. 최고의 멘토는 당신을 실행시키게 만든다. 진심으로 독학이라고 생각하는가?

# 팀원을 무시하고 자랑만 늘어놓는 사람은 탐욕스럽다

"뛰어난 팀은 서로 감추지 않는다. 치부를 드러내길 꺼리지 않는다. 비난을 두려워하지 않고 자신의 실수, 약점, 걱정을 인정한다."

– 패트릭 렌치오니(Patrick Lencioni) –

팀원과 함께한 시간을 무시하고 자기 자랑만 하는 지원자들이 많다. 이런 사람은 단체 생활하기에는 맞지 않는 성향인데, 왜 굳이 회사에 들어가서 일하고 싶은지 궁금하다. 단순히 돈을 벌려고 그런 걸까? 포트폴리오 제작 기간이 상당히 많은 시간이 소요되는 것을 회사는 이미 알고 있다. 회사에서는 '인성'이 중요하다고 수없이 말한 것처럼 포트폴리오 작품을 만들 때 성향을 단번에 파악할 수 있다. 아무 도움 없이 혼자 다 했다고 하는 사람은 도와준 사람의 노고에 대해 인정을 안 하는 사람이다. 뭔가 도움을 받아서 만들었다고 하면, 실력이 없어 보이기 때문에 스스로 잘하지 못하는 사람처럼 보일까 걱정한다.

그게 설령 대학교에서 만든 포트폴리오여도 혼자 다 했다고 많이 말하는데, 그렇다면 방향을 알려준 교수의 지시는 사라진 셈이다. 학교는 교육자와 학습자가 있듯이, 회사도 업무를 지시하는 자와 업무를 수행하는 자의 역할이 따로 있다. 지시하는 사람이 없으면 업무를 어디서부터 어떻게 해야 하는지 모른다. 관리자의 역할은 그래서 중요하다. 그 팀에서 가장 중요한 사람이 직무를 명령할 수 있는 권한을 갖는다. 대부분 지시하는 사람은 수행하는 사람의 업무를 미리 경험해봤다. 그 업무에 대한 경험을 먼저 해야 사람을 관리할 수 있기 때문이다. 그래야 이 사람이 맞게 가고 있는지 아닌지 옳은 방향을 구분해서 컨트롤할 수 있다. 하지만 여러분이 이를 무시한다면, 과연 좋은 이미지를 줄 수 있을까? 생각해봐야 한다.

'사수가 없어서 나왔다'는 회사 이직 사유 중 단골 답변들이다. 사수는 같은 위치에서 업무를 알려주는 사람도 되겠지만, 사장도 사수가 될 수 있다. 그래서 사수가 없어서 나왔다는 것은 핑계 사유에 속한다. 보통 이런 경우 생각보다 지금 하는 일이 마음에 안 들어서 나왔다는 것이 정확한 사유다.

사수가 없어도 회사에서 시킨 일은 생각보다 단순 업무가 많기 때문에 방법만 알면 일은 할 수 있다. 그런데도 정말 사수가 없어서일까? 만약 업무가 여유로운 쪽에 속한다면, 천천히 업무를 배우고 익힐 수 있는 시간을 갖는다. 그 시간에 혼자서 책을 읽거나 강의를 듣거나, 업무의 전문성을 높여야 한다.

단순히 지루함, 무료함을 견디지 못해 나왔을 가능성도 크다. 보통 상사는 업무가 급하지 않을 때는 후임에게 잡무를 시킨다. 이때 자신의 메인 업무보다 잡무가 많아지면 불만이 생긴다. '내가 디자인하려고 왔지, 잡무를 하려고 온 게 아닌데' 하는 생각을 한다. 그래서 나에게 메인 업무를 주지 못하니 사수의 자격이 없다고 스스로 '각색 결론'을 내린다.

설령 내 옆자리에 사수가 있어도 디자인하는 방법을 알려주지는 않으며, 동료가 있어도 시시콜콜한 담소 정도 나눌 뿐이다. 만일 나 혼자 업무를 처리해야 하는 상황이라면, 감당하기 어려워 나눠서 할 사람이 없으니 그 상황을 피하고 싶어 도망친다.

여러분을 뽑으려는 사람들은 훨씬 회사 경험이 많다. 그들에게 '사수가 없어서'라는 대답을 하면 진짜 이유가 뻔히 보인다. 간혹 '회사에서 더 이상 배울 게 없어서' 이직한다는 사람도 있다. 보통 이런 경우는 좋은 아이디어가 있으면, 사수에게 아이디어를 제안하는 성격이 많다. 하지만 시간이 오래 걸리는 리스크가 큰 아이디어를 말한다. 그래서 진행하기 어려워 거절당하는 경우가 많다.

혼자 해보려다가 상사가 인정해주지 않아서, 기분이 안 좋아지고 배우는 느낌이 들지 않는다. 그래서 급하게 업무를 추진하는 사람들이 혼자만 열심히 일하다가 실망하게 되는 경우로 열정이 과다한 사람이 하는

흔한 실수다. '회사에서 정말 배울 게 없어서 나왔는가?' 사실은 그 회사의 레벨을 파악하지 못한 자신의 실수라고 생각한다.

'팀이 일을 못하는 것 같아서' 회사를 나오는 경우도 있다. 보통 경력자인 경우가 많다. 목소리를 어느 정도 내도 되는 위치다. 자기가 생각할 때 이렇게 일해야 하는데, 다른 방향성으로 갈 때가 대표적이다. 이런 사람의 특징은 회사에서 영향력을 갖고 싶어한다는 것이다. 성과를 내도 회사가 감당하기 버거운 요구를 하는 경우가 많다. 팀이 일을 못한다고 해서 나온 사람은 자신의 의견을 받아주지 않아서 분을 못 이겨서 나왔을 가능성이 크다. 사실 완벽한 회사란 없다.

〈남 탓하는 지원자와 공로를 인정하는 지원자의 차이〉

출처 : 저자 제공

안타까운 일이지만, '동료가 왕따를 시켜서' 견디지 못해 나온 경우가 있다. 직전 회사에서 그런 일을 당하고 다른 곳으로 도망간다 해도 이직할 회사에서도 똑같은 일을 겪을 수 있다. 보통 회사에서 왕따를 당하는 경우는 대부분 업무에서 일어날 가능성이 크다. 생각보다 집단 문제는 아무 이유 없이 일어나지 않는다.

동아일보에서 직장인 2,975명에게 '귀하의 직장에 왕따 문제가 있습니까'라고 물은 결과 절반에 가까운 45%가 '있다'고 답했다. 또 58.3%는 '왕따 등으로 대인관계에 갈등을 겪다 퇴사한 직원이 있다'고 응답했다. 사내 왕따가 되는 이유(복수응답)로는 '눈치 없고 답답한 성격이라서(36.1%)'라는 답변이 가장 많았다. 이어 '조직에 어울리려고 노력하지 않아서(32.2%)', '업무능력이 너무 떨어져서(27.2%)', '말로만 일을 하는 유형이라서(26.1%)', '동료들 사이에서 이간질이 심해서(23.5%)' 순이었다.

직장인 대다수는 사내 왕따 문제가 심각하다고 인식하고 있었다. 설문에 응한 직장인의 61.3%는 따돌림 문제가 '우려스럽고 매우 심각한 수준'이라고 답했다. '전혀 문제되지 않는 수준'이라는 응답은 2.1%에 그쳤다. 하지만 사내 왕따에 대해 75.9%가 '방관하는 편'이라고 답했고, '동참하는 편'이라는 직장인들도 10.7%나 돼 인식과 행동이 따로따로인 것으로 나타났다. 왕따 행위를 말리지 않는 이유(복수응답)로는 '말린다고 달라질 것 같지 않아서(52.8%)', '그 사람이 마음에 들지 않아서(31.4%)', '어떻게 말려야 할지 몰라서(17.9%)', '나와는 상관없는 일이라서(16%)' 등의 답변이 이어졌다.

'조직문화가 맞지 않아서' 퇴사하는 사람도 있다. 이런 사람은 회사 규칙에 맞출 성격이 아니다. 반대로 회사가 '너에게 맞춰야 하나?'라고 물어보면 '나 정도의 인력이 왔으면, 감사해야지'라고 생각한다. 굉장히 자기 중심적인 사람이다. 프로젝트의 기여도를 자기중심 위주로 치켜세워 자랑한다.

이렇게 수강생에게 이직 사유를 듣고 나서 "결국에는 전 회사가 버거워서 도망치는 거네요?" 이렇게 말하면, 들켰다며 민망한 듯 웃곤 한다. 그리고 수강생이 "여기서 어떻게 대답해야 할까요?"라고 물어보면, 나는 "있었던 일을 솔직하게 말하면 된다"고 한다. 거기서 수강생은 "그럼 떨어지는 거 아닌가요?"라고 걱정한다. 나는 그래야 채용하려는 회사에서 판단하기 좋으니, 결과는 그들의 판단에 맡기라고 한다.

그럼에도 회사에서 듣고 싶은 말을 알려주면 거기에 맞게 경험을 각색해 말을 꾸며낸다. 회사에 들어가기 위해 이렇게 사람이 간사해진다. 욕심만 많고 탐욕스럽게 보이지 않으려면 다른 사람들이 도와준 시간 하나하나에 감사하며 이를 기억하고 사실을 적극적으로 '노출'해서 말해야 한다. 이건 실력이 없어 보이는 게 아니라 '인정'에서 나오는 '여유로움'이다.

도와준 사람에 대한 감사함을 채용하려는 사람에게 제대로 전달해보라. 그래야 독자적으로 혼자서 뭐든 할 수 있는 게 아닌, 능력과 역할이 서로 다른 사람들이 팀원으로 뭉쳐 함께 성장할 수 있겠구나 하는 느낌을 줄 수 있다.

# 작품 구성에 따라 지원자의 검은 의도가 보인다

"거짓말쟁이는 어지간히 기억력이 좋지 않은 한
언젠가는 들통나기 마련이다."

– 쿠인틸리아누스(Quintilianus) –

작품 구성에 따라 지원자의 검은 의도가 보인다는 사실을 알고 있는가? 나는 수강생의 취업을 도와주면서 최대한 부족한 것은 그대로 드러내는 전략을 주로 쓴다. 사람들이 포트폴리오의 내용을 과하게 드러내는 경향이 있는데, 나도 초기에 비전공자에게 이 방법을 썼지만, 실패하기 쉽다. 이제 막 배워서 습득해야 하니 전문성이 없고, 보여줄 것이 많이 없다 보니 알맹이가 들어 있지 않아, 보여주기식의 포트폴리오를 만든다. 한마디로 방어기제 때문이다. 그래서 채용하려는 사람이 봤을 때 '정말 실력이 있는지?' 상당히 헷갈린다. 이리 봐도 저리 봐도 경력은 없는데, 일은 잘할까 우려되어 뽑기 두렵다. 막상 뽑아서 실력이 좋지 않으면 자신이 책임져야 한다. 준비하는 사람의 입장에서는 잘해 보이고 싶은 마음에 이것도 넣고 저것도 넣으니 과해진다.

보통 스펙과 커리어가 탄탄한 경우는 포트폴리오로 증명만 하면 되니 많은 장수가 필요 없다. 시니어 같은 경우에는 작업량이 많아. 프로젝트가 좋은 작품을 넣어서 굳이 설명이 필요한가 생각해 보통은 귀찮아서 안 넣는다. 솔직히 준비가 성의가 없기는 하다. 어차피 '이전 경력이 좋잖아. 이랬는데 안 뽑아?' 생각하며, 아쉬울 게 없다는 식으로 '내가 어떤 일을 했는지 알아서 파악하세요' 하고 자만심에 빠지기도 한다. 하지만 진짜 아쉬운 상황이 생기면 그때 정신을 차리고 정성스럽게 만든다.

포트폴리오의 비주얼이 좋아 보이게 하는 이유는 포장이 예쁘면 내용물은 후광 효과를 받기 때문이다. 하지만 진짜 맛집을 가보면 포장이 화려하지는 않다. 내용이 좋지 않을 때 껍데기를 좋게 만들어 좋아 보이게 한다. 이것은 긍정적인 효과로 작용할 수 있지만, 막상 뜯었는데 내용이 별로면 실망만 안겨주게 된다. 버리지도 쓰지도 못하는 걸 우리는 '예쁜 쓰레기'라고 부른다.

하지만 예외가 있듯이 비주얼을 기가 막히게 잘 만드는 사람은 뽑힌다. 하지만 그게 일시적인 힘인지 지속적인 힘인지가 중요하다. 비주얼에 자신 있다고 포장을 단단하게 했으면, 지속적이어야 쓸 가치가 있다. 하나 만들기도 힘들면 그 포장지는 '일회용'이다. 이렇듯 비주얼 포장이 과하면 과할수록 채용 조건의 본질과 멀어지게 된다.

학원에 다니는 것을 숨기는 이유는 내 능력이 더 대단해 보이고 싶어서다. 다른 사람을 언급하면 뺏긴 기분이 들기 때문에 말해주고 싶지 않다. 강사 시절, 한 수강생이 후기를 남기지 말라고 부탁했다. 그래서 왜냐고 물어보니 "혼자 했다고 말하고 싶어요"라고 말했다. 그 당시 흔쾌히 부탁을 들어줬지만, 솔직히 말하면 지도받은 게 쪽팔리고 지도자의 도움을 리스펙하지 않은 행동이다. 이런 사람은 어떤 회사에 다녀도 팀원들의 노고에 대한 고마움을 모르는 사람이다. 결국에는 내가 다 했다며 팀원들의 노력을 물거품으로 만든다.

숨겨진 검은 의도

- 포트폴리오를 과하게 넣는 이유 -> 잘해 보이고 싶어서 과장됨.
- 적게 넣는 이유 -> 믿을 구석이 있음.
- 내용만 많은 이유 -> 경험이 없는 콤플렉스를 감추고자 함.
- 비주얼이 많은 이유 -> 프로젝트에 대한 이해가 떨어짐.
- 어디에서 본 것 같은 이유 -> 허락 없이 베꼈을 가능성이 있음.
- 글이 안 보이는 이유 -> 개념 파악이 오히려 안 되어 있음.
- 학원에 다닌 걸 숨기는 이유 -> 지도받은 게 쪽팔려서 경험을 조작함.

속임수와 술수만 쓰는 이들은 오래가지 못한다. 쉽게 소멸한다. 그래서 진심으로 준비해야 한다. '진정성 있는 준비'가 가장 최고라고 말할 수 있다. 정말 그 회사에 들어가고 싶으면 그에 맞는 노력을 해야 한다. 그 노력은 자신이 준비하는 것을 정확하게 전달하는 것이다. 채용은 수능 준비가 아니다. 같이 문제를 풀어나가는 사람을 찾는 거다. 그래서 너의 생각은 어디까지고, 누군가와 같이 일을 했을 때 어디까지 화합하며 문제를 풀 수 있는지에 대한 생각을 전달하는 거다.

사고가 멈춘 사람과 같이 일하기는 누구라도 싫다. 그런 사람들은 단순 반복 업무만 하려고 한다. 그래 놓고 반복되는 단순 업무만 시킨다고 회사를 나갈 사람들이다. 사수가 실력이 없다니 하면서 말이다. 회사가 필요한 사람은 이미 채용 자격조건에 적혀 있다. 그 일을 할 수 있는지 정확하게만 전달하면 되는데, 이것저것 다른 것들을 가져와서 부풀린다.

검은 의도를 없애려면?

- 진정성 있게 준비한다.
- 명확한 개념 정리를 한다.
- 할 수 있는 것만 정확하게 한다.
- 실무에 어떻게 적용할 것인가 고민한다.
- 자기 생각을 넣는다.

열심히 준비한 사람에게는 검은 의도가 보이지 않는다. 확신을 준다. 왜 채용되기가 어려울까? 그건 자기 자신에게 문제가 있어서 그렇다. 검은 의도를 숨기지 말고 자신을 솔직하게 드러내라.

# 예쁜 쓰레기는 그냥 쓰레기다

"사람은 자신의 손에 있는 것은 정당한 값으로 평가하지 않지만,
일단 그것을 잃어버리면 가치를 부여하게 된다."

— 셰익스피어(William Shakespeare) —

포트폴리오는 단순히 예쁘기만 해서는 쓸모가 없다. 그래서 우리는 어떤 형태든 만들고 진행할 때 목적과 의미가 있어야 한다. 우리가 하는 많은 행동은 동기부여로 시작한다. 이유 없이 진행했다고 하는 사람들을 보면 시켜서 했거나, 진행하는 것에 관심이 없거나, 판단하지 못하는 사람들이다.

"왜 그것이 예쁜지 설명해주세요"라고 말하면 이쁜 것은 주관적인 생각이라 '공감을 못 받을 것 같아'라고 생각하며 말을 안 꺼낸다. 주관적인 생각이더라도 듣기 좋게 잘 전달하면 그 생각을 공유하는 차원에서 방향성을 함께 고민할 수 있게 도와준다.

디자인 직무에 종사하고 있는 나는 '예쁜 쓰레기'는 결국 그냥 쓰레기라고 생각한다. 하지만 예쁜 쓰레기를 소비하는 사람이 많다. 그 예쁜 쓰 쓰레기에는 정체성과 의미가 있다. 단순히 기분이 좋아지는 것에 목적을 둔다면, 분위기를 내는 장식용 소품이 되기도 한다. 하지만 시간이 지나 필요 없다고 느껴지면 폐기 처분된다.

의미가 있어도 시간이 지나 가치가 없어지면 버려지는데, 더욱이 의미도 없다면 바로 당장에도 필요 없다. 예쁘고 의미까지 있으면 가치가 좀 더 생긴다. 그래서 똑같은 담요인데도 추억이 깃든 애착 담요는 쉽게 버리지 못한다. 버리지 못하는 이유는 과거의 추억 때문이다. 추억을 잊어야 버릴 수 있는 물건이 된다. 그래서 디자이너는 그 브랜드에 의미를 담아 가치 있게 만들어야 한다. 사용자가 쉽게 버리지 못하게 만드는 것이 목표이다. 지금 당장 의미가 없다면, 디자인은 일회성의 필요 없어질 직무임을 명심해야 한다.

어떻게 보면 우리는 디자인 일만 하려고 회사에 취업하는 것이 아니다. 여러 방면으로 필요 가치가 있어야 한다. 나의 디자인 기술은 물론, 구성원과 함께하는 문화를 만들어나가는 것에 집중해야 한다. 어차피 업무는 반복적으로 지속될 테니, 이건 흘러가도록 둬야 한다. 프로젝트를 꾸준히 진행함으로써 알아서 레벨업된다.

단순하게 예쁜 쓰레기로 취급받지 않으려면 당장 의미를 붙여라. 거창하지 않아도 된다. 이야기를 넣음으로써 하나하나 관심을 기울이며 진행하고 있다는 사실을 알리자. 의미를 붙일수록 수명이 늘어난다. 우리가 계속해서 쓰게 만드는 이유다. 의미가 없으면 그냥 쓰레기라고 보면 된다.

쓰레기의 기준

- 비울 수 없는 건 쓰레기
- 헹굴 수 없는 건 쓰레기
- 분리할 수 없는 건 쓰레기

첫 번째 비울 수 없는 건 쓰레기다. 사용 가치가 끝났기 때문에 더 이상 채울 양도 없고 비울 수도 없는 쓰레기가 되는 것을 말한다. 예전 방식만 고집하는 사람은 세월이 지나면 버려진다. 두 번째 헹굴 수도 없는 건 쓰레기다. 업무가 다른 방향으로 진행될 때 바로 잡고자 다시 진행해야 한다고 말하면 그 상황을 칼같이 거절하는 사람을 말한다.

세 번째 분리할 수 없는 건 쓰레기다. 3개의 분리수거 휴지통에 페트병, 과자 봉지, 컵라면 용기랄 것 없이 한곳에 모두 버리면 그 휴지통만 쓰레기가 두서없이 쌓이게 된다. 페트병은 플라스틱류에 과자 봉지는 비닐류, 컵라면 용기는 스티로폼류에 버려야 한다. 이렇게 잘 구분할 수 있는 사람은 일정을 정리해서 힘을 일정 분배로 나눠 쓸 수 있는 사람과 같다. 역량을 보기 좋게 분리해 '나에게 이런 장점이 있어요'라고 보여주며, 나라는 사람을 의미 있게 만들자.

나라는 사람을 잘 보여주려면?

- 의미를 붙이고 이야기를 만들어라!(가치성)
- 모든 행위에 이유를 만들어 애착해라!(사용성)
- 다시 찾게 되는 이유를 만들어라!(지속성)

시각적인 형태는 시간성 쓰레기다. 하지만, 사용성 '쓰임'에 의미를 넣으면 그 '행위'가 지속된다. 디자인은 소모품이다. 완성이 있거나 재사용할 수 없으면, 디자인의 가치가 없어진다. 대부분 비주얼 포트폴리오는 예쁨을 강조한다. 단순히 디자인을 잘한다는 자랑거리말고는 없다. 쓰레기만 열심히 만들고 있다면 의미를 붙여라. 우리는 더 이상 쓰레기가 아니다.

## CHAPTER 2 **SUMMARY**

- 물경력이 아닌 '내가 필요한 이유'를 만들기
- 베끼는 게 아닌 '경쟁사 사이에서 독점하는 방법'을 생각하기
- 남들과 '다르게 접근'하기
- 최고의 멘토를 만나 '배우고 성장'하기
- '같이 준비'하기
- 팀원을 '리스펙하고 인정'하기
- '검은 의도'를 솔직하게 드러내기
- '다시 찾게 하는 방법'을 생각하기

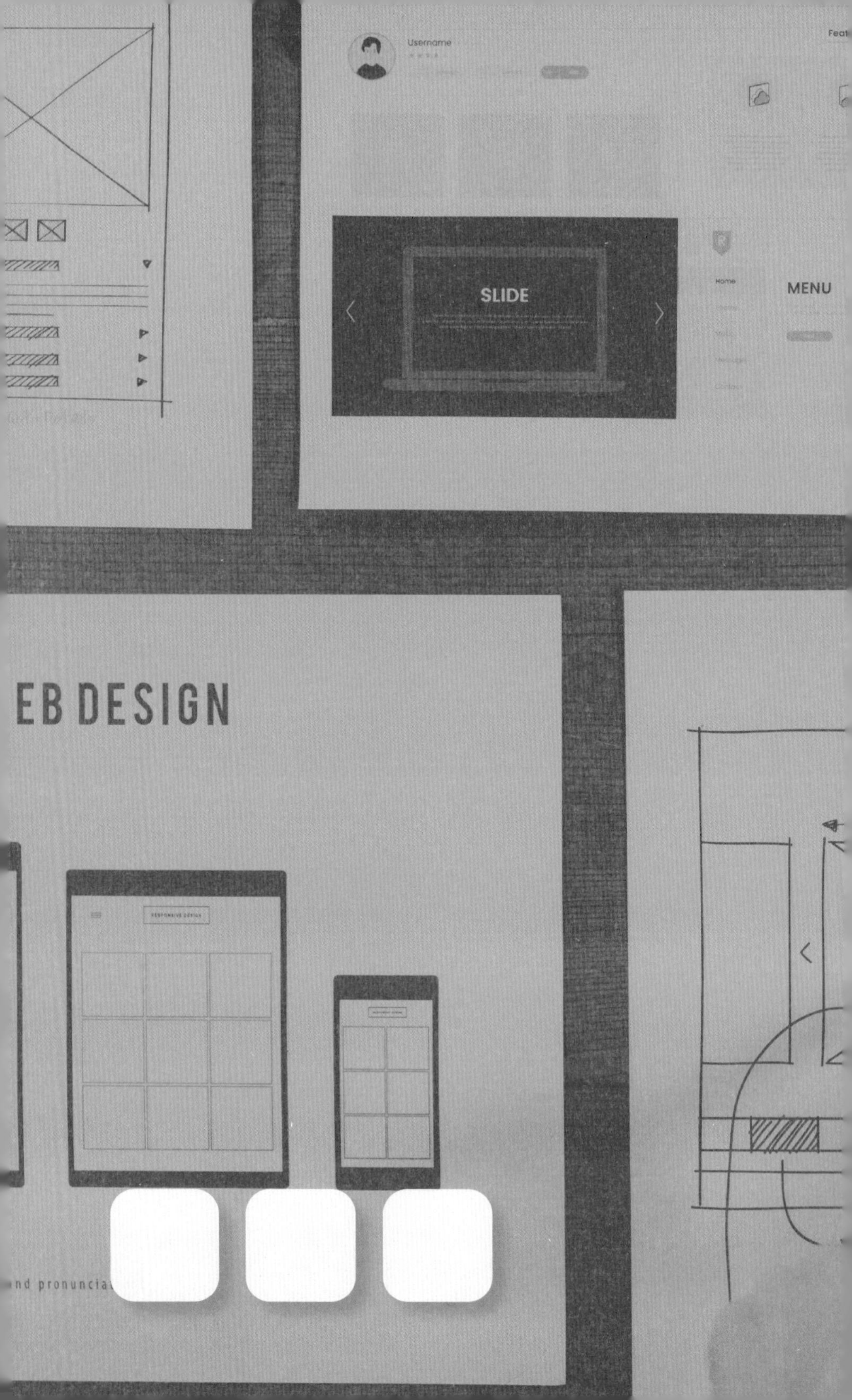
Username
SLIDE
Home
MENU
DESIGN

3장

# 단 7일 안에 끝내는 UX/UI 최강 포트폴리오 만드는 법

# 자서전으로 읽히는 포트폴리오를 만들어라

"내가 역사를 기록하려 하므로 역사는 내게 친절할 것이다."

– 윈스턴 처칠(Winston Churchill) –

스타업의 대표 회사 중 한 곳인 토스의 이야기를 담은 책 《유난한 도전》에서는 프로덕트 디자이너(사업의 핵심 '제품'을 만드는 전반의 과정에 관여하는 직책) 남영철의 이야기가 나온다. 그는 처음 토스에 합류하기 위해 입사 제안 메일을 보냈다. 그는 자기소개에서 디자이너를 이렇게 정의했다. 디자인이란 "사용자에게 반복되는 불편을 발견하고, 어떻게든 해결책을 찾아내 구현하는 것이라 했다. 기존 구성원들이 생각하는 디자이너의 이미지가 있을 것"이다. 그리고 "디자이너는 '관습'을 걷어내고 현상을 바라보는 능력과 문제해결을 위한 관찰 및 인터뷰 기술, 다양한 아이디어를 내고 시각화할 수 있는 스케치 능력, 아름다운 결과물을 만들어내는 감각과 꼼꼼함"이 있어야 한다고 했다.

초기 구성원이 가지고 있는 '편견 속 디자이너'는 '이렇다더라'의 관점을 단번에 깨주었다. 이승건 대표는 그의 말이 신선한 충격으로 다가왔을 것이다. 그런 태도야말로 '전력으로 우리 구성원에게 집중해줄 수 있는지' 충분하다고 판단했을 것이고, 그는 그렇게 토스에 합류하게 되었다.

디자이너에게 필요한 능력

- 현상을 바라보는 능력
- 시각화할 수 있는 능력
- 결과물을 만들어내는 감각과 꼼꼼함

그렇다면 왜 자서전을, 읽히는 포트폴리오를 만들어야 하는가? 자서전은 '자기 자신의 인생을 책으로 엮어서 낸 것'이다. 포트폴리오는 '우리가 경험한 일들을 담아내는 것'이다. 디자인은 '안에 있는 내용물을 잘 전달하는 포장지'나 다름없다. 하지만 아무리 예쁜 포장지를 감싸더라도 현장에 있는 경험은 포장할 수 없다.

## 포트폴리오는 현장에 있는 생생한 경험을 담아내는 것

성실한 척, 팀을 위하는 척 꾸며내는 것은 금방 드러난다. 몇 가지 질문만으로 의미심장한 행동들을 간파하기 쉽다. 그래서 있는 그대로 사실만 전해야 한다. 팀에 대해 좋지 않은 기억뿐이라면, 나에게 문제는 없는지 회고하고, 있다면 반드시 고쳐야 한다. 하지만 사람이란 한 번에 습관을 고치기 어려운 동물이다.

지금 다니고 있는 회사가 별로여서 이직하려고 시도하지만, 이전 직장과 비슷한 회사를 빙빙 도는 이유가 있다. 좋은 환경에 들어가고 싶다면, 내가 그럴 자격이 있는 사람이 되어야 한다. 어떤 문제든 조직 내에서 해결해야 한다. 그런데 많은 사람들이 근본 원인이 조직이냐 자신이냐를 구분하지 못한 채 '성장이 아닌 포기를 선택'한다.

포트폴리오를 만드는 이유는 '나는 여러분들과 함께하기 좋은 사람입니다. 어떠한 역경에도 흔들리지 않으며, 문제가 생겨도 잘 조율하며, 이를 해결할 수 있어요!'를 보여주는 것이다. 물론 직무의 능력만 따지는 회사도 있다. 아무리 좋은 회사라도 사람의 '인성'은 제각각이며, 최고의 팀은 있지만 완벽한 팀은 없다. 그래서 '편견'이 있으면 그 조직은 위험하다.

아무리 실력이 좋거나 팀원들 사이에서 인기가 많아도 어느 그룹, 집단이나 충돌이 있기 마련이다. 그래서 마냥 좋은 일만 있기는 어려운데, 좋게 포장만 하거나, 별다른 인사이트를 주지 못하는 사람이라면, '아르바이트 = 직원 = 수강생' 개념으로 똑같다. 그래서 '스펙'은 그것을 이루기 위해 험난하고 추한 과정을 버텨낸 노력의 산물이다. 버텨낸 노력이 회사에서도 근무 습관으로 남는다. 하지만 근무 목표가 시원치 않거나, 일을 제대로 하지 않은 채 놀러만 다니면 마찬가지로 볼 필요가 없다.

'한국경제인협회'가 국내 매출 기준 500대 기업을 대상으로 조사한 결과, 2023년 하반기 취업 경쟁률 비율이 81대 1이다. 대기업 타이틀이 힘이 있는 이유는 그 안에 들기 위해 힘든 과정을 거쳤고, 포기하고 싶었겠지만 그럼에도 합격이란 성과를 이뤄냈기 때문이다. 이력서에서 상위 대학을 보는 이유도 마찬가지로 그 대학에 가기 위해서 힘든 과정을 버텼고, 그것을 결과로 보여주었기 때문이다.

그 '끈질긴 노력'을 인정해주는 거다. 만약 나에게 과거 그런 노력이 없다면? 만들어야 한다. 자기 객관화도 안 되어 있으면서 무턱대고 '대학교는 필요 없다'는 근본 없는 말을 믿지 마라. 고졸이 나쁘다는 말이 아니다. 그런 말을 할 자격이면 '그 이상의 증명할 무언가'가 있으면 된다. 자격이 된다면 열심히 살아왔다는 것을 반드시! 증명해서 보여줘라.

## 포트폴리오를 만들기 위해서 어떤 노력을 할 것인가?

### 1. 목표 설정을 분명하게 해라

포트폴리오를 처음 만드는 사람은 반드시 '목표를 설정'해야 한다. 포트폴리오에 우리가 경험한 일을 담아내기 위해서는 그 경험이 반드시 '그럴 만한 이유'가 있어야 한다. 목적을 이루기 위해서 '준비'해야 한다.

내가 넥슨 크레이지아케이드 팀에 합격하는 방법

- 목표 설정 : 넥슨 크레이지아케이드 팀에 들어가고 싶다.
- 그럴 만한 이유 : 뒤에 넥슨 크레이지아케이드 관련 내용에 자세히 담

겨 있다.

- 준비 과정 : Aseprite 프로그램 배우기, 픽셀아트 배우기, 포트폴리오 만들기

나는 클래스101에서 〈합격률 99%가 증명하는 'UXUI 디자이너 취업', 취업은 이걸로 끝!〉 온라인 강의를 판매하고 있다. 온라인 강의를 수강하다 의지가 약해지면 수강생들은 네이버 블로그로 '이성경 디자인스쿨'에 찾아온다. 나는 수강생에게 등록을 안내하기 위해 상담지를 작성하게 한다. 포트폴리오를 준비하는 상황이지만 대부분 '목표 회사'가 없다. 그저 삼성, 카카오, 네이버 등 회사 타이틀만 보고 들어가고 싶어 한다. 구체적으로 왜 그 회사에 가고 싶은지에 대한 이유가 명확하지 않다. '그냥 남들이 좋다고 하는 회사이니까' 가고 싶은 것이다.

이직하려는 사유를 물어보면 '자기 체면' 때문에 '외부의 부정성에 대한 핑계'를 많이 된다. 대표적으로 회사의 '경영 악화' 이유를 많이 댄다. 환경적 요인은 내부 문제가 아닌 '불상사에 의해 일어난 형태'다 보니 내 이미지가 훼손되지 않는다고 생각한다. 하지만 실체는 업무 만족도가 낮고, 월급이 마음에 안 들어서 등 개인적인 이슈가 대다수다. 이런 경우는 '진급과 연봉 협상, 협의' 과정에서 생긴 불만이 많다. 즉, 돈을 더 많이 주는 곳에 가고 싶은 게 이유다. '이대로 있으면 계속 기다려야 하니까' 못 참아서 나오지만, 기다리는 힘도 필요하다.

## 현저히 개인적인 욕망의 문제다

이 직업을 너무 갖고 싶어서 간절하거나 미칠 지경이 되어야 한다. 그래야 배우는 목적이 생긴다. 그냥 주변에서 UX/UI는 연봉도 많이 받고 유망하다고 하니까 온 수강생들도 있는데, 어쨌든 동기부여와 연결고리는 될 수 있지만, 그렇다고 해서 대충 준비하면 난생 처음 열심히 했다고 해도 결과는 그저 그런 곳에 가고, 연봉도 내 몸값에 맞게 받는다.

- 대기업 : 지속된 습관을 유지하는 곳
- 스타트업 : 미래 가치를 만들어가는 곳
- 에이전시 : 기술을 배우러 가는 곳

정신 차리라고 뺨을 10대 때려도 동기부여는 갑자기 안 생긴다. 때린 내 손과 맞은 뺨만 아플 뿐이다. 나는 꿈이 없는 수강생에게 롤 모델을 만들어 오라고 한다. 갑자기 만들어 오라고 하면 UX의 대표적인 인물 도널드 노먼(Don Norman)을 존경한다고 한다. 그의 삶을 바라보고 쫓아가며, 만나길 기도하며 살지를 않았으면서 갑자기 존경하는 척을 한다.

진짜 롤 모델이 없으면, 회사를 탐방하라고 한다. 환경에서 주는 힘이 크다. 그곳에 가려는 목적이 없었다가 생길 수도 있다. 이 미션을 통과해야만 프로젝트를 선정할 수 있다. 당신이 진짜 가고 싶은 회사는 어디인지 확실히 정해서, 철새처럼 이곳저곳 이동하지 않는 게 좋다. 함정에 빠지면 안 된다. '이 회사에 가지 말아야지' 하는 선입견만 생긴다. 자기 판단이 흐려져 선택할 때마다 후회한다.

### 2. 방법론에 대한 이해가 필요하다

이 직무는 수학이 아니다. 그래서 프로세스에는 정답이 없다. 오롯이 불명확한 것을 같이 예측해서 만들어가는 것이다. 하지만 많은 수강생은 정답을 요구한다. 서비스·경험 디자인 기사(한국디자인진흥원에서 시행하는 기사 시험) 자격증은 국가기술자격법에 의한 '기사' 등급에 해당하며 서비스를 기획할 수 있는 자격이 주어진다. 반대로 젊은 나이에 빨리 취직해 서비스 기획 업무를 우연히 맡아도 자격이 주어지는 것처럼, 어떤 방식으로 이 직무를 수행할 자격을 얻을지에는 많은 길이 있다.

하지만 '긴 기간 동안 함께 버틴 자'는 절대 이길 수 없다. '함께 어떤 문제를 풀어나가는지'에 초점을 둬야 한다. 팀원(내부 이해관계자)과 조율해서 어떻게(전략) 달성(모델)했는지 보여줘야 한다. 자신이 '어떻게 말하느냐'에 따라서 판단하는 것이다. 답이 없는 문제를 방법을 만들어 서로 힘을 합쳐 잘 성장시키는 것이다. 어떤 사업이든 무조건 빨리 완성할 수는 없다.

목표를 정해 입사했으면 그 회사에 10년 정도는 있어야 좋다. 단, 자신도 같이 '성장'시키면서 말이다. 아무것도 안 하고 시간만 보낸다면 어떤 회사든 큰 후회를 하기 마련이다. '디자인 씽킹(발견하기, 해석하기, 아이디어 내기, 실험하기, 발전시키기 5단계 방법을 활용해 문제를 해결하는 것)' 방식으로 문제를 해결해야 하는 이유는 모호한 문제를 정답 여부 상관 없이 나만의 관점에서 '직접 만들어보고', '직접 경험해' 사용자 입장에서 해결 방안을 제안하는 것이다.

*수강생 : 이게 맞는 건지 모르겠어요.*

*이성경 : 응, 나도 몰라! 그냥 해보는 거야!*

이 방식이 결코 무책임한 게 아니다. 서로의 자료를 공유해 소통하며, 진행하기 좋은 문제를 발견해 '어떻게 풀어나갈 것인지' 각자의 의견을 물어보고 정의하는 과정이 중요하다. 그러면서 아이디어를 만들고 실험하면서 프로토타입(미완성 초기 모델)을 만든다. 베스트를 찾아나가는 과정이지 맞고 틀린 문제가 아니다.

계속해서 발전시켜 완성해 우리가 만든 게 괜찮은지 평가해본다. 이때 포트폴리오에서 평가하는 게 '공감 능력, 사고 능력, 실험 정신, 협업 능력'이다. 부모와 자식 혹은 연인 사이에서도 잦은 충돌이 있는데, 서로 다른 성격을 가진 팀원들과 충돌이 일어나는 건 당연하다.

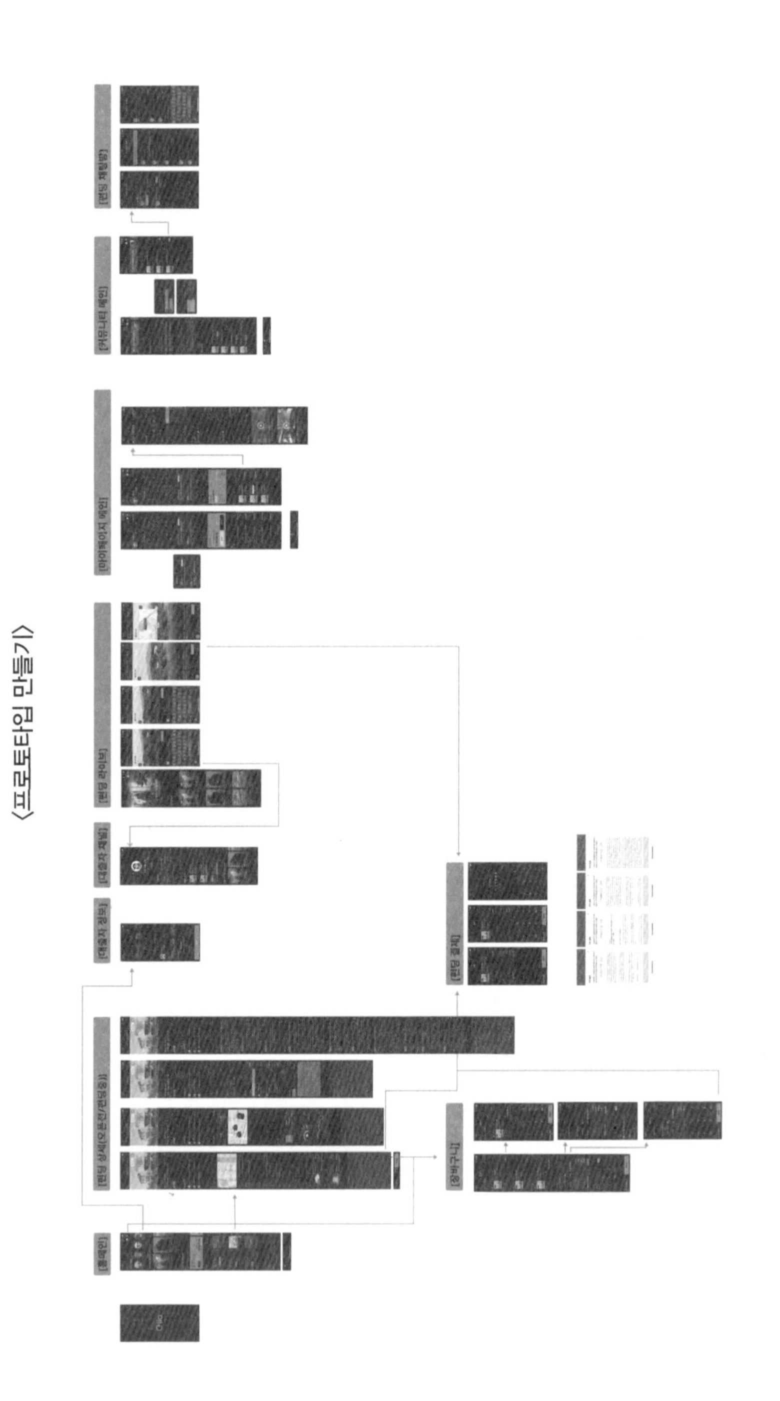
〈프로토타입 만들기〉

출처 : 수강생 홍유미 디자이너 제작

포트폴리오를 만드는 진짜 이유 찾기

- 포트폴리오를 진행하면서 각 팀원 입장에서 이 문제를 어떻게 바라보고 있나요?
- 아이디어를 내면서 다양한 관점으로 문제들이 나왔는데, 어떤 방식으로 분석하려고 했나요?
- 사용자 입장으로 바라본 문제라면, 그 문제를 어떤 방식으로 설계하려고 했나요?
- 실제 손으로 직접 만들어서 어떤 경험까지 겪어봤나요?
- 끝까지 팀을 유지했는지, 도중에 포기하지 않았는지, 계속 그들과 함께하려고 했나요?

함께한 경험이 바로 '프로젝트 자서전'이다. 학원에 다녔는지, 팀원을 모아서 작업을 했는지가 중요한 게 아니다. 부족한 사람끼리 모여 나름의 괜찮은 것을 만들어가며, 내가 하는 모든 행위의 사실을 기록하는 것이 중요하다.

# 당신의 포트폴리오는 해결책이 되어야 한다

"나는 항상 몇 가지에 집중해왔다. 하나는 회사와 우리가 분명한 방향성을 갖는 것, 그리고 하나는 최고의 팀을 만드는 것이다."

– 마크 저커버그(Mark Zuckerberg) –

포트폴리오는 내가 맡은 업무에서 일을 어떻게 해결해왔는지의 방식, 즉 스타일을 보는 것이다. 정답을 들고 오라는 건 '절대' 아니다. 포트폴리오는 그저 취업하기 위한 '심사용'이다. 남들이 베낀다고 걱정하지 마라. 그런 행동을 한 사람은 알아서 걸러진다. 남들이 내 것을 빼앗아 아이디어로 쓸 수 있다고 생각하겠지만, 그런 사례는 극히 드물다.

그러니까 대부분 사용 안 한다고 보면 된다. 소비자의 마음을 사로잡는 제품을 생각했는지, 그것이 기술적으로 구현되며, 지속적인 비즈니스 모델로 성장할 수 있는지 '비즈니스 성숙도'를 보는 것이다. 합격하기 위해 내 생각이 깃든 프로젝트를 만들려고 욕심을 내고, 목표 기간 없이 하다 보면, 끝이 보이지 않는다. 회사는 그럼에도 끝까지 해결하려고 노력했는지를 본다.

지금 위치에서 아무 관리 없이 혼자 문제를 해결하는 것은 위험하다. IT 전문 포털인 PRESS9의 〈CMMI 5단계, 프로세스 개선의 시작점〉에 따르면 이원복 교수는 한국인을 세계에서 가장 과격하고 성급하고 맹렬하고 지독하며 명석하고 근면하다고 정의했다. 남에게 지기 싫어하는 문화가 강한 한국에서 어려서부터 경쟁 환경에 노출되며 살았기 때문이다.

그러다 보니 남이 하면 나도 해야 하고, 나아가 더 잘해야 한다. 그런데 경쟁에서 살아남기 위해 초반에 많은 힘을 쏟아부으면 남들에게 보일 만큼 수준에 이르면 더 이상 의미가 없어지고, 목표에 도달하면 쉽게 느슨해진다. 즉, 진득하게 지속하는 것이 부족하다. 인간은 다음의 5단계로 분류된다.

인간의 성숙도

- 초기 형태인 사람 : 프로세스에 대한 예측 및 통제가 어려움.
- 관리되는 사람 : 프로젝트 차원의 프로세스가 정의되나 가끔 수동적으로 적용됨.
- 정의되는 사람 : 조직 차원의 프로세스가 정의되고 능동적으로 적용됨.

- 정량적으로 관리되는 사람 : 프로세스가 측정되고 통제됨.
- 최적화된 사람 : 지속적으로 프로세스가 개선됨.

여기서 말한 CMMI(조직의 능력을 성장시키기 위한 가이드)는 성숙도를 5단계로 나눈다. 조직이 성숙해 나아가기 위해서는 차근차근 단계를 밟아 올라가야 한다. 보통 2단계, 3단계에서 멈춰버리면 다음 프로세스 개선 활동을 시작했을 때 목표 달성을 하지 못할뿐더러 힘들게 얻은 성숙도는 2단계, 3단계 수준마저 잃게 될 수 있다. 프로세스 개선에는 끈기와 시간이 필요하다. 그러다 보니 지루할 수 있는 결과에 회의감이 들 수 있다. 그래서 결국은 중도 포기하게 된다.

앞서의 단계를 바탕으로 '나는 어떤 단계에 해당하는 사람인가?'를 잘 바라보는 게 중요하다. 학원에서 선생님이 시켜서 수동적으로 만든 사람은 1, 2단계에 불과하다. 그런 상태에서 '나는 어떤 문제까지 해결할 수 있는 사람인지'를 본다. 회사는 애초부터 어떤 일을 하는지 정해져 있다. 나 혼자 했을 가능성은 제로에 가깝다. 멘토가 방향을 잡아줬거나 다른 것들을 참고해 허락 없이 베낀 경우, 둘 중 하나다.

그 일을 하기 위해 어떤 방법으로 수행할지 스스로에게 묻고, 자신이 효율적인 일정을 짜서 행동하는 게 가장 좋다. 효율적으로 일하지 못하는 사람들은 남에게 의지하고, 남에게서 문제를 찾는다.

완벽한 시스템이란 없다. 조율하면서 맞춰간다. 다양한 상황에서 맞다, 틀리다를 따지지 않아야 한다. 맞게 하는지 잘 몰라서 불만, 하지만 또 기획력이 부족하면 시키는 대로 해야 하는데 이럴 때는 내 것을 못하니까 불만, 이러나저러나 불만이다. 그래서 결국 회사는 조율을 잘할 수 있는 사람을 원한다.

해결책을 만들기 위해서 어떤 노력을 기울여야 할까? 눈에 띄기 위해 포트폴리오 배치에 신경을 많이 쓰지만, 합격된 포트폴리오는 정해진 기준이 없다. '정리된 느낌', '일관된 느낌', '잘 전달된 느낌'을 좋아하는 이유는 패턴이 같아서 읽기 좋기 때문이다. 다양한 레이아웃을 보여줄 필요는 없다. 평가 기준은 심사마다 다르기는 하다. 자료를 취합해서 '업무를 전달하는 방식'을 보는 것이다. 그러나 추상적인 설명 방식은 좋지 않다.

해결책을 만들기 위해서 어떤 노력을 기울여야 할까? 포트폴리오 안에 아무리 좋은 내용이 많더라도, 복잡해 보인다면 좋은 인상을 남기기 힘들다. 그래서 심미적으로 화려한 포트폴리오를 만들기 위해 강박을 가질 필요는 없다. UX 포트폴리오에서는 꾸밈보다 내용 전달이 중요하기 때문이다.

한 권의 해결'책'을 만든다고 생각해라. 책은 내용 전달에 초점이 맞춰져 있다. 아무리 좋은 내용을 가진 책이라고 하더라도 읽기 복잡하면, 조금만 훑어보고 읽기 싫어진다. 기본적인 디자인의 고정된 틀을 지키되 프로젝트 내용을 가장 효율적으로 전달할 수 있는 나만의 방식을 만드는 것이 중요하다.

## 좋은 인상을 주는 해결책이 되면 어떤 기분이 들까?
## 그 해결책으로 어떤 선한 일에 동조하는가?

〈답답한 HOME 카테고리를 펼치다〉

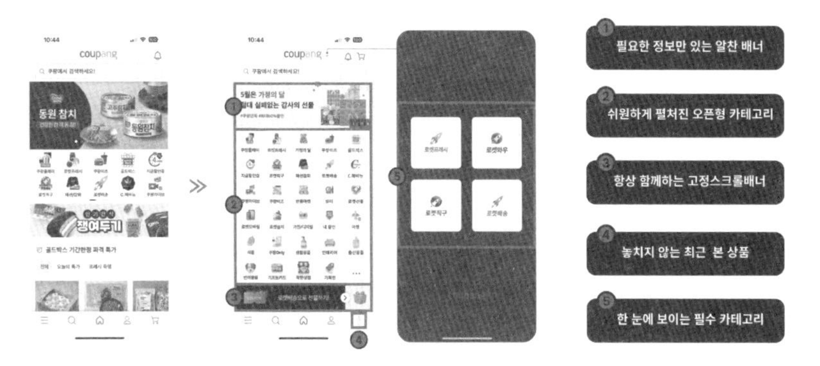


출처 : 수강생 최나민 디자이너 제작

- 롤링 버튼을 제거하고 체인지형 숫자 캡션을 넣어 직관적 형태로 바꿈.
- 기존의 홈 카테고리는 2단형 드래그 형태를 오픈형 카테고리로 바꿈.
- 정리되지 않은 분산된 광고를 스크롤 시 고정된 형태로 바꿈.
- 장바구니 버튼을 최근 본 상품의 이미지에 두어 학습되지 않은 클릭 유도 형태로 바꿈.

해결책을 만들어 좋은 인상을 주려면 어떻게 해야 하는가? 내가 가장 잘 알고 있는 분야에 신규 서비스를 제작해보자. '평소에 이런 서비스가 있었으면 좋겠다!' 하는 것을 직접 만들면 좋다. 직접 만들게 되면 수행해야 할 과제의 범위가 생각보다 넓다. UX/UI의 분석뿐만이 아니라 알아야 할 사전지식이 방대하다. 연관된 공부를 해서 인사이트를 줄 수 있어야 한다. UX/UI가 처음이라면 다음의 경험을 반드시 해보길 추천한다.

- 기업 어시스턴트 지원하기(협조력 상승)
- 사이드 프로젝트에 참여해서 앱 론칭하기(팀플레이 경험)
- 멘토-멘티 서비스 이용하기(수행력 상승)
- 교육기관 강의 수강하기(지속성 상승)

# 업무 적합성은 선택이 아닌 필수임을 명심해라

"목표에 도달하는 가장 확실한 방법은 그 목표가 아니라
그 너머의 더 야심찬 목표를 향해 나아가는 것이라는 점은
역설적이지만 참되고 중요한 인생의 원칙이다."

- 아놀드 토인비(Arnold Toynbee)—

매일일보의 〈신입 구직자도 포트폴리오 필요〉 기사에서는 구직자 839명을 대상으로 포트폴리오 준비 현황을 조사해본 결과 38%는 '완성된 포트폴리오'가 있다고 답했다. 이력서와 자기소개서 외에 직무 경험, 역량, 사무 능력, 태도로 업무 적합성을 검증하기 위한 직무 포트폴리오까지 요구되고 있다. 그렇다면 왜 업무 적합성은 선택이 아닌 필수일까?

채용 시장이 변화하면서 스펙보다는 포트폴리오 '경험'을 좀 더 선호하기 시작했다. 경제적 저성장 시기 패러다임이 극적으로 변화하면서 전통적으로 내려온 공개 채용을 폐지하고 수시 채용으로 전환되었다. 그 과정에서 스펙보다는 적합성을 따지기 시작했고, 구조화 면접을 통해 과거의 경험과 경력을 구체적으로 파고들어 꼬리를 무는 질문이 많아졌다.

인사 담당자가 지원자의 포트폴리오를 중요하게 생각하는 이유는 포트폴리오가 좋았던 인재들이 일을 잘하는 것을 직접 경험했기 때문이다. 학교 스펙보다는 포트폴리오가 마음에 들어 채용한 인재가 더 마음에 들고, 회사에서 필요한 능력을 보여주는 것을 선호한다.

나의 쓰임성 파악하기

- 동일 프로젝트 경험이 있는지?
- 나는 어떤 역할을 했는지?
- 나는 어떤 결과를 냈는지?
- 지원 직무와 연관이 있는지?

포트폴리오로 지원자의 준비 상태를 파악하기 때문에 꼭 지원한 회사와 관련된 것을 배치해야 한다. 끝까지 해낸 결과가 곧 전문성으로 연결된다. 그래서 내가 만든 작업물을 실물, 구현해 보여줄 수 있다면 능력이 있다고 판단받는다. 여기서 반드시 지켜야 할 것은 나의 전문 수준을 과대포장 없이 정확하게 안내하는 것이다.

업무는 서로 맞춰가는 것이다. 애초부터 완성된 사람은 없다. 포트폴리오에 적힌 내용을 보면 다들 척척박사, 도사다. 막상 포장을 까보면 알맹이가 생각보다 적다. 직무에 대한 지식을 어디까지 알고 있는지 파악할 수 있고, 결과물에 대해 논리적이고 분석력 있게 말할 수 있는 지원자를 선호한다. 포트폴리오를 잘 만든 사람이 그 내용을 잘 전달하지 못하면 그건 200% 시켜서 만든 것이다. 그걸 가지고 자기 스스로 기획했다고 말하면 안 된다.

〈포트폴리오를 포장하는 기법〉

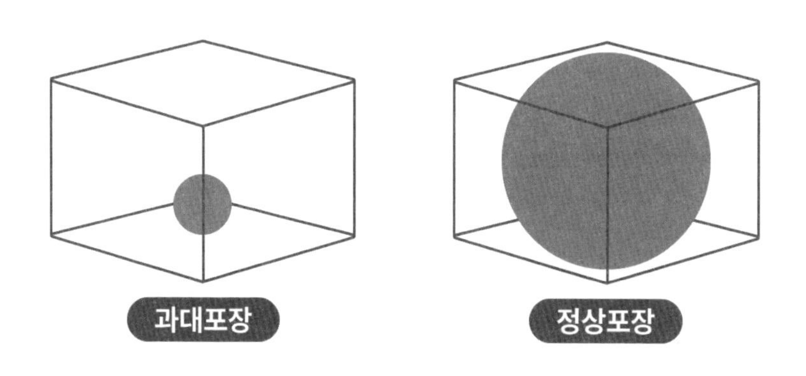


출처 : 저자 제공

회사는 지원자의 수준을 정확히, 200% 알고 싶어한다. 포트폴리오를 아무리 잘 만들었어도 날카로운 질문이 꼬리에 꼬리를 물면서 정말 거짓말하지 않았는지 재차 확인한다. 기분 나쁠 수도 있지만, 만나본 적이 없는 지원자를 배려하기 위함이다. 포트폴리오를 통해 디자이너의 역량 범위를 정확히 판단하려고 하는데, 이건 뽑는 사람의 특권이다.

인사 담당자가 되어보자. 우리는 좋은 지원자를 뽑아야 한다. 지원 회사와 관련 없는 작업물만 있는 지원자가 포트폴리오를 들고 금융회사에 지원했다고 생각해보자.

*지원자 : 금융회사에 지원하게 된 OOO입니다!*

*평가자 : 금융 관련 작품이 없네? 화장품?*

〈채용 담당자가 바라보는 지원자〉

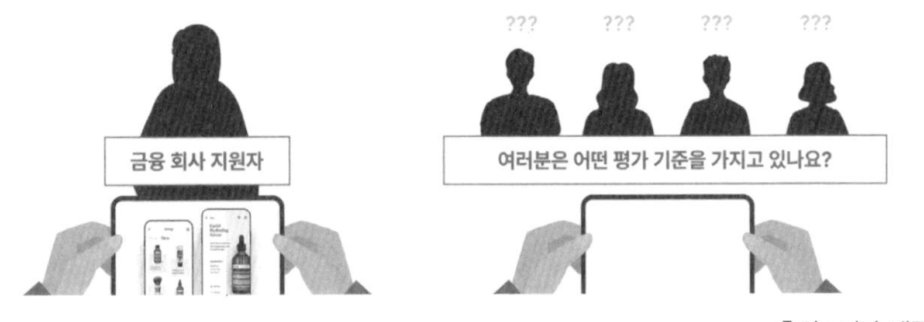


출처 : 저자 제공

여러분이 채용 담당자라면 지원자에게 어떤 질문할까? 그리고 여러분은 어떤 평가 기준을 가지고 있는가?

이렇게 관련된 작품이 없고, 허무맹랑한 아이디어만 말하고 있다고 가정하면, 신뢰할 수 없을뿐더러 합격에서 멀어진다. 이렇게 가져오는 아이디어들은 장기간 프로젝트에서 일궈낸 과정들이 아주 쉽게 만들어진 줄 안다. 같이 업무할 사람들과 일을 진행할 때 그 아이디어를 실행하기 위해서 어떤 시행착오를 겪어야 하는지 예측해야 한다. 막연하게 디자인 아웃풋만 내보이면 '우리 보고 어쩌라는 거지? 머릿속에 있는 그림을 우리더러 대신 하라고? 이 친구 대책 없는데?' 이렇게 생각할 수 있다.

- 진정성이 있는 포트폴리오는 감동을 준다.
- 기업 분석을 탁월하게 한 사람은 기업에 관심이 많다.
- 친화력이 좋은 사람은 회사 생활을 즐겁게 할 수 있는 사람이다.
- 전문 역량으로 회사를 펼쳐라.
- 도전 정신과 열정으로 회사를 발전시켜라.

그래서 채용공고를 분석하는 게 중요하다. 맞춰 준비해간 성의라도 보여주는 게 중요하다. 실제 이 사람이 업무를 맡게 되면 어떤 모양새인지 한 번에 파악하게 해주는 게 심사에 도움이 된다.

〈화장품 회사의 프로덕트 디자인 채용〉

| | |
|---|---|
| **특징** | – 에자일프로세스<br>– 스쿼드 조직<br>– Cross-functional Team |
| **주요 업무** | – 인간 심리와 게이미피케이션 요소가 가미된 미션 기반 설계<br>– 사용자 재방문을 위한 사용자 혜택 등을 강화하는 UX 설계<br>– 비디자인 담당<br>– 퍼널 어느 단계에 문제가 있는지, 지표 개선 파악<br>– 어떤 레버를 당겼을 때 효과적인지 가설 수립과 가설의 추후 개선 실험을 설계해서 진행 후 후속 조치 실행 |
| **자격 요건** | – 정량적·정성적 데이터 기반 고객의 니즈 파악<br>– 논리적인 UX 설계로 구현한 경험 |
| **우대 사항** | – 마케터의 관점을 가지고 외부에 알리는 경험 |

일단 공고에서 요구하는 건 퍼널(서비스에 찾아오는 여정)을 분석하고, 사용자를 유인하는 형태를 우리가 UX로 기획되어야 한다. 여기 안에 있는 소재가 게이미피케이션(게임적 사고와 기법) 요소가 있어야 이슈가 된다. 마

케팅을 기반으로 관점을 풀어내면 좋다. 예를 들어, 르르르에서 진행한 '꼰대 성향 검사(KKDTI)'는 내 안의 8가지 꼰대 유형과 지수를 이용해 참여자에게 재미를 준다.

최종적으로 사이트를 방문하게 하고, 유튜브를 구독하게 하는 연결통로와 같은 다리 역할을 만들면 좋다. 꼰대 성향 검사로 고객의 흥미를 이용해 테스트하게 만들고 그 결과 커뮤니티를 형성하는 것 자체가 게이미피케이션 요소가 들어가 있다. PC게임처럼 무거운 형태의 게임 UI를 요구하는 건 아니다. 이렇게 가벼운 형태의 '심리 테스트'도 게임이 될 수 있다.

이것을 다음과 같이 가설로 분석해본다면, '이것을 누구와 어떻게 상의하고 만들 건가?'에 초점을 두면 된다. OO앱 심리테스트를 만든다고 가정해보자.

- 테스트 주제 : 나의 미래 모습은?
- 테스트 형태 : 응답형 테스트
- 아이데이션 : OO앱을 이용하는 사람이 자주 쓰는 플랫폼은 사주 앱이다(실제로 MZ세대는 미래, 불확실함, 가치관에 대한 고민이 많아 사주 앱을 자주 이용한다). 화장품이라는 키워드의 연관어를 분석하니 궁극적인 목적은 나를 잘 가꾸고 신경 쓰는 것이다. 이너 뷰티, 건강, 웰니스까지 크게 볼 수 있다.
- 결론 : 개개인의 스타일에 맞게 매칭 후 화장품을 추천한다.

이제부터 긍정적인 태도로 회사 덕분에 많이 성장한 것들을 내용에 담아라. 부정적인 태도를 가진 사람은 배우는 수준을 일일이 따져가며 불만만 많은 사람이다. 열심히 일하고 배운 경험을 감추기보다는 솔직하게 전달해라. 내가 했던 작품을 스스로 기준을 낮춰서 우습게 보이게 하지 마라. 이런 사람은 겸손한 게 아니라 교만함을 숨기는 사람이다. 결국에는 팀원의 무능함을 비웃고 소문을 내고 떠든다.

팀과 고생해서 만든 작업물을 자랑스럽게 생각해라. 업무 적합성과 태도도 평가되는 부분 중 하나다. 연관된 작품과 관련된 경험으로 판단한다. 끝까지 해낸 결과가 곧 전문성이다. 아직 끝까지 해낸 경험이 없다면 업무 적합성에 따라 스펙을 쌓는 연습을 해라.

〈업무 적합성 키우기〉

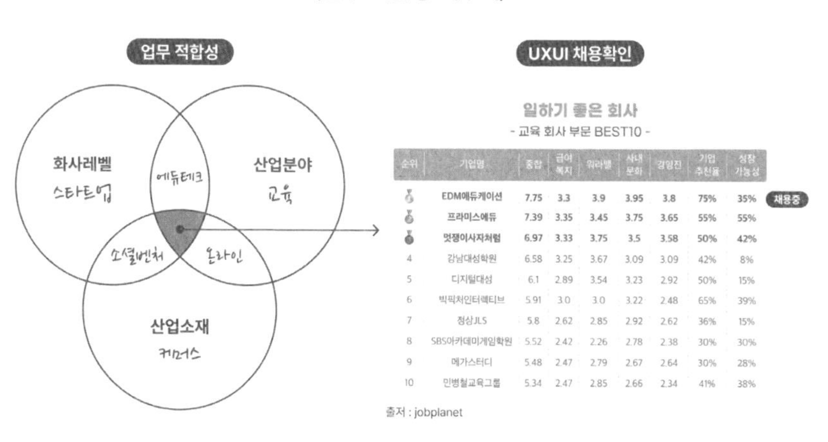


일하기 좋은 회사

- 교육 회사 부문 BEST10 -

| 순위 | 기업명 | 종합 | 급여 복지 | 워라밸 | 사내 문화 | 경영진 | 기업 추천율 | 성장 가능성 | |
|---|---|---|---|---|---|---|---|---|---|
| | EDM에듀케이션 | 7.75 | 3.3 | 3.9 | 3.95 | 3.8 | 75% | 35% | 채용중 |
| | 프라미스에듀 | 7.39 | 3.35 | 3.45 | 3.75 | 3.65 | 55% | 55% | |
| | 멋쟁이사자처럼 | 6.97 | 3.33 | 3.75 | 3.5 | 3.58 | 50% | 42% | |
| 4 | 강남대성학원 | 6.58 | 3.25 | 3.67 | 3.09 | 3.09 | 42% | 8% | |
| 5 | 디지털대성 | 6.1 | 2.89 | 3.54 | 3.23 | 2.92 | 50% | 15% | |
| 6 | 빅픽처인터랙티브 | 5.91 | 3.0 | 3.0 | 3.22 | 2.48 | 65% | 39% | |
| 7 | 정상JLS | 5.8 | 2.62 | 2.85 | 2.92 | 2.62 | 36% | 15% | |
| 8 | SBS아카데미게임학원 | 5.52 | 2.42 | 2.26 | 2.78 | 2.38 | 30% | 30% | |
| 9 | 메가스터디 | 5.48 | 2.47 | 2.79 | 2.67 | 2.64 | 30% | 28% | |
| 10 | 민병철교육그룹 | 5.34 | 2.47 | 2.85 | 2.66 | 2.34 | 41% | 38% | |

출저 : jobplanet

출처: 잡플래닛, 저자 작성

# 경쟁사의 포트폴리오를 벤치마킹해서 나의 수준을 높여라

"90% 찬성하는 아이디어는 이미 쓸모가 없다."

– 마윈(馬雲) –

왜 경쟁자의 포트폴리오를 벤치마킹(경쟁 업체를 따라잡는 전략적인 자료조사)해서 나의 수준을 높여야 하는가? 경쟁사를 벤치마킹하지 않은 아이디어는 평가자에게 외면당한다. 채용일이 다가오면 하루에 검토할 포트폴리오가 넘쳐난다. 독학으로 만든 포트폴리오는 십중팔구 자기가 만들고 싶은 것만 만든다.

반려견을 키우지 않으면서 반려견 관련 앱을 만들거나, 게임을 좋아하지도 않으면서 게임 앱을 제작하는 경우가 많다. 이렇게 접근하면 분석력이 좋아야 하는데, 또 그것도 아니다. 그래서 이런 식으로 대충 가볍게 접근하는 포트폴리오를 제출하면 거절당할 확률이 높을 수밖에 없다. 이러한 포트폴리오는 다음과 같은 요소를 갖고 있다.

첫째, 타깃이 없다.

둘째, 어떤 경쟁사와 겨루는 아이디어인지 모른다.

셋째, 주제를 뒷받침해주는 실질적인 사례가 없어 신뢰가 가지 않는다.

넷째, 사용자를 고려하지 않은 채 자아도취에 빠진 내용들이 많다.

포트폴리오를 만들 때 왜 경쟁 사례가 들어가야 하는지부터 생각해보자. 내용을 읽는데 자기 생각만 가득하다면 지루해서 하품만 나온다. 그러면서 자기 말이 정답이라는 건가? 확인은 해본 건가? 읽는 사람에게 반감을 준다. 또한, 대부분 현실과 동떨어진 아이디어들이 많다. 검증된 자료도 없는데 같이 일을 한다면 효율적이지 못한 상황이 생길 것 같다.

〈벤치마킹〉

BACKGROUND

Trend Overview

코로나 19의 장기화로 인해 삶에 전반적인 악영향을 끼쳤으며
**아이들의 교육도 많은 문제**가 발생하였습니다.

2019년 시작된 코로나 바이러스는 전세계로 확산되었고 수백만명의 인명피해, 경제, 관계, 심리적인 부분등 다양한 문제가 생겨났습니다.
특히 코로나 사태로 인한 휴교 및 비대면 교육으로 아이들에게 학습 손실, 심리적 영향, 사회적 고립 등등 많은 문제들이 발생하였고
정부기관에서는 이 문제에 대한 대응책이 필요했고 장기화가 되면서 지속적인 교육 시스템을 마련해야 했습니다.

Trend Analysis

**코로나 19와 미세먼지등 환경적인 문제로 인해**
**청소년 및 아이들 체육 수업도 문제 발생**

전체 비대면 교육으로 전환해 수업을 진행하였지만 체육 수업은 비대면 학습 자료가 부족한 상황이다

**체육 수업도 비대면으로.. 미래형 수업 절실**
**경남 교육청 스마트 스포츠 활성화 추진**

해당 자료 보기 ›

Trend Analysis

**대면 비중이 높은 체육 수업은 어떻게 진행될까**
**체육 수업도 온라인 콘텐츠를 활용**

온라인 수업에 제약이 있는 체육 수업도 비대면으로 진행되고 있었고 콘텐츠 위주로 수업이 진행되고 있다

**체육 수업으로 활용도 높은 플랫폼 유튜브**
**초등학생 신체활동이 줄어들어 집중력 저하**

해당 자료 보기 ›

출처 : 수강생 정창용 디자이너의 작업물

일방적인 자기 주장을 하면 평가자들이 자존심이 상한다. 자기의 의견과 주장을 피력하면서 성공한 사례들을 곁들인다면 '정말 그렇네, 이렇게 해봐도 괜찮을 것 같네' 생각한다. 경쟁 회사가 많은 시행착오를 거쳐서 일궈낸 성공 사례는 반감 없이 그 의견들을 수용하게 만든다. 답을 내놓으라는 것은 결단코 아니다. 사례가 없으면 실제로 일을 하게 되었을 때 자료조사를 대충 하거나 안 할 확률이 높다. 평가자들은 우리가 얼마나 성심성의껏 찾았는지 자세를 보는 것이다.

개인의 아이디어에만 의존하지 말고 '사용자'를 염두에 놓고 써야 한다. 좋은 포트폴리오는 사용자 입장에서 생각하고, 만들었다. 사용자의 입장에 쓰인 포트폴리오를 읽으면 마치 내 이야기 같다는 생각이 들 정도로 공감하게 된다.

앱 진입 시 첫 장면으로 '배너'가 많이 나온다. '첫인상'을 결정하는 구간이다. 누군가를 소개받았다면, 그 사람의 첫인상이 어떠면 좋을지 상상해보라. 사람마다 우선순위는 다르겠지만 성격이 친절했으면 좋겠고, 외모는 예쁘면 좋겠다. 그래서 서비스(친절한 글)와 로고(비주얼), 캐릭터, 모델 등을 넣는다. 이때 직업(리그오브레전드)도 좋고 재력(라이엇 게임즈)도 좋으면 더욱 호감이 생긴다. 그래서 페이지마다 인격(사람 행위에 따른 행동 인지 및 감정 패턴)으로 대해야 한다.

- 성격 = 친절한 글(전설을 만들어 갑니다, LCK WE MAKE LEGENDS)
- 외모 = 비주얼 로고, 캐릭터(마스코트 '티모')
- 직업 = 리그오브레전드(2023년 4월 2주차 스팀/PC게임 '1위')
- 재력 = 라이엇 게임즈(중소기업)

〈첫인상의 중요성〉

출처 : 수강생 홍유미 디자이너의 작업물

사용자 입장에서 접근하면 전문적인 용어와 구현하기 어려운 형태도 최대한 쉽게 표현함으로써 사용자들이 쉽고 빠르게 이해할 수 있다. 모르는 분야보다는 내가 잘 아는 분야여야 자신의 일상을 돌아보고 경험하면서 좋은 사례를 찾을 확률이 높아진다. 다음의 6가지를 활용해 경쟁사 벤치마킹을 하자.

- 인터넷
- 도서
- 신문
- 잡지
- 일상생활
- 자기 경험

경쟁사 조사를 잘하는 특별한 비법은 없다. 다만 사용자에게 잘 전달하려는 목적이니 다른 사람도 저 정도는 찾을 수 있겠다 하는 느낌이 들어야 한다. 한 포트폴리오에 사례는 2개 이상 들어간다. 문장이 어렵지 않게 술술 읽히는 것이 좋다. 경쟁사 조사를 하면 출처를 반드시 남겨야 하고, 자료 이용에 허락을 받아야 한다.

'내용을 조금 바꾸면 모르겠지'라며 얼렁뚱땅 넘어가서 '도둑'이 되지 말아야 한다. 나중에 반드시 문제가 터진다. 다양한 자료를 가져오면서 연구 과정을 거치지 않고 자기 것으로 냅다 바꿔서, 저작권을 등록하는 사람도 있다. 이용만 하는 양심에 털 난 사람이 되어서는 안 된다.

경쟁사 분석이 어렵다면, 2010년도 영국 디자인협회에서 만든 '더블 다이아몬드(두 개의 다이아몬드 형태를 가진 발견, 정의, 개발, 전달 4단계 방법론) 모델'을 이용해 목차를 만들어서 활용하면 좋다. 발견, 정의, 개발, 전달 4단계로 구성된 표다.

| | |
|---|---|
| **1. 어떤 것을 발견했는가?**<br>**사용된 모델링 예시) 데스트 리서치, 필드 리서치** | 발견 1) 사용자가 만족하고 있을까?<br>발견 2) 불편한 점은 없을까?<br>발견 3) 어려운 점이 있을까? |
| **2. 어떤 것을 정의했는가?**<br>**사용된 모델링 예시) 솔루션 제안** | 정의 1) 프로그램 만들기<br>정의 2) 선택지 세분화 |
| **3. 어떤 것을 개발했는가?**<br>**사용된 모델링 예시) 사용자 시나리오, 이용 흐름, 프로토 타입** | 개발 1) 프로그램 관리자 페이지(대시보드형)<br>개발 2) 선택지 페이지(점진적 유도방식) |
| **4. 어떻게 전달할 것인가?**<br>**사용된 모델링 예시) 앱 UI 기획서, UT** | 전달 1) 앱 기획서 작성(UI 디자이너 전달)<br>전달 2) 메이즈 프로그램(내부 구성원) |

1단계(발견)는 프로젝트를 함께 진행하는 내부 구성원을 절대적으로 신뢰한다. 외부 구성원들에게 허락 없이 자료를 넘기면 안 된다. 모든 일정을 공유하는 게 좋다. 2단계(정의)는 아이디어를 분석하고 방향을 정하는 단계로 정답은 없다. 하지만 다양한 성공과 실패 사례를 가져와 리스크를 대비하는 방법도 마련하는 것이 좋다. 3단계(개발)는 1단계에서 약속한 것들이 이루어졌는지, 실현 가능한 테스트를 했는지 집중하는 게 좋다. 4단계(전달)는 전달할 대상에 따라 자료를 정리해 내부 구성원들에게 배포하는 방식을 보여줘야 한다.

# 비교 안에서 눈에 띄는 차별화로 뒤집어라

"다르게 생각해라."

– 애플 –

홍수처럼 쏟아지는 포트폴리오 속에서 평가자들은 우리 회사와 사랑에 빠진 사람을 찾으려고 한다. 이런 사람이 회사와 결이 맞으면서 같이 일하고 싶은 사람이다. '푹 빠져 있는 지원자'는 거절하기 힘들다. 우리는 '회사에 대한 내 사랑은 어디까지인가?'를 판단하기 위해 '내가 한 프로젝트를 어떻게 사랑스럽게 전할까?'에 집중해야 한다.

내가 하고 싶은 일이 맞는지, 단지 유명한 '네임드' 때문에 접근하려고 하는 것은 아닌지 정확한 판단이 필요하다. 좋아하지 않으면서 혼신의 연기를 펼치거나 아부성 멘트를 하면, 상대방의 기분이 좋아질지는 모르지만 '진정성'이 없어 오래가지 못한다. 그래서 '애착할 만한 회사' 한 곳에 집중하는 것이 좋다.

다른 지원자와 비교할 때 나만의 강점도 필요하다. 강점을 포트폴리오로 증명하는 경우면 더 좋다. 더 나은 점을 어떻게 어필할지 고민이 필요하다. 그게 차별화가 된다. 차별화는 약점을 보완하는 게 아니다. 하나에 집중해 내가 가진 강점을 엄두도 못 낼 정도로 강화하면 그게 차별화가 된다.

차별화된 포트폴리오는 나를 선택할 이유를 만들어준다. 뛰고 있는 이 게임에서 이기고 싶다면 차별화해야 한다. 앞서 프로젝트를 먼저 만들어놓은 방식을 답습해서는 선택받을 수 없다. 내가 잘할 수 있는 나만의 규칙을 만드는 것이 좋다.

## 나만의 차별화는 무엇이라고 생각하는가?

2023년 MZ들 사이에서 개개인이 자기만의 개성을 가꿔가는 '코쿠닝' 시대가 더욱 강력해지고 있다. 그만큼 나를 상징하는 것들을 유일한 형태로 만들어간다. 특별하게 만들어주는 패션은 요즘 Y2K 장르처럼 트렌디한 아이템들이 많지만, 사소한 변화를 주는 것이 나만의 셀링 포인트가 된다.

예를 들어 일반 벨트를 사용하지 않고 신발 끈을 벨트로 쓴다든지 이런 작은 차이들로 차별점을 둘 수 있는 것이 좋다. 포트폴리오를 제작하는 데 ‘아이디어 소재’ 때문에 고민이라면 다음의《트렌드 코리아 2024》 도서를 참고해 트렌디한 소재를 활용하는 것도 방법이다.

- 분초 사회 : 시간의 가성비 ‘구간’
- 호모 프롬프트 : AI 기술 + 인간의 사색, 해석력
- 육각형 인간 : 모든 면에 빠짐없는 사람
- 버라이어티 가격 전략 : 최저가가 아닌 최적가
- 도파밍(도파민+파밍) : 재미를 좇는 일상 변화
- 요즘 남편 없던 아빠 : 가정, 자녀를 위해 시간을 보내는 아빠
- 스핀오프 프로젝트 : 커리어 개발을 위한 사이드 프로젝트
- 디토소비 : 다른 사람들의 선택을 따라 하거나 최적의 선택을 하는 소비
- 리퀴드 폴리탄 : 지역이 고정된 공간이 아니라 유연하게 이동하며 흐르는 모습
- 돌봄 경제 : 누구에게나 돌봄이 필요한 사회의 모습

여성 패션 브랜드 ‘로로피아나’에서 코쿠닝 컬렉션을 론칭했다. 혼자만의 시간은 물론 여러 사람과 휴식을 즐기는 자리에서 모두 어울리는 자유롭고 편안함을 선사한다. 피부를 부드럽게 감싸주는 아늑함과 편안함을 담기 위해 ‘언더가먼트 스타일을 재해석’해 니트웨어를 제안했다.

그만큼 ‘차별화’의 개념이 중요해지고 있다. 차별화에 능숙하지 못한 기업은 브랜드 가치와 무관하게 시대 흐름에 적응하지 못하고 무너진다.

남들과 조금 다른 관점으로 논리적으로 설득할 수 있는 것만으로 살아남을 수 있다. 마찬가지로 채용 시장에서도 내가 뽑히기 위해서는 다른 지원자와 뭔가 다르고, 매력적이어야 한다.

'튀면 안 좋은 거 아닌가?' 핸들링하기 어려운 이미지를 줄 수 있지만, 차별화는 수명주기가 있어 초반에 우수한 차별성을 지닌 지원자를 뽑는다 하더라도 시간이 지나면 차별화 있던 지원자도 초심을 잃고 편한 것만 찾게 되어 결국엔 무뎌진다. 점점 색다른 재능을 지닌 사람으로 세대교체 하면서 유망했던 인재들은 서서히 사라지기 마련이다. 그래서 뽑을 때 '어, 쟤는 뭐지?' 차별화에 좀 더 집중해서 뽑는다.

## 사소하지만 다른 사람과 작은 차이를 낼 수 있는 것이 있는가?

최근 '뉴 아이디'에 지분 인수합병된 '삼십구도씨'를 운영했던 대표는 2015년 당시 디자인을 잘하는 친구를 뽑고 싶어 나에게 부탁했다. 친구라고 해서 아무나 추천해줄 수 없었고, 열정이 있고 잘하는 친구를 찾으려고 했다. 포트폴리오를 보니 유난히 아기자기한 것을 잘 만드는 한 친구가 있었다. '삼십구도씨'는 라이브 방송 앱이다. 방송하다 보면 화면 효과를 여자들이 좋아하는 감성으로 잘 만들어낼 수 있는 인재가 필요했다.

이제 막 시작하는 스타트업이라 거절할 것 같은 생각이 들었지만, 스타트업은 초기 구성원이 중요한 만큼 실력 있고 믿을 만한 인재가 필요하다. 그럼에도 제안했더니 너무나도 좋아하던 표정을 잊을 수 없었다.

"주도적으로 할 수 있는 공간에서 일하고 싶다"는 말에 이 친구다 싶었다. 당시 서로에게 좋은 이미지로 남고 싶어서 친구에게는 "마음에 안들면 좀 하다가 이직해"라고 관계를 위해 내가 불안해 안전장치를 달아놓듯 말했다.

'삼십구도씨' 대표는 하루가 갈수록 나에게 좋은 친구를 추천해주어 고맙다며, 너무 만족하셨다. 일이 능숙한 상태는 아니지만, 모르는 프로그램은 서툴지만 배워가면서 아기자기한 로고, 캐릭터, 인터페이스 디자인, 필터 효과 등 다양한 상품들을 무수히 만들어냈다.

그렇게 9년이란 시간 동안 함께했다. 힘든 시기였음에도 불구하고 끝까지 함께했다. 안부를 종종 물어보면 회사에 대한 좋은 말밖에 안 했다. "팀들이 내 의견을 지지해주고, 다양한 경험을 할 수 있게 되어서 너무 좋았어!" 인수합병된 지금 친구는 다른 회사로 이직한 지 1년째다. 다시 한 번 더 물어봤다.

*이성경 : 궁금한 게 있는데! 한 회사에 오래 있었잖아, 오래 근무한 이유가 있을까?*
*친구 : 오! 프로덕트가 여러 개여서 다양하게 디자인할 게 많았고, 업무 스펙트럼이 넓었는데 그게 의외로 잘 맞았어. 업무 프로세스도 만들어서 바로 적용할 수 있어서 일을 주도적으로 하는데 다 해 볼 수 있는 환경이고 수평적이고 재택이나 탄력 근무도 엄청나게 컸던 거 같고 사람들이 괜찮아서 나가게 되면 괜찮은 사람 데려다*

*놓고 가야겠다고 생각하다가 못 나간 거 같아.*

*이성경 : 와 대단하다!*

*친구 : 덕분이야 좋은 회사 소개해줘서!*

이렇듯 회사의 레벨과 상관없이 '같이 성장'을 위해서 끝까지 함께한 친구도 있다. 라이브 방송을 전혀 알지도 못했고 관심도 없었지만, 긴 시간 동안 한 명씩 늘어나는 사용자를 보며 많은 분석을 했을 것이다. 감성 필터 화면을 제작할 때마다 사용자가 필터를 썼을 때 기분 좋은 느낌을 계속 그 감정을 끌고 간다. 방송하다 장난치고 싶을 때, 주목받고 싶을 때, 예뻐 보이고 싶을 때 감정 하나하나 담아내는 모습을 봤다.

차별화는 사용자가 인식하는 가치에 따라 성공과 실패로 나뉘는 전략인 만큼 '고객이 무엇을 원하는지 파악하고 이를 충족 시켜주는 것'이다. 내가 원래 가지고 있는 팀원들과의 관계를 지속적으로 유지할 수 있는

〈멀티카메라 촬영 앱 '릴레이'〉

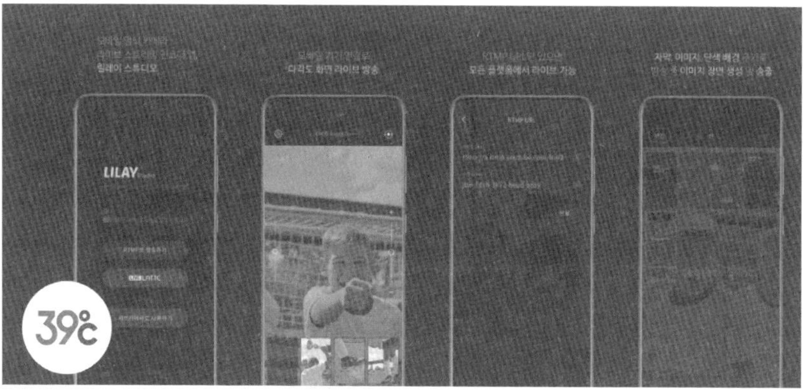

출처 : 삼십구도씨 홈페이지

생활 태도에 대한 차별화가 없다면 프로젝트를 이용해 업무 차별화를 만들어낼 수 있다.

- 소재를 섞는다.
- 잘나가는 기업과의 연결관계를 맺는다.
- 맞춤형 소재를 생산한다.
- 복잡한 것을 쉽게 구성한다.
- 이용하게 유도한다.

'이 프로젝트는 다른 것과 차이점은 무엇인가?'에 대한 명확한 제시를 해야 가치가 있다. 사용자의 관심은 언제나 자기 자신의 가치, 욕구, 현실에 집중한다. 아이디어를 내더라도 목적과 사명이 사용자로부터 출발해야 한다. '소외되고 어두운 곳을 볼 수 있는 눈'과 '다양하고 많은 소리를 듣는 귀'의 태도가 필요하다.

그래서 사용자의 기대와 상황에 맞게 행동을 파악하는 것이야 말로 '이 프로젝트를 왜 진행하는가?'에 대한 대답이 된다. '사용자는 누구인가?'의 질문에 내가 줄 수 있는 '나만의 차별성은 무엇인지?' 말해보자. '사용자는 어디에 있고, 무엇에 집중하는가?'

# 가상이 아닌 진짜 내 경험을 기획해라

"창조적 본능을 믿어라."

– 김정주 –

소재를 선택하기가 힘들다면, 이제 막 자료를 찾아 대충 전문가인 척, 사용자인 척, 접근하면 진짜 베테랑 전문가 입장에서는 엉성한 부분만 보이기 마련이다. 그렇기에 내 경험이 많은 소재를 선택하면 목표한 회사에 합격할 확률이 높아진다. 내가 만약 다시 취업한다면 게임 회사에 취업할 것이다. 그만큼 게임을 너무 사랑하고 미쳐본 경험이 있다.

그래서 속된 말로 무보수로 일해도 행복할 것 같다. 회사에서 본질에 집중하면서 해당 게임을 무한 번 반복해도 질리지 않고 업무를 바로 진행하기 쉽다. 게임만 했다고 합격률이 높은 게 아니고 누구나 검색하면 알 정도인 일반인 수준보다 일명 '오타쿠'처럼 누구보다 그 회사에 대해 관심이 많아야 차별화가 된다.

게임 회사에 지원하다 보면, 해당 지원 부서의 게임 플레이 유무를 물어본다. 오죽하면 100시간 게임 플레이한 지원자가 우대사항에 넣어져 있다. 최근에 크레이지아케이드 UI 픽셀아트 디자이너 공고가 올라왔는데 관심이 갔다. 나는 크레이지아케이드라는 게임을 14년 동안 했다. 올해로 23주년을 맞은 게임이다. 단순한 조작법과 승리 조건으로 온라인 게임의 클래식이라도 해도 될 만큼 아직도 많은 사랑을 받고 있다.

**크레이지아케이드 UI 픽셀아트 디자이너**

**담당 업무**

– 픽셀 애니메이션을 포함한 픽셀 기반의 캐릭터, 아이템 디자인(가능 / 속도 빠름)
– 퀘스트/이벤트 게임 UI 디자인(가능 / 속도 빠름)

**자격 요건**

경력 사항 : 경력(3년 이상)(테스트 필요 / 유사 경력 8년 / 게임 포트폴리오 제작 컨설팅)
학력 사항 : 학력 무관
– 창의적인 아이디어와 트렌디함을 갖추신 분(가능 / 만들고 싶은 세계관, 스토리텔링 다양함)
– 다른 직군과 커뮤니케이션이 원활하신 분(가능 / 경험 많음)
– 게임 내 간단한 UI 제작도 가능하신 분(가능 / 경험 많음)
– 게임 디자인 포트폴리오 첨부 필수(가능 / 제출)

**우대 사항**

– 크레이지아케이드에 이해도가 높으신 분(가능 / 게임 경력 14년 / 매우 잘하는 편)
– 게임 UI 제작 경험이 있으신 분(테스트 필요 / 작업 방식이 어렵지 않아서 바로 제작 가능)

나는 픽셀로 신규 캐릭터와 아이템을 기획할 수 있고 제작 방법을 안다. 게임 내부의 각종 이벤트 UI 제작도 해봤다. 그 이유는 수많은 디자인 제작 경험과 게임 플레이 경력이 있고, 500명이 넘는 수강생을 컨설팅하기 때문에 매번 아이디어를 생각해야 한다.

〈픽셀 플랫폼 제작〉

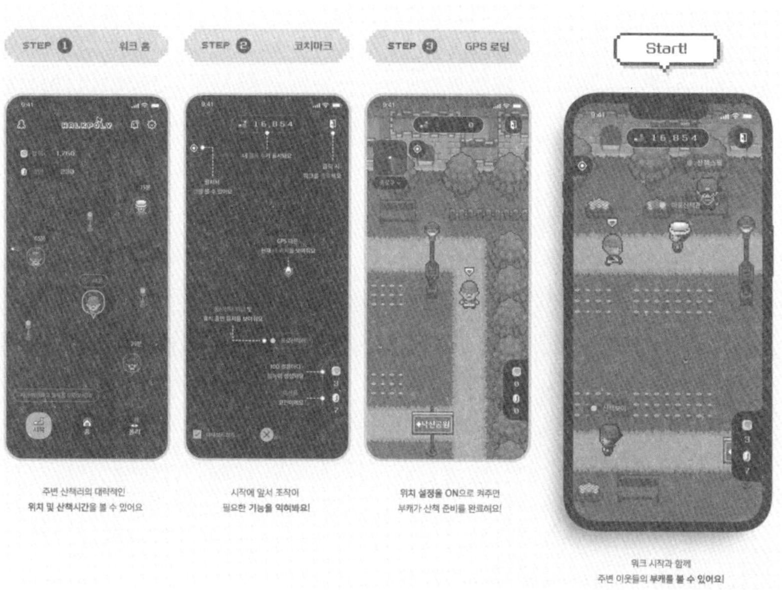

출처 : 수강생 강혜인 디자이너 작품

하지만 아쉽게도 그 외 실제 게임 회사에 근무한 경력이 없어서 실무 테스트가 필요한 상태이지만, 어렵지 않게 해낼 자신은 200% 있다면, 작은 게임 회사에 취업해 4~5년 정도 경험해보는 것도 좋다(1~2년은 한 사이클을 도는 정도이기 때문에 지속성이 떨어지는 지원자라고 생각한다).

〈크레이지아케이드 픽셀 팬아트 유튜버〉

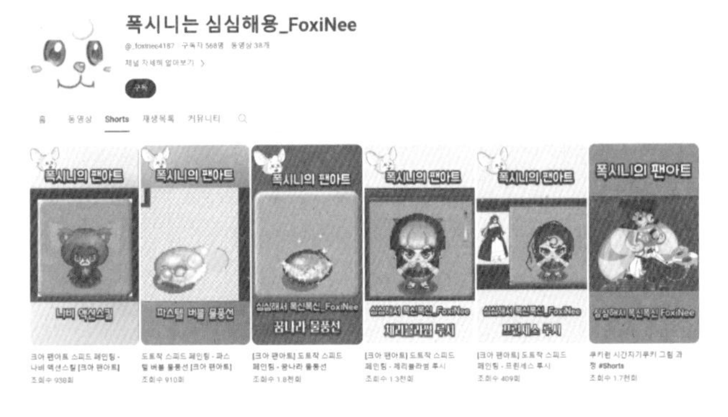

출처 : 폭시니

앞의 그림은 크레이지아케이드 게임을 좋아하면서 픽셀로 팬아트를 그리는 유튜버다. 이렇게 그 게임을 사랑하거나, 좋아하기 때문에 크레이지아케이드를 제작한 기업에 관심을 가져야 한다. 그렇다면, 넥슨에 대해서 어느 정도 알아야 하냐? 다음의 예시를 들겠다.

### 넥슨에 대해 어디까지 아는가?

제2의 디즈니를 꿈꾸던 세계 최초의 비디오 게임 발명가이자 바람의 나라를 만든 넥슨 창업자 김정주 회장은 지식재산에 대한 관심이 많다. 바람의 나라는 세계 최초의 픽셀아트로 된 그래픽 MUG 장르로 특허를 받은 게임이다. 디즈니처럼 콘텐츠를 바탕으로 지식재산 콘텐츠를 판매하는 회사를 목표로 삼는다.

발명의 첫 단추가 바로 창조, 그리고 창조의 본능을 깨우는 것이 '특허'이다. 김정주 회장은 늘 게임업계와 후배들에게 버릇처럼 '창조적 본능을 믿어'라는 말을 자주 했다. '특허를 받을 만한 게임'을 지적재산권(IP)을 지속적이게 만드는 것이 넥슨의 목표라고 보면 되겠다. 디즈니에게 자신의 회사를 매각하고 싶어 했고 그는 특허와 지식재산 중심의 기업을 만들었다. 특허 검색 사이트에서 '넥슨'을 치면 수많은 특허가 출원 및 등록된 것을 알 수 있다.

그는 바람대로 20년 11월 케빈 메이어(월트디즈니 DTCI 부문 대표)를 사외이사로 선임했다. 오랜 시간 PC 게임으로 유지했지만, 2018~2022년 가장 높은 매출을 달리고 있는 모바일 게임 시장으로 옮겨지고 있다. 기존 IP를 활용해 의존하고 있다. 단숨에 앱스토어 높은 순위에 들게 된다.

현재 외전/후속작을 출시하는 추세로 신규 IP를 선보이고 있다. 그 외 보유 게임은 던전앤파이터, 메이플스토리, 카트라이더, 서든어택, 바람의 왕국, 마비노기가 있다. 그래서 게임 쪽으로 취업하고 싶으면, '특허'를 낼 수 있는 '나만의 세계관'으로 신규 IP를 구축하는 것도 좋다.

넥슨을 목표로 접근하기 좋은 소재

- 넥슨 소재 IP 활용
- 몰입형 멀티 플레이어 온라인 게임
- 새로운 플랫폼 확장 전략(PC, 모바일, 콘솔 등)

**크레이지아케이드에 대해 어디까지 아는가?**

내가 좋아하는 크레이지아케이드는 2001년에 출시해서 올해로 23년

된 게임이다. 2023년 6월, 최근 성수동에 팝업 스토어 공식 오픈을 시작했다. 2017년에 먼저 출시된 '슈퍼 봄버맨 R'처럼 상대방과 폭을 두고 싸우는 방식이다. 하지만 블록이 틈이 없어 플레이의 자율성은 떨어져 답답한 플레이로 이어진다. 그래서 블록의 틈이 많아 폭을 이어 각종 연사가 가능한 크레이지아케이드를 하면서 '슈퍼 봄버맨 R'을 더 이상 할 필요가 없어졌다.

넥슨이 보유한 게임 중 크레이지아케이드 세계관은 캐릭터 설명 도감만 있을 정도로 비교적 조촐하다. 그만큼 진입장벽이 낮다. 굿즈 판매율이 저조한 이유는 캐릭터에 애착성이 없다. 하지만 크레이지아케이드를 안 하더라도 배찌, 우니, 다오의 존재는 알고 있다. 하지만 무엇 때문에 '배찌'가 '졸린 눈'을 하고 있지? 하며 궁금함은 여전히 가지고 있다.

'뽀로로'처럼 '노는 게 제일 좋아' 유아용 타깃으로 바꿔 세계관을 업그레이드한다면 충분히 대중 캐릭터로 자리 잡을 수 있다고 확신한다. 예를 들어 '배찌'는 '모든 게 귀찮고 드러누워 자는 게 제일 좋아'로 게으른 성격의 어린이가 타깃이 된다. '다오' 같은 활발한 친구가 집으로 매일같이 찾아와 밖으로 놀러 가자고 조르면, 그 하루는 다양한 놀이가 펼쳐진다. 그렇게 매일 아침 8시 TV에 나온다면 더 이상 뽀로로를 찾지 않게 될 거다.

현재의 크레이지아케이드는 신규 캐릭터를 만들고 있다. 만약 내가 기획했다면 신규 캐릭터를 만드는 것보단 기존 캐릭터를 살려 IP를 확장하는 방향으로 풀어내는 게 좋다고 생각한다. 나중에 그들이 커가면서 '익숙한 습관'을 만들어 게임까지 하게끔 유도하는 것을 목표를 잡고 말이다.

만약 기존처럼 신규 캐릭터를 출시한다면 '소닉 더 헤지옥'처럼 매력적인 '인기용' 캐릭터를 만들어 팬을 보유한다. 하지만 캐릭터를 '팬 활동'할 수 있는 요소는 많이 없어 보인다. 소닉에서 고슴도치 사이 두더지인 '너클즈' 캐릭터를 좋아한다. 캐릭터 중 유일하게 손에 가시가 달려 벽을 탈 수 있고 부술 수 있다.

반면 크레이지아케이드는 캐릭터가 달라도 기술이 비슷하다. 물풍선 하나를 더 놓거나 빨라지거나 잠깐 유령처럼 사라진다. 이 게임 캐릭터를 보유한 사람만 능력이 특별해진다. 생각보다 사용자들은 같은 선상에서 '실력'을 뽐내고 싶은 게 크기 때문에 캐릭터의 색다름보단 '서로 공평하면서 예측성을 지닌 기술'에 집중해서 만들어야 한다.

그 이유는 한 맵을 길게 '보글보글 스노우'처럼 스테이지로 깨는 게 아닌 한판하고 끝나기 때문에 '상징'에 대한 캐릭터 애착이 적고, 상대방과 싸우는 단순한 게임이 된다. 이렇게 되면 사용자가 없으면 망하는 게임이다. 게임을 하는 대상을 매번 찾아다녀야 하고 있어도 가물에 콩 나듯 기다려야 한다. 나중에 버럭이와 쫄쫄이 꼬마 몬스터를 물리치고 대왕문어를 잡으면 승리하는 '문어 대 습격'이 나왔다. 하지만 '메탈슬러그 1945'처럼 깊이 있는 스토텔링이 있진 않아 '가벼운 진입장벽' 크레이지아케이드답다. 한 맵만 계속하면 어느샌가 재미있는 상대방이 없는 경우 쉽게 질린다.

반면 모바일 버전은 크레이지아케이드의 기본 틀을 유지하고 있다. PC에서의 게임 경력이 있는 사용자는 쉽게 접근할 수 있고 플레이 노하우가 있지만, 방향키로 키보드로 누르는 것이 아니라 스마트폰의 터치 화면으로 누르기 때문에 손맛이 줄어들고 물풍선이 원할 때 눌러지지 않아서 답답함 감이 있다. 크레이지 아케이드는 한 번 캐릭터를 물 폭탄으로 터트리면 종료되지만, 모바일 크레이지 아케이드는 5번 물풍선을 터트려야 한다.

솔직히 빠르게 플레이하는 것이 아니고 캐시 아이템을 사용하면 물 폭탄에서 벗어날 수 있으니 서로 캐시 아이템을 다량 가지고 있으면 점점 게임이 지루해진다. 기본 대전게임 외에도 16명에서 최후의 1인이 되는 다양한 버전도 있다. 내가 만약 모바일을 기획하게 된다면 '몰입형'의 스토리텔링 방식과 수동형+자동형 선택형으로 바꿔 색다름을 줄 것이다.

### 크레이지아케이드 사용자 입장으로 바라보고 있는가?

사용자 관점에서 즐겨하는 게임 퍼널에 대해 설명하는 건 쉽고 재밌다. 항상 말하는 거지만 맞고 틀린 건 없다. 내 생각을 재밌게 말할 뿐이다.

| 1. 온보딩 과정의 분석 결과 |
| --- |
| 넥슨 플러그 - 통합아이디 로그인 - 게임 시작 - 최근 접속 아이디 자동 선택 뒤로 가기 - 재로그인 팝업 확인 - 게임 로그인 화면 - 통합아이디 로그인 - 아이디 선택<br><br>① 게임 접속하기까지 대략 20초가 걸린다(로딩 시간이 있는 편).<br>② 게임 아이디 바꾸고 싶을 때 상당히 번거롭다. |

③ 사용자는 몰래 아이디를 만들어 주로 쓴다.
④ 게임이 안 되는 경우 아이디를 바꿔서 들어올 가능성이 있다.
⑤ 버려지는 아이디가 많다.
⑥ 통합 가입된 메일로 아이디 안 쓸 경우, 휴면 정지 경고성 EDM을 보내는 게 좋다.

## 2. 고인물이 퀘스트, 이벤트를 이용하지 않는 이유

크아게시판 팝업 (각종 이벤트) – 다음 로그인까지 보지 않기(대략 5초)
퀘스트 이벤트 팝업 - 오늘 하루 열지 않기(대략 5초)

① 게임 플레이만 하는 유형은 이벤트 팝업창을 끄기 바쁘다.
② 게임만 하는 사용자는 어딘가 소속이 되고 싶은 게 목적이다. '리그오브레전드'처럼 팀전으로 참여한 '사람들에게 게임을 잘한다고 주목'을 받고 싶은 게 크다. 그래서 각종 이벤트가 아닌 다른 경로로 현질 한다.
③ 길드에 가입하기 위해 (다음카페 가입 - 실력 테스트 - 통과 - 아이디 만들기) 과정을 거치고 소속감을 주기 위해 길드 아이디와 메신저, 길드 배경을 맞춘다. 길드 배경은 고급 아이템을 맞추는 경우가 많아 쉽게 구하기 힘들다. 빠르게 맞추기 위해 한 시간 만에 현금 결제를 한다.

## 3. 게임 참여 과정 분석

자유 채널1 - 방(올노팁뽑) 클릭 - 게임 대기실 - 플레이 시작

① 방장이 게임 규칙을 방 제목에 적는다.
② 방 잡기 힘들다(자유에서 올노팀뽑 규칙을 정해도 몰래 아이템을 사용하는 경우가 있다).
③ 규칙을 어기면 강퇴당한다(시스템에 세부 세팅 장치를 걸어주면 좋을 것 같다).
④ 한번 방을 잡으면 4~6시간 오랜 시간 게임을 한다(맵이 바뀌지 않는다).

자유 채널이지만 방장이 규칙을 만들어 방제에 써두고 플레이한다. 크게 아이템전, 노템전이 있다. 그리고 랜덤으로 다양한 맵을 즐기는 사람도 있지만, 해적 14맵만 고정을 해놓고 그 맵만 하는 유저가 더 많다. 규칙을 잘 모르면 게임에 끼워주지 않는다. 게임의 숙련도가 올라가면 걸치기, 2연사, 반폭, 꺽닷, 일자, 양궁 등 다양한 스킬을 선보일 수 있는 전략 게임이다.

이렇게 사용 경험이 많으면 따로 UX를 공부하지 않아도 된다. 만약 크레이지아케이드 팀에 합류하려고 포트폴리오를 준비한다면, 실제 게임 경력이 있으면 좋다. 채용공고에 나와 있는 것처럼 결과물을 픽셀로 제작해서 가야 한다. 신규 캐릭터를 픽셀로 만들거나, 좋아하는 캐릭터 표정, 배경 세트 등 콘셉트를 잡고 판매할 아이템을 만들면 된다.

예를 들어 '배찌'의 '캐릭터 표정'을 만든다고 가정하면, 인기 있는 아이템을 분석한다. 대왕문어 표, 산타 표, 원숭이 표, 미아라 눈처럼 화려하고 못생긴 표정보단 사용자를 살펴보면, 째눈, 흰피, 검피, 바니 표, 근엄 표처럼 깔끔하고 평범한 스타일을 자주 하고 다니는 걸 볼 수 있다. 배찌 표정에서 가장 비싼 '땡표'는 현금으로 60만 원 한다. 그렇다면 당신은 어떤 타깃으로 만들고 싶은가?

- 신규 캐릭터 픽셀 제작하기
- 기존 캐릭터 아이템 제작하기(물풍선, 캐릭터 표정, 배경 세트, 날개, 특수효과)

〈크레이지아케이드 픽셀 표정 만들기〉

출처 : 넥슨 크레이지아케이드

# UI 패턴은 기본,
# 사용자 테스트가 해답이다

"그 여정이 바로 보상이다."

— 스티브 잡스(Steve Jobs) —

왜 UI 패턴(반복적으로 디자인이 되는 구간)은 기본으로 지켜야 할까? 회사에서는 '기본을 매우 중요시'한다. 패턴 하면 딱 떠오르는 것이 계속해서 반복되는 무늬다. 그래서 패턴화 작업은 '만든 것을 지속적으로 꺼내서 쓸 수 있도록 통일시키는 작업'이라고 말한다. 명칭의 맞고 틀림이 중요한 게 아니라, 팀(구성원)과 같이 쓸 수 있는 환경을 만들었는지 보는 것이다.

그래서 패턴화 작업은 나 말고 다른 구성원들이 만져도 무리 없게 만드는 것이다. 실력 타령할 필요 없다. 무시하듯 '아니 저것도 모르나? 알아서 익혀'가 아닌 통합해야 한다. 언어란 시간이 지나면 변한다. 그래서 팀과 조율하고 맞추고 따르면 유행이 된다. 그래야 팀의 문화가 생긴다. 디자인 시스템과 컴포넌트 명칭은 참고할 것이 많아서 버튼 구성요소의 이름을 정해서 만들면 된다.

〈재료를 모아 컴포넌트 명칭을 기록하는 과정〉

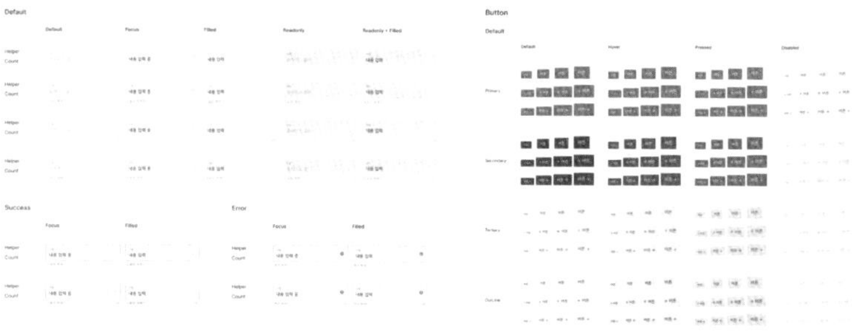

출처 : 수강생 박소연 디자이너의 작업물

보통 '사용자의 행동 따라 UI를 반영하는 경우'가 많다. 예를 들어 보통 버튼이 크게 활성화, 비활성화 상태로 나눠지는데, 디폴트(Default, 움직임이 없는) 값을 활성화(움직임이 있는)로 할 것인지 아닌지 정답이 없고, 일일이 '수작업'을 통해 깨달아야 한다. 보통 시행착오 과정을 건너뛰고 싶어한다. 그래서 빨리 끝내고 빨리 취업하기 위해 정답을 요구하는 경우가 많다. 다양한 앱을 사용해보면 같은 맥락에 약간 다른 차별점이 존재한다. 더 나은 사용성을 제공하기 위해서다. 그래서 나는 시간이 걸리더라도 과정에 집중한다.

밀턴 글레이저(Milton Glaser)는 '디자인은 예술과 무관하며, 디자인은 기존 상태에서 바람직한 상태로 이행하는 과정'이라 말한다. 나쁜 건 좋게,

사용하기 어려운 건 편리하게, 이해하기 어려운 건 쉽게 보이는 게 목적이다. 바뀌는 게 없다면 디자인 가치는 떨어진다. UI의 목적은 기능과 작용을 계속 써봄으로 과제를 해결하고 새로운 안내법을 찾아 제안하는 것이다.

- 비활성화(버튼 작동이 꺼진 상태) 버튼을 누르면 다음 단계로 나아갈 때 어떻게 변하는지
- 버튼만 눌러서 해결할 수 있는 환경에서 버튼의 형식이 변하는지
- 인증 절차에 인증 번호가 필요하면 이 절차에서 어떻게 전달할 건지
- 각 기능 버튼에 의미가 있는지

애매모호한 질문의 답과 가까워지기 위해 사용자 테스트를 해야 한다. 강의할 때도 '사용자 테스트를 하면서 디자인 작업을 했습니까?'라고 물어보면, 생각보다 그렇지 않은 수강생이 많다. 그 이유는 UI를 할 때 사용자 테스트를 귀찮아한다. 일종의 '부담감' 때문이다. '제품이 완성되지 않았으니, 나중에 테스트해야지'라며 결과가 나올 때까지 테스트를 미룬다.

UI 디자이너도 완벽한 디자인 작업물이 갖춰졌을 때 피드백을 받으러 온다. 이렇듯 몇 가지 시안 제시와 방향성을 잡을 때도 많은 시간을 투자해 완성에 가깝게 만든다. 반쯤 완성된 디자인을 보여주기 싫어한다. '완벽함'보다는 '가변성'에 집중하는 게 좋다. 언제든지 문제가 터지면 바꿔야 하고 다시 시작해야 하며 규칙이 변경될 수 있다.

여기에 엄청난 집착을 하지 않아도 된다. 보통 UI를 테스트하는 질문

은 디자이너가 '작업하는 습관'을 유심히 보는 것이다. 사실 습관만 바꾸는 데도 시간이 걸리고, 고쳐지지 않았을 때는 실력을 떠나서 팀에 합류하지 못하는 이유가 되기도 한다.

혼자 습관이 위험한 이유

- 혼자 했다는 것을 강요함(사회성이 없음).
- 내가 더 많이 했다는 것을 강요함(기여도를 조작할 확률이 높음).
- 구성원들이 필요 없다는 것을 강요함(비협조적인 태도를 가짐).
- 자료 공유하는 것을 싫어함(위험을 너무 따져 손해 보는 것 자체를 싫어함).
- 내 능력만 과시함(건강한 경쟁이 아닌 팀원들을 기죽이는 성향).

사용자 테스트는 '내부 구성원'끼리 테스트해도 충분하지만 보통 학원이나 과외로 교육받은 수강생은 처음부터 끝까지 함께 만든 강사를 '구성원' 취급하지 않는다. 방향성을 제시하는 사람이면 프로젝트 리더로 모셔라. 단 프로젝트 리더는 딱 한 분만 모셔라. 내가 말하는 건 포트폴리오의 피드백을 전체적으로 끌고 가고, 봐주는 사람을 따로 둔다는 거다. 이 방식은 방향성이 흔들린다. 방향성이 흔들릴 땐 갑자기 바꾸거나 혹은 갑자기 포기한다. 이 선택지밖에 없다. 모객해서 얻은 테스트용 사용자면 괜찮다.

그래서 굳이 외부 '주도권'을 가진 구성원을 따로 두어 테스트한다. 그럴 필요 없다. 많은 피드백을 받는 것이 중요하지만, 이것 또한 함정이다. 내부 소문을 외부인과 공유할 가능성이 있다. 소속감이나 팀의 능력을 무시하거나 신뢰하지 못하니 조직 운영에 어긋나는 행동이 나온다. 외부 사람보다는 내부 팀에 집중해야 좋다.

어도비 클라우드의 '모든 UX 디자이너가 알아야 할 15가지 원칙'에 따르면 '여러분은 사용자가 아닙니다. 스스로 사용자라고 생각하고 디자인하면 위험합니다'라고 말한다. 초보 디자이너들은 이 글을 잘못 해석한다. '스스로 사용자라고 생각하는 것'은 자신을 '페르소나(사용자로 지정한 대상)' 대상으로 두면 틀렸다고 말한다. 나는 여기서 '페르소나' 대상을 나로 둬도 무방하다고 주장한다. 자신이 사용자의 대상 안에 포함될 수도 있기 때문이다.

그래서 잘못 해석하면 잘못된 판단을 할 경우가 많다. 대부분 '사용자라고 생각한 적 없는데'라며 공감하지 못한다. 그러면서 생뚱맞게 접근하기 때문이다. 여기서 말한 핵심은 '주도권은 이 프로젝트를 진행한 팀 구성원 모두에게 있다. 소통해라!'다. 중간 과정을 보여주지 않기 때문에 어떤 피드백과 루프 없이 혼자 오래 작업한 디자이너들이 많다. 오래 혼자 작업하다 보면 말 한마디로 다시 백 디자인(진행하고 있는 것을 버리고 새롭게 시작함)을 할 가능성이 있다.

완성되지 않은 과정을 보이기 부끄럽다. 수정을 해야 하는 것도 자존심 상하는데, 못난 과정까지 보여주면 치부를 보여준 것과 다름없다. 인정욕구가 발동되어 이상한 '주도권'을 지키고 싶어 한다. '명색이 디자이너인데 계속 물어보면 자격이 박탈당할 거야!' 속으로 생각한다. 그러면서 '이 방식이 맞는 건가?' 동시에 고민한다. 하지만 일찍 문제를 감지해 피드백을 받으며 과정부터 꾸준히 수정해나간다면, 나중에 시간을 절약할 수 있다.

내가 어디까지 정확하게 알고 있는지 점검하기

- UX의 기반한 UI 작업을 할 줄 아는가?
- UX 관점으로 UI의 놓친 부분들을 잡아줄 수 있는가?
- 말 한마디로 수정이 계속 이루어질 수 있고, 한 번에 엎어질 수 있다. 괜찮은가?
- 우리 회사에서 쓰는 용어가 있는데, 맞춰줄 수 있는가? 없으면 정립해줄 수 있는가?
- 이 프로젝트에서는 리더로 참여했는가? 수행자로 참여했는가?

이렇듯 패턴과 사용성 테스트가 중요하다는 것을 인지했으면, 실행하면 된다. 그만큼 UX의 핵심이 UI이다. 로그인 과정 중 아이디를 메일주소로 입력하거나 가입된 SNS URL을 연결해서 로그인하는 방식이 있다. 여기에 만약 비밀번호를 입력하지 않고 가입한다면, 가입된 SNS URL 방식을 선택할 것이다. 그리고 메일 수신 여부를 비밀번호 대신 사용한다. 비밀번호를 입력할 필요가 없어진다.

UX 사용성이 훨씬 편리해졌음을 알 수 있다. 여기에 UI 부분은 따로 놓고 볼 줄 알아야 하며, 놓친 부분을 점검해야 한다. 예를 들어 로그인 버튼을 빨간색으로 쓰면 경고나 삭제의 의미가 있어 로그인 오류가 났을 경우 색깔이 비슷해 혼란을 줄 수 있다.

채용 시 고려되는 능력

- UI 그래픽 디자인 실력
- 생산 공정 모니터링
- 프로토타이핑
- UX 디자인
- 인간공학이 적용된 사례
- 퍼실리레이션(쉽지 않은 것을 쉽게)
- 사용자 조사
- 글쓰기 실력

UI 그래픽 디자인 실력으로 이를 표현해줄 수 있어야 하며, 생산 공정 모니터링이 절대적으로 필요하다. UI 그래픽 디자인 실력, 생산 공정 모니터링, 프로토타이핑, UX 디자인, 인간공학이 적용된 사례, 퍼실리레이션, 사용자 조사, 글쓰기 실력 순으로 능력 있는 사람을 채용한다. 인터페이스에 인간공학적인 논리가 되는지 테스트 목표를 구체적으로 작성해야 한다. 그래서 UX와 UI를 별개로 볼 수 있는 능력이 필요하다. 예를 들어 충분한 대비가 준비되어 있는지, 색상과 함께 아이콘을 활용했는지, 기능적으로 색상을 사용했는지 물어보는 과정도 필요하다. UI도 예외는 없다.

진행 과정 기록하기

- 대표 사용자를 어떻게 모집했는가?

- 대면 테스트를 어떻게 활용했는가?(참견 금지, 판단 금지, 설명 금지, 끼어들기 금지)
- 행동을 어떻게 관찰했는가?

〈사용자 테스트 과정〉

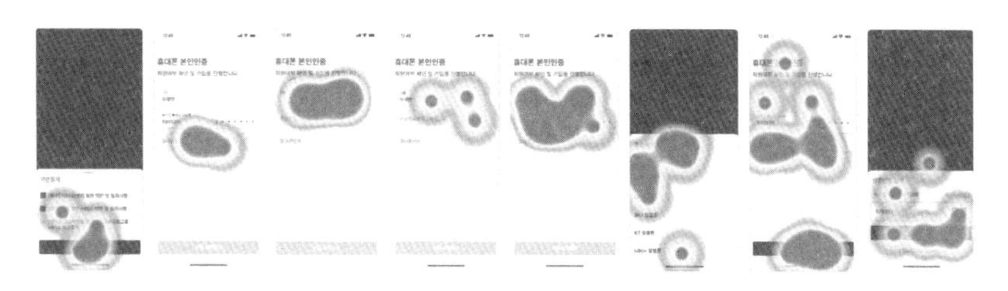

출처 : 수강생 박소연 디자이너의 작업물

MAZE 프로그램을 이용해 총 13인을 모집했다. 예상 이탈 지점을 설정해 플로우를 테스트하는 과정을 거쳤다. 응답자의 행동을 관찰하고, 다양한 의견을 받아 MVP 기능을 구체화할 수 있다.

# GUI는 완성된 요리와 똑같다

"디자인은 어떻게 보이는가 뿐만 아니라
어떻게 동작하는가에 관한 것이다."
– 스티브 잡스(Steven Jobs) –

왜 GUI는 완성된 요리와 똑같을까? GUI는 그래픽 요소를 활용해 작동시키고자 하는 목표에 쉽게 도달할 수 있게 돕는 역할을 한다. 외관을 인상적으로 만들어, 많은 사용자에게 사랑받게 하는 것이 목표다. 마치 요리로 따지면, 싱싱한 식재료(UX)를 이용해서 열심히 조리(UI)한 후 플레이팅이 잘된 완성된 요리(GUI)가 나와야 한다. 요리사가 음식을 마무리하는 과정을 보면 그릇에 묻은 양념을 정갈하게 닦아내는 것처럼 마무리 과정도 필요하다.

미식가(사용자)들은 사전 예약부터 이동 거리(앱 다운로드)와 도착까지 귀찮은 과정(로그인과 가입)을 뚫고 결국에는 이곳(홈 구간)에 오길 잘했다는 생각이 들어야 한다. 인스타에 올리고 싶을 정도로 감탄하는 자태가 나와 사진을 찍고 분위기를 즐기면서(GUI) 맛있게 먹어야(기능) 한다.

*미식가 : "맛있을 거 같아 보이네."*
*사용자 : "잘되어 있어 보이네."*

대상 목적이 사용자에게 초점을 맞추다 보니 단순히 예쁘게 만들기보다는 GUI 구간에서 비주얼로 UX를 잡아야 한다. UX 설계 단에서는 놓치는 부분이 반드시 있기 마련이다. UI에서 꼼꼼하게 분석해서 놓친 부분을 잡고, GUI에서 이상한 곳이 없는지 마지막 놓친 부분을 다시 한번 더 확인하고 마무리한다(3번의 공정 단계).

〈계좌 입력과 은행 선택 리스트〉

출처 : 수강생 박소연 디자이너 제작

다양한 기기들이 등장하고, 운영체제가 다양해지면서 GUI의 중요성이 높아지고 있다. 아무리 좋은 기능을 가진들 GUI 디자인이 허술하다면, 멋이 없는 느낌이 든다. 3대가 운영하는 맛집이라고 했을 때, 음식은 맛있지만 허름한 공간이라면 굳이 인증 사진을 남기지 않는다. GUI 디자인은 마지막에 뿌려지는 양념과도 같은 존재다. 그것을 넣느냐 안 넣느냐에 따라 맛이 극명하게 갈린다.

커피가 맛있어도 인테리어 공간이 안 예쁘면 오래 머물고 싶은 생각이 없어진다. 반면 인테리어 공간이 예쁘면 먼 거리에서 찾아오는 손님도 많다. 이처럼 GUI도 인터페이스 공간이 예쁘면 당연히 후광효과를 받는다. 하지만 자리가 안 좋거나 커피 맛이 그저 그렇다면 그 카페는 특별한 날에만 간다. 그래서 예쁜 것이 꼭 전부는 아니라는 거다. 빈도수와 유효기간은 문화와 기능에 달려 있다. 하지만 GUI는 기능을 쓸 때 기분 좋게 한다. 그래서 감각과 생각이 공존해야 GUI에서도 UX 디테일을 잡아낼 수 있다.

'어림짐작' 또는 대충 내린 결론이 되지 않게 휴리스틱을 이용해 일련의 규칙을 만들어놓고 잘 지켰는지 합리적인 시간 내에 피드백을 받았는지, 진행 상황의 정보를 공유하는 것에 중점을 두어야 한다. 휴리스틱은 인터페이스 디자인에서 사용성 문제를 찾기 위해 3명의 소수 평가자가 10가지 사용성 원칙으로 사용성 준수 여부를 판단한다.

UX/UI 하면 사용성을 평가할 때 자주 회자되는 제이콥 닐슨(Jakob

Nielsen)의 '사용성 10가지 원칙'과 벤 슈나이더맨(Ben Shneiderman) 의 '인터페이스 디자인의 8가지 황금룰'을 참고해서 잘 만들었는지 점검해보자. 단순 지침이 아니라 시각적으로 실천하는 게 중요하다. 각 회사의 프로덕트를 성공적으로 마무리 지을 수 있다.

| 제이콥 닐슨의<br>'사용성 10가지 원칙' | 벤 슈나이더맨의<br>'인터페이스 디자인의 8가지 황금룰' |
|---|---|
| ① 사용자에게 무슨 일이 일어나고 있는지 알게 해라.<br>② 사용자의 친숙한 단어를 사용해서 소통해라.<br>③ 실수 이전 지점에 돌아갈 수 있게 비상구를 제공해라.<br>④ 아이콘 요소의 일관성을 지키고 표준화해라.<br>⑤ 에러에 대응하기 쉽게 해라.<br>⑥ 과거의 기억 의존성보단 직관적인 인지로 실행하게 해라.<br>⑦ 사용자가 직접 효율화를 조작할 수 있게 해라.<br>⑧ 불필요한 정보는 빼서 사용자와 충돌하지 않게 해라.<br>⑨ 사용자가 오류를 인식하게 하고 복구할 수 있게 해라.<br>⑩ 정보를 쉽게 찾을 수 있게 해라. | ① 일관성 : 아이콘, 색상, 메뉴 구조, 액션<br>② 단축성 : 과업<br>③ 유용한 피드백 : 예측 가능, 위치 파악, 제공<br>④ 대화 : 추측이 아닌 정확한 인지<br>⑤ 에러 대응성 : 문제를 해결하는 방법<br>⑥ 번복 가능성 : 다양한 선택지의 같은 기능<br>⑦ 권한 : 허락 후 행동<br>⑧ 기억보다는 인식 : 연관된 힌트 작용 |

앞의 규칙을 살펴보면 사람이 한 번에 인지할 수 있는 정보에 한계가 있다는 것을 알려준다. 화려하게 디자인하면 구성 요소 수가 많으니 난잡해 보이는 이유가 된다. 화면 디자인이 전부 부각되면 인지가 약해진다. 색, 형태, 움직임에 대한 인지는 사람의 타고난 능력이다. GUI는 이 3가지에 초점을 맞춰 분석하면 좋다.

(예시1) **존 야블론스키**(Jon Yablonski)**의 ≪UX/UI의 10가지 심리학 법칙≫을 참고해 네이버 웹툰 앱을 분석해보았다.**

피츠의 법칙
네이버 웹툰
대상에 도달하는 시간
대상의 크기, 영역, 배치에 따라 사용 시간이 결정됨
대상이 크고 눈에 잘 띄면 선택에 드는 시간이 줄어듦
신호와 너비의 영향을 많이 받음
정확하게 선택하게 만들어야 함
버튼 사이 충분한 비거리가 있어야 함
클릭하게 편하게 만들어야 함
터치 사이의 권장 규격 44~48pt
버튼의 크기와 비거리가 매우 짧으면
클릭하기 불편하며 엄지를 날렵하게
세워 클릭하게 만들 수도 있음 (숙련도)
피츠의 법칙으로
행간과 패딩 값을 잡아라
네이버 웹툰
클릭 구간 확보해 편의성을 높여야 함
같은 기능을 묶음으로 버튼 영역을 확실하게 구분하게 하여
대상을 선택하는 시간을 단축시켜야 함
입력하고 끄는 버튼의 거리를
최소를 두어 두 종류의 입력 시간을
최소로 줄임 (입력필드 기능)
동작사이 간격의 행간과 패딩 값이
너무 가까우면 사용성이 떨어짐
취소
분석 결론
인터페이스를 잘 못 만들면 사용자 주의가 분산되거나, 사용하고자 하는 의지를 없애버림 (시선을 분산 시킴)
대상이 작아지고 멀어질수록 대상 선택의 시간이 늘어남 (버튼이 어디에 있지?)
화면이 작기 때문에 버튼이 다닥다닥 붙어있는 경우가 있어 불편함 그래서 피츠의 법칙을 신경 써서 작업해야함
요소의 크기를 충분히 키우고 요소 사이 넉넉한 간격을 두면 사용자가 실수하는 일이 줄어들어 정확히 버튼을 선택함

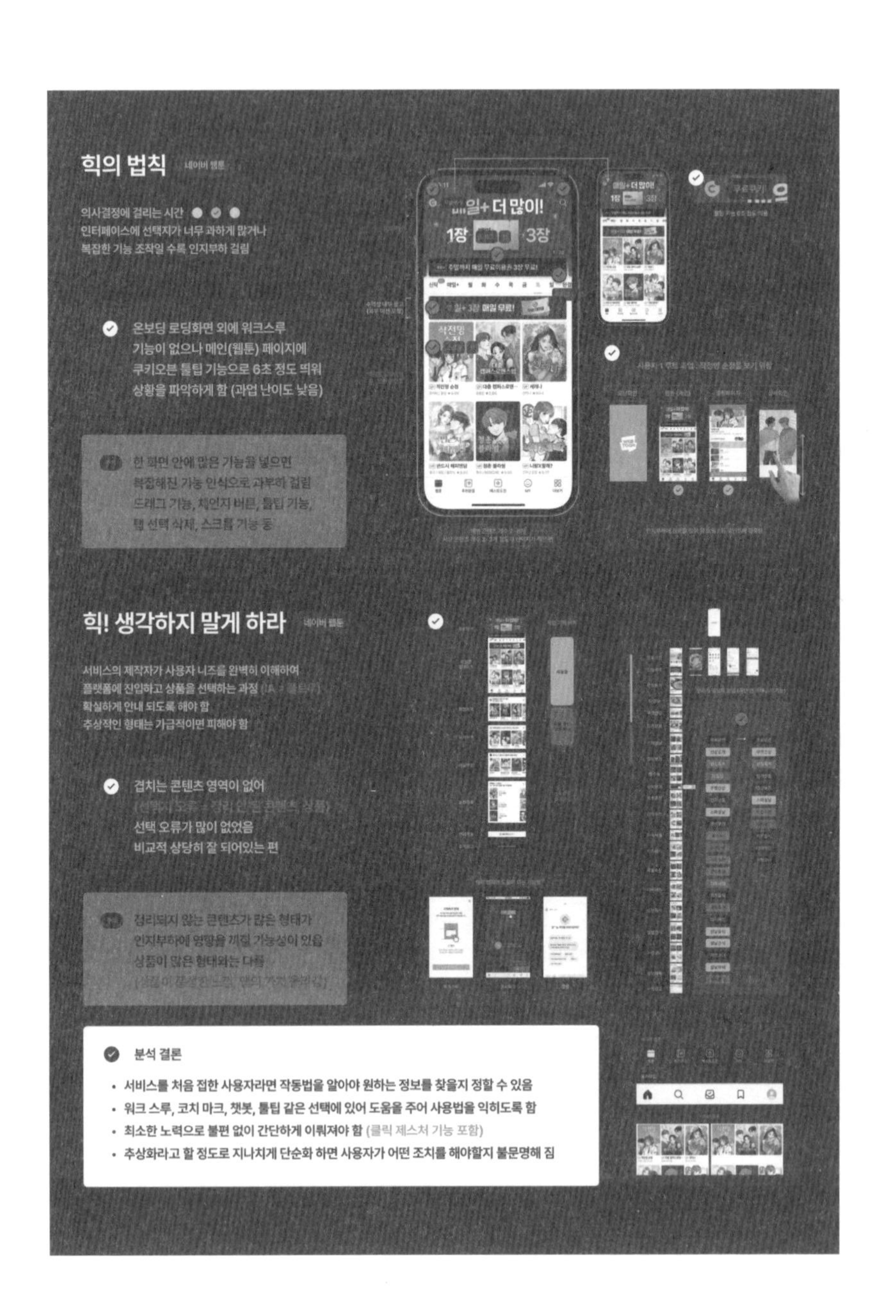
희의 법칙
네이버 웹툰
의사결정에 걸리는 시간
인터페이스에 선택지가 너무 과하게 많거나
복잡한 기능 조작일 수록 인지부하 걸림
온보딩 로딩화면 외에 워크스루
기능이 없으나 메인(웹툰) 페이지에
쿠키오븐 툴팁 기능으로 6초 정도 띄워
상황을 파악하게 함 (과업 난이도 낮음)
한 화면 안에 많은 기능을 넣으면
복잡해진 기능 인식으로 과부하 걸림
드래그 기능, 체인지 버튼, 툴팁 기능,
탭 선택 삭제, 스크롤 기능 등
일+ 더 많이!
1장
3장
희! 생각하지 말게 하라
네이버 웹툰
서비스의 제작자가 사용자 니즈를 완벽히 이해하여
플랫폼에 진입하고 상품을 선택하는 과정
확실하게 안내 되도록 해야 함
추상적인 형태는 가급적이면 피해야 함
겹치는 콘텐츠 영역이 없어
선택 오류가 많이 없었음
비교적 상당히 잘 되어있는 편
정리되지 않는 콘텐츠가 많은 형태가
인지부하에 영향을 끼칠 가능성이 있음
상품이 많은 형태와는 다름
분석 결론
• 서비스를 처음 접한 사용자라면 작동법을 알아야 원하는 정보를 찾을지 정할 수 있음
• 워크 스루, 코치 마크, 챗봇, 툴팁 같은 선택에 있어 도움을 주어 사용법을 익히도록 함
• 최소한 노력으로 불편 없이 간단하게 이뤄져야 함 (클릭 제스처 기능 포함)
• 추상화라고 할 정도로 지나치게 단순화 하면 사용자가 어떤 조치를 해야할지 불분명해 짐

(연습 1) **사용성 10가지 법칙을 이용해 GUI를 분석해보세요**(어떻게 일관성을 지키고 있는지? 색, 형태, 움직임을 예측하고 작성하세요).

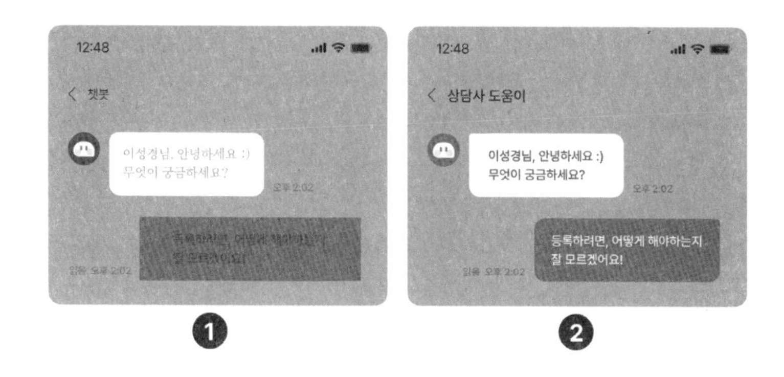

(연습 2) **위 두 가지 지침의 공통된 부분을 섞어서 GUI를 분석해보세요**(직접 조작이 가능한지? 기능 해제가 어떻게 가능한지? 어떻게 직관적인지 작성하세요).

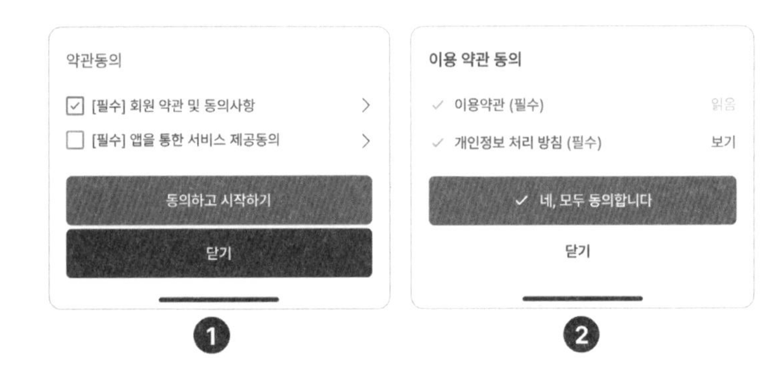

실무를 하다 보면 회사마다 약간씩 차이는 있겠지만, 이제 막 세워진 신생 스타트업에 취업한 디자이너들의 경우 '디자인 퀄리티'에 만족하지 못해 이직을 많이 한다. 시기 자체가 GUI보다는 사용성을 기반한 UX 설계를 중요하게 생각할 수밖에 없다. 예쁜 것도 중요하지만 UX를 더 신경 써서 설계해야 외부 검증을 빨리 받을 수 있다. 그래서 구축 디자인을 할 때 속도 측면에서 빠르게 끝내줄 수 있는 디자이너를 원한다.

GUI를 하고 싶은 디자이너들은 1차 베타테스트(외부 검증)를 위한 과정의 디자인인지를보라. 이때는 강도 높은 GUI보다 형식적인 UI를 하는 게 맞다. 가닥이 나오고 나서야 디자인을 제대로 할 수 있는 판이 만들어진다. GUI 디자인 작업은 한 번에 끝나지 못한다. 예상치 못한 끊임없는 오류들이 발생한다.

2차 업그레이드를 하는 과정에서는 UX를 갈아엎을 생각을 하고 '전문가'를 부른다. 처음부터 완벽한 디자인을 만들기보다는 주문서에 맞는 요리를 정확하게 해줘야 한다. '기간과 시기'에 맞춰 어느 정도 타협해주자. 지속적으로 수정하고 발전하는 좋은 GUI를 보여줘라. 재료가 좋으면, 요리가 맛있어질 확률이 높다.

UI/UX 디자이너 기술을 테스트할 수 있는 게임

- UI 연습 - https://cantunsee.space/
- 색 감각 연습 - https://color.method.ac/
- 펜툴 연습 - https://bezier.method.ac/

- 서체 자간 연습 - https://type.method.ac/
- 픽셀 연습 - https://pixact.ly/
- 계층 구조 연습 - https://boolean.method.ac/

## CHAPTER 3 SUMMARY

- 당신은 완벽할 수 없음을 인정해라. 내 의견이 틀릴 수 있다. 열린사고를 가지자.
- 부족한 점을 상호보완하고, 상대방을 존중하고 배려하자.
- 윈윈(Win-Win)을 추구하자(회사, 부서, 동료, 가족, 친구).
- 자기 객관화를 해라. 당장 내 실력에 바로 이룰 수 없는 것이 존재한다. 천천히 단계별로 수행해라.
- 프로젝트를 끝까지 수행해라. 만약 끝까지 하지 못했다면 누구의 책임인가? 회피할 것인가? 마주칠 것인가?
- 부정적인 마음은 실패 전략을 쌓는 것이다. 성공 전략은 스스로 세우고 집중하고 몰입한다.
- 지속시키는 힘이 중요하지만, 같은 업무만 반복하고 있다면 위험하다. 최적화된 업무 전략을 계속 고민해야 한다.
- 떠먹여주기를 원하는 자세를 가지고 있다면 회사에서 살아남을 수 없다.
- 모방으로 끝나면, 도둑놈이 된다. 자신만의 색깔을 갖추는 것만으로도 차별화가 된다.
- 절대로 남 탓을 하지 마라. 책임을 누군가에게 전가하지 마라. 이런 사람과는 절대 함께할 수 없다.

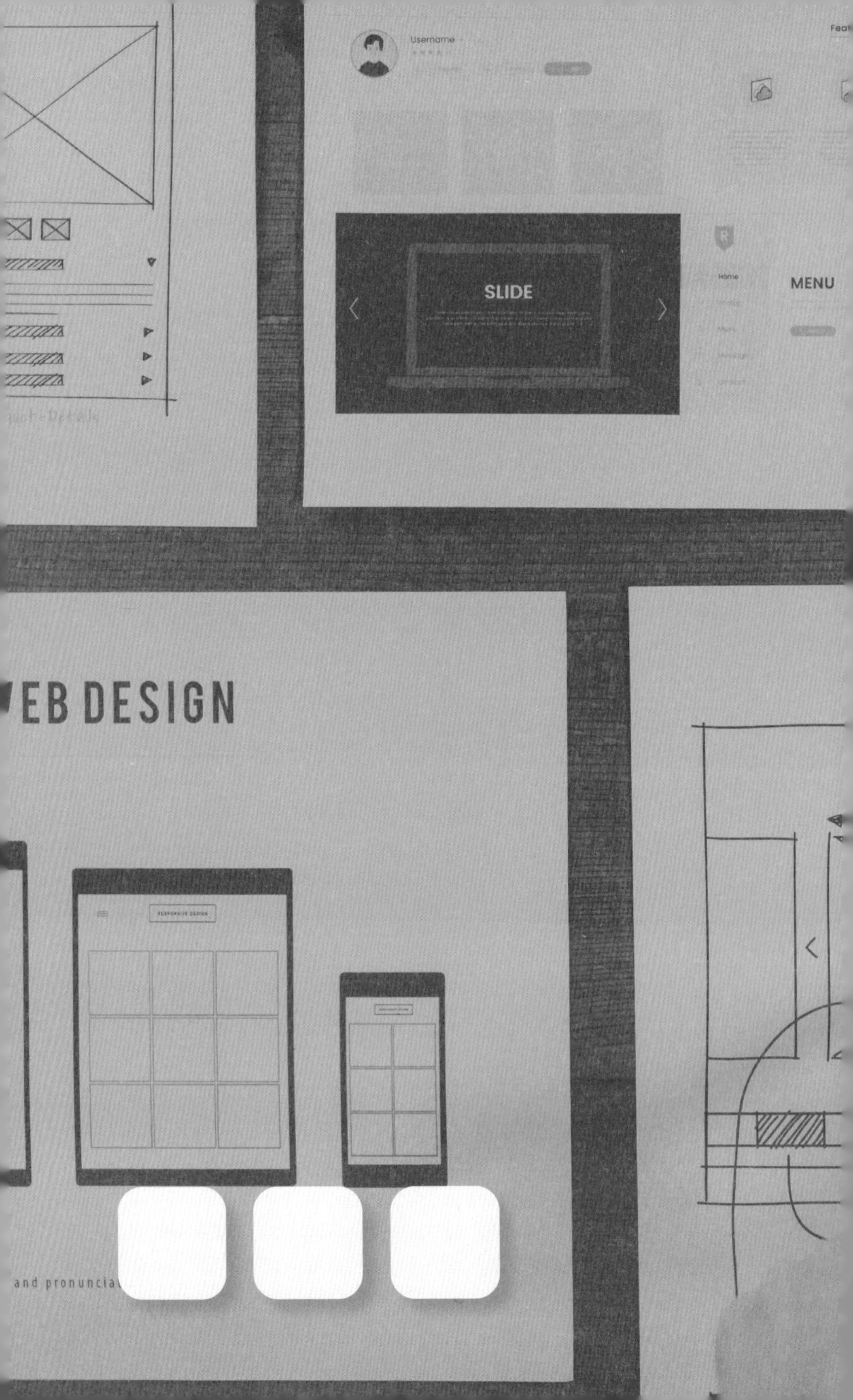
Username
SLIDE
MENU
Home
EB DESIGN
and pronuncia

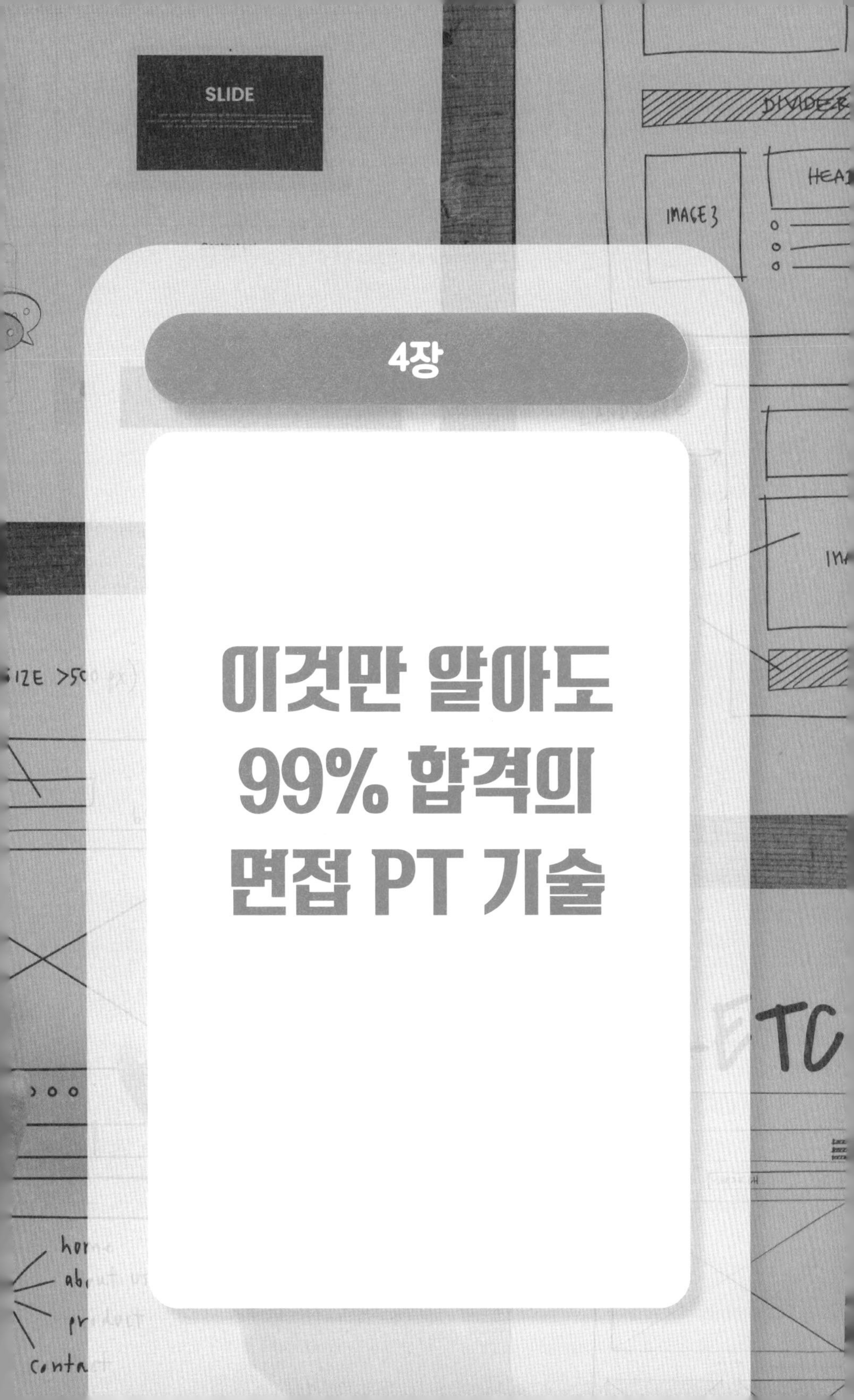

# 4장

# 이것만 알아도 99% 합격의 면접 PT 기술

# PT 초보들이 자주 하는 실수 패턴

"나는 시간의 75%를 핵심 인재를 찾고, 배치하고, 보상하는 데 썼다."

— 잭 웰치(Jack Welch) —

PT 초보들이 자주하는 실수 패턴이 궁금하지 않은가? 우리가 포트폴리오 PT 발표를 왜 하는지 개념부터 정리하고자 한다. 취업을 준비하다 보면, 예측하지 못한 상황들이 발생한다. 이상하게 같이 준비한 친구보다 실력으로 봤을 때는 내가 더 잘하는 것 같은데, 친구는 붙고 왜 나는 떨어지는지 궁금할 것이다. 여기서 'PT의 본질'에 대해서 확실히 이해한다면 어떻게 대처하고 발표하면 되는지 알 수 있다.

만약 서류에 우연히 붙었다고 해도, 그다음으로 이루어지는 대면 테스트를 '될 대로 되겠지' 안일하게 생각하고 준비하는 경우가 많다. 사업을 게으른 자세로 운영하는 기업에나 통할 수 있겠지만, 이 책을 보고 있는 여러분은 괜찮은 기업의 취업을 준비하기 위해 펼쳤을 것이다. 그렇다면 준비하는 자세가 보통 사람의 준비와 같아서는 안 된다.

PT를 준비하기 전에 '포트폴리오'의 사용성에 대해서 알아보면, 포트폴리오는 단순히 자신이 살아오면서 경험한 것을 보기 좋게 나열한 것을 말한다. 회사에 포트폴리오로 '나'라는 상품을 보여줌으로써 '연봉'을 측정하기 위한 테스트에 임하는 것이다. PT는 '얼굴을 맞대며, 사실 확인'을 하기 위해 다시 재평가한다.

그렇다면, 포트폴리오에 만든 작품이 진정으로 자신의 실력이라고 자부할 수 있는가? 그렇게 자신만만하면서 대학교나 학원에서 도움을 받은 것을 왜 감추려고 하는가. 혹은 인터넷에 떠도는 작품을 그대로 카피해서 가져온 것은 아닌지? 사실을 들춰보면, 자신이 했던 과정을 최대한 부풀리고 과장해서 멋진 일을 해낸 것처럼 각색하려고 애쓴다.

진정 여러분의 힘으로 만들었는지 묻고 싶다. 회사도 얼굴을 맞대고 그 사실을 확인해보는 것이다. 거짓으로 꾸미더라도 면접관의 매의 눈을 속일 수는 없을 것이다. 이력서로도 근면 성실하지 않거나, 게으르거나, 이직하는 상황이 도피성 지원이라는 '사실'을 알아차릴 수 있다. 그래도 PT의 기회를 주겠다고 했다면, 어떤 마음으로 포트폴리오를 수행했는지 자기의 경험과 생각을 들어보겠다는 마음이다.

즉, 얼마나 디자인을 잘하는지 자랑할 게 아니라 업무를 대하는 태도를 잘 보여줘야 한다. 면접관은 날카로운 질문을 통해 형식적으로 시시하게 답변하는 지원자의 행동에서 어색한 침묵이 흐르는 상태로 유도한다. 거기서 반쯤 거짓으로 포장한 지원자의 행동을 찾아내 간파한다. 시각적인 성과물을 이용해 지원자가 성과를 창출할 능력이 있는지, 다음의 3가지를 통해 파악하려고 한다.

• 직무 역량(Job Competency)
문제 해결 : 누구와 문제 원인, 문제 파악, 문제 도출, 문제 해결을 어떻게 했는지?
아이디어 : 원조보다 차별된 아이디어가 있는지?
변화 경험 : 다양한 변수로 인해 의견을 수렴하는 과정에서 문제 대처를 어떻게 했는지?
성공 경험 : 명확한 목표를 설정해 목표 관리와 목표 달성을 이뤘는지?

• 조직 융화(Tissue Fusion)
소통 능력 : 누구와 소통방식을 어떤 방법으로 했는지?
대인 관계 : 원만한 인간관계를 형성했는지?
신의와 믿음 : 시간과 약속을 잘 지키고 근면 성실했는지?
주인 정신 : 조직을 배신하지 않고 한결같은 마음으로 수행과 충성을 했는지?

• 도전 열정(Passion for Challenge)
지도자형(리더쉽) : 목표 달성을 위해 팀원을 이끌며 동기부여와 솔선수범을 했는지?
서포트형(팔로우쉽) : 팀원들의 사기를 위해 든든한 조력자 같은 마음으로 희생했는지?
자기계발 : 부족한 부분을 찾아 배우고 실천하며 성장에 몰입하는지?

직무 역량은 문제 해결 능력을 본다. 회사의 모든 업무는 어떠한 문제로부터 발생되며, 해결하기 위한 과정을 거치며 반복된다. 문제 해결을 위해서는 팀원끼리 논리적이고 비판적인 사고로 다른 사람들과 조율해 효과적으로 협업하는 역량이 있는지 보는 것이다. '누구와 어떤 과정을 통해 이 프로젝트를 완성하는가?'

조직 융화를 보는 이유는 이기적이고 개인주의적인 사람들을 거르기 위함이다. 자기만을 생각하는 사람은 조직의 분위기를 반드시 망친다. '프로젝트를 도와준 사람에게 어떤 마음이 드는가?' 이때 '기여도' 때문에 자신을 과시하고 싶은 욕심에 개인 작업과 팀 작업을 이상한 기준으로 판단한다. 팀 작업에서는 '누가 많이 했니, 적게 했니'를 재며 따진다.

개인 작업은 '혼자 만든 척'을 해서 문제다. 지도자는 도와만 주는 투명 인간처럼 취급한다. 많은 기간 동안 함께 고생한 지도자의 감사함을 모른다. 혼자 만든 게 아니라는 사실을 알아야 한다. 그런데, 이기적인 사람은 학교나 학원에서 배웠으면서 기록을 남기는 것을 꺼린다. 이런 사람은 합격하더라도 그 회사의 리더를 우습게 볼 것이다. 그렇게 자기만 생각하고, 준비해서 만들어 모든 공을 자신에게 돌린다. 결국 퇴사하게 되면, 무능한 사수와 팀원의 탓을 하며 이직한다.

*"선생님! 합격해도 제가 여기(학교, 학원) 나왔다는 사실을 비밀로 해 주세요!(속마음 : 나 혼자 했다고 하면 대단하다고 생각하겠지?)"*

도전 열정은 목표를 가지고 구성원들의 지지로 희망을 잃지 않으며 '적극적으로 일을 포기하지 않고 끝까지 추진한 경험이 있는지'를 본다. 이런 사람은 결국 어디서든 그 일을 해낸다.

이처럼 3가지 역량은 하루아침에 억지로 꾸민다고 만들어지는 게 아니다. 사기꾼처럼 거짓말을 잘하고 들어가도 문제며, 언젠가 부끄러운 실력이 들통나게 된다. 하지만 당장은 이 문제가 크게 나타나지 않을 수 있다.

그러나 시간은 당신이 깨달을 때까지 수없이 헛수고를 시킬 것이다.

다음의 포트폴리오 중 어떤 프로세스를 활용했는지에 관해 발표할 때, 더블다이아몬드 방법론은 발견-정의-개발-전달 4단계의 과정을 통해 서비스가 구현된다. 그래서 '어떤 아이디어를 발견하고, 어떻게 문제를 정의했고, 무엇을 만들고, 무엇을 전달하려고 하는지' 명확하게 말하면 된다.

| 더블다이아몬드 정의 | 발표자 | 발표자(교정1) |
|---|---|---|
| · 아이디어 발견<br>· 문제정의<br>· 만든 것<br>· 전달하고자 하는 것 | 더블다이아몬드를 통해 문제점을 발견해 정확히 되짚어보고, 해결 방안을 도출했습니다. | (어떤) 아이디어를 발견해<br>(이렇게) 정의를 내려<br>(무엇을) 만들어<br>(이런) 결과를 냈습니다. |

| 발표자(교정2) |
|---|
| 저는 작업 수행자로 프로젝트 리더의 지시에 맞춰(팔로우십)<br>2개월 동안 신속하게 진행했습니다(신의와 믿음).<br><br>29CM 기존 플랫폼에서<br>(1) 무한 스크롤로 상품이 정리되지 않고 쌓여 있는 점을 발견했습니다(팔로우십).<br>(2) 탐색하기 편하게 비슷한 카테고리로 묶으면 좋겠다고 판단해(아이디어)<br>(3) 정리형 스크롤로 만들었습니다(문제 해결).<br>(4) 그래서 지금보다 개선된 UI를 끝으로 마무리 작업을 완료했습니다(성공 경험). |

발표자(교정1)처럼 더블다이아몬드 이론에 맞춰 간단하게 패턴을 적용해볼 수 있지만, 실무와 연결할 수 있는지를 테스트한다. PT 발표에서 여러분보다 훨씬 더 전문가 앞에서 더블다이아몬드의 기초 이론을 열심히 설명하는 경우가 있는데, 이건 마치 아마추어한테 전문가가 교육받고 있

는 민망한 꼴이 된다. 그래서 발표자(교정2)처럼 직무 역량, 조직 융화, 도전 열정 3가지 패턴에 맞춰 말하는 것이 훨씬 변별력이 있다.

# 평가자가 선택하는 완벽한 PT의 조건

"나는 내 일생을 통해서 한 80%는 인재를 모으고,
기르고, 육성하는 데 시간을 보냈다."
– 이병철 –

좋은 회사는 반드시 커지고 기업으로 변한다. 기업(企業)은 한자 그대로 업을 기획하는 것이다. 대한민국 최고의 기업 삼성 같은 경우는 경영철학이 '인재 제일주의'로 가문처럼 대대손손 내려왔다. 회장이 바뀌어도 '인재 제일'이라는 단어에 엄청난 일관성을 보인다. 그만큼 삼성이 인재 채용과 현상 유지에 얼마나 진심인지 알 수 있다. 시간이 지날수록 일반 IT기업도 어쩌다 생각 없이 문을 두드리는 지원자보다, 엔터테인먼트업의 길거리 캐스팅처럼 투자 가치가 있는 사람을 고용하기 위해 직접 뛰어들 것이다.

이병철 전 회장은 '기업은 사람이다'라는 경영이념을 실천해 40여 년 중 80% 이상을 인재 선별과 교육하는 데 사용했다고 한다. 이건희 전 회장은 '인재 제일경영'으로 '인재 한 명이 10만 명을 먹여 살린다'를 강조하며 직접 인재를 발굴했다. 최고의 엘리트들이 삼성에 가며, 핵심 인재의 퇴사율이 2%밖에 안 된다. 현 이재용 회장도 '인재 제일, 상생 추구'를 외치며 '같이 나누고, 함께 성장하는 것이 세계 최고를 향한 길'이라는 생각으로 미래의 핵심 인재가 되는 청소년 교육과 상생협력을 중심으로 조직을 운영하고 있다.

그래서 제대로 된 사람을 뽑는 것이 곧 사명이 된다. 일만 잘하는 기계보다, 평가자들이 선택하는 완벽한 PT의 조건은 '핵심 인재'에 부합하는 사람인지 보이는 것이다.

핵심 인재의 조건 – 퇴사율 2%

- 시간 리스크를 감수하면서, 쉽게 포기하지 않은 '승부근성'
- 돈보다는 자신이 하고 싶은 일에 집중하는 '최고를 향한 열망'
- 업무 역량과 준법 정신이 뛰어난 '도덕성'
- 타인과 대화를 통해 지식을 습득하고 다양한 가치를 창출하는 '소통 능력'
- 모르는 것도 돌파하는 주도적인 '학습 능력'

'무슨 소리! 회사 노예 되러 가는 건데? 그냥 속이고 들어가면 되지!'라며 한 분야에 목숨 걸고 최고가 되어보지도 못한 채 단지 빠른 성공만을 위해, 자칭의 《역행자》를 보고 사업을 하겠다고 떠들어댈 수도 있다. 누가 읽느냐에 따라 훌륭한 책이 이상한 방향으로 흘러간다. 잘못 읽으면 실속 없이 꿈만 큰 바보가 된다. 자신은 똑똑하다고 생각하지만, 몽상으로 성장하는 '뇌 내 망상'에 빠진다. 무한합리화하며 자아 보호만 하는 지극히 평범한 인간이다.

당연히 취업이 인생 목표는 아니다. 회사는 내 자신의 발전과 행복하기 위한 '수단과 도구'일 뿐이다. 그래서 이것을 똑똑하게 잘 활용하는 것이 중요하다. 수업하면, '에이전시'라는 말만 나오면 기겁하는 수강생이 있는데, 그 반응이 참 웃긴다. 나는 듣기 좋은 말로 '에이전시'에 가지 말라고 한다. 야근을 까무러치게 싫어하는 사람이 기업 예선에서 탈락하는 이유는 핵심 인재 1번 조건에서부터 안 맞기 때문이다. 그냥 알아서 깨닫게 하는 수밖에 없다.

만약 에이전시에 가고 싶은데, 월급 300만 원을 받으려고 목표를 두면 커리어가 꼬인다. 이것이야말로 회사만을 위해 일하는 사람이며, 당장의 안정적인 수입 때문에 근무하고 있는 사람들이다. 회사는 이런 사람을 책임져주지 않는다. 에이전시에 가는 목적을 잘 생각해보라. 사업 초기 대표 혼자 운영할 시, 평균적으로 대표 혼자 한 달에 3,000~4,000만 원 정도의 매출을 올렸다고 가정해보자.

그 매출을 달성까지 수많은 역경을 버텨가며 최소 3~4년 정도는 걸렸을 것이다. 300만 원에서 월급만 받으러 다니는 게 아닌, 3,000~4,000만 원을 벌 수 있는 귀한 노하우를 배우러 가는 것이다. 배우고 바로 도망가는 것이 아닌, 같은 공간에서 그 목표를 달성하고 실현해야 한다. 그래야 내 몸값과 위치가 커진다. 어느 정도 현상을 유지하고 '이젠, 됐다!' 싶으면 그때 비로소, 회사를 떠나면 된다. 그럴 때는 떠날 때 박수를 받는다.

### PT 발표로 '핵심 인재'임을 증명하기

1. 시간 리스크를 감수하면서, 쉽게 포기하지 않은 '승부 근성'

안녕하십니까? 표현이 명확한 지원자 OOO입니다.
이 프로젝트는 실무 경력이 뛰어난 리더를 찾아 함께 만들면서 많은 노하우를 받았습니다. 실제 업무를 인수인계하듯 하나씩 배웠기 때문에 돈과 시간이 걸리더라도 너무 재밌었습니다. 리더가 지시한 것을 끝까지 수행하며 완수한 것을 중심으로 봐주셨으면 합니다.

*빈 칸에 직접 작성해보자.

2. 돈보다는 자신이 하고 싶은 일에 집중하는 '최고를 향한 열망!'

이 회사에 근무하게 되면, 저도 10년 뒤 프로젝트 책임자가 되어 있을 것 같습니다.
많은 인재를 통솔하기 위해서 내 업무만 집중하기보다, 구성원의 포지션에 대한 지식도 겸비해 구성원의 해결하기 어려운 고민거리를 같이 도와가며, 힘들 땐 동기부여가 될 수 있는 친구 같은 동료이자 든든한 리더가 되고 싶습니다.

3. 업무역량과 준법정신이 뛰어난 '도덕성'

질문자 : 비핸스에서 많이 본 포트폴리오 같아서 그런데, 따라 만드는 형식으로 만드셨는지?
답변자 : 처음에는 빨리 취업하고 싶은 마음이 있어, 타인 것을 베껴 쉽게 갈까도 생각했습니다. 하지만 그 행동은 안 좋은 습관으로 자리 잡힐 것 같아서 그렇게 하지는 않았습니다. 좋은 자료는 참고했으며, 해당 자료는 바로 뒤에 출처를 남겼습니다.실제 업무를 이행함에 있어 도움이 되지 않는다고 판단해 프로젝트를 성실하게 수행했습니다.

4. 타인과 대화를 통해 지식을 습득하고 다양한 가치를 창출하는 '소통 능력'

리더와 주제를 정하면서 다양한 아이디어들이 나왔습니다. 바로 만들고 중간지점이 되자 다시 처음으로 돌아왔던 적이 있습니다. 서로 잘하고 싶은 마음에 5번을 갈아엎었지만, 덕분에 좋은 아이디어로 진행할 수 있게 되었습니다.

5. 모르는 것도 돌파하는 주도적인 '학습 능력'
채용 포지션에 따르면, 리더가 지시한 대로 수행해서 UI 파트에 집중해 사용성이 좋은 레이아웃을 구현하면 됩니다. 하지만 항상 '왜 이걸 만들라고 하는 거지?' 이해가 안 가기도 하고 궁금했습니다. 그래서 소통에 도움이 되고자 그들의 입장이 되어, 밀도가 깊진 않지만 대략 수행해보았습니다. 생소한 단어를 찾아가며 배우면서, 이 과정을 통해 그들 역시, UI가 어떻게 나오는지 전혀 예상되지 않은 채 우리에게 전적으로 믿고 맡긴다는 것을 깨닫게 된 시간이었습니다.

이처럼 회사가 사람을 채용하는 것에 진심이면, 핵심 인재상에 맞춰 PT를 발표하는 연습을 해야 한다. 이렇게 정리한 내용은 반드시 소리를 내 30번을 반복해서 읽어야 한다. 그러면 자연스럽게 말할 수 있다. 보통 대본을 쓰는데도 발표에 자신 없는 사람들은 진정으로 자기의 경험이 아니거나 맞는다고 해도 부풀려 드라마처럼 각색한다. 그걸 또 외워야 하니, 새로운 장면을 학습해 일이 된다. 쉽게 말해 자신의 언어가 아니기 때문에 자연스럽지 못한 거다.

그래서 회사 입장에서는 내면이 건강한 사람을 찾기 위해 자리를 마련한 것이다. 여러분이 진심으로 몸담고 싶은 회사에만 집중해서 지원하기를 바란다. 대출 명함을 길거리에 뿌리듯 지원서를 아무 데나 뿌리는 그런 사람이 되지 말자. 소중한 에너지를 아끼고 집중하라. 그만큼 진지하게 임해야 한다. 진정으로 그 회사에 들어가고 싶은 자만 평가자가 원하는 완벽한 조건을 갖출 수 있게 노력할 수 있다.

# 평가자를 설득시켜버린 PT 전략과 테크닉

"하나의 모범은 천 마디 논쟁보다 더 가치 있다."

— 토머스 칼라일(Thomas Carlyle) —

[사례 1]

수강생과 함께 교육용 금융 앱을 제작했다. 이 작품은 별 대단할 게 없는 금융과 게임이 결합된 플랫폼일 뿐이다. 누구나 이 아이디어를 쉽게 낼 수 있다. 특별한 기능도 없고 차별화도 없어 평범한 축에 속한다. 그래서 '장점이 없는데? 나라면 내 아이한테 차라리 로블록스 두세 번 더 하라고 하겠다.' 결국 부모는 이런 생각으로 아이들에게 로블록스를 하라고 권장할 것이다.

로블록스는 세계관이 풍부한 오픈 월드로 구성되어 있어 RPG, 비디오, 타이쿤, 일상 롤플레잉, 슈팅, 오비 등 다양한 장르가 섞여 있고, 재미도 있으며, '로벅스'라는 가상 화폐를 통해 게임 내에서 '수익을 창출'하는 '로블록스 게임'이 더 가치가 있다고 판단한다. '금융 교육은 게임으로 가르치는 게 아닌, 온라인 강의가 더 집중되고 좋을 거 같은데? 굳이 플랫폼으로 교육하는 게 과연 효과가 있을까?'라며 특별하게 생각하지 않을지도 모른다.

〈수강생의 핀토피아 아이디어 스케치와 와이어 프레임의 일부분〉

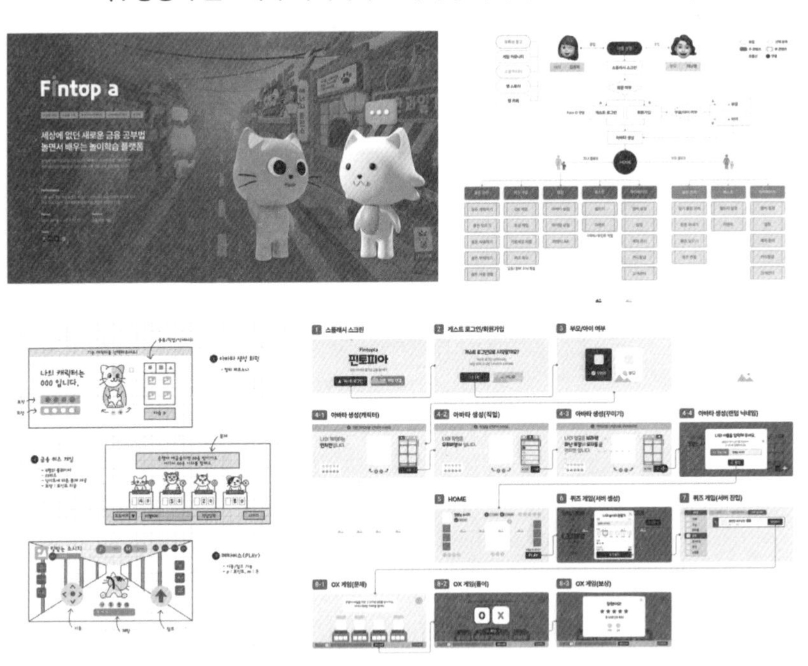


출처 : 정유연 수강생의 작업물

### 1. 셀링 포인트를 담은 카피를 이용해 새로운 관점을 만들어 전달해라.

아무리 평범한 아이디어라도 가치 있게 전달하면, 고르고 싶어진다.

제아무리 평범한 아이디어를 만들어 왔다고 해도 '뽑고 싶은 마음'이 들게 하는 것이 실력이다. 카피를 포트폴리오 장에 놓여 있는 장식으로 사용하지 마라. 그것을 전달해야 브랜드 가치가 올라가는 동시에 가상이더라도 괜찮은 작품을 만들었다고 사람들은 인식한다.

*발표자 : 금융 게임 구축 어플 핀토피아입니다.*

*발표자 (교정) : 이 작품은 초등학생 미만의 아이들뿐만 아니라, 부모님도 함께 교육이 되는 '게이미페이션 요소'가 들어간 금융 게임 플랫폼 '핀토피아'입니다. 게임은 교육보다 재밌습니다. 아이들은 특히나 게임에 환장하죠! 금융 교육도 재미있게 가르칠 수 있습니다 (셀링 포인트). '돈이 불어나는 똑똑한 용돈 지갑, 핀토피아!'를 소개합니다.*

**2. '시간'을 알려 원칙의 중요성을 강조해라.**

모든 업무는 시작과 마감이 반복되는 시간 약속의 연속성으로 이루어져 있다. 업무 태도는 기본 약속을 대하는 에티튜드에서 나온다. 시간을 안 지키는 사람의 특징은 예의가 없다는 것이다. 만약 약속 시간에 늦어도 그들은 사과는 하지 않고, 뻔뻔하게 은근슬쩍 넘어가려고 한다. 이런 사람의 특징은 늦으면 늦는다고 미리 말을 안 한다는 것이다. 상대방의 시간을 하찮게 여기며 '시간 도둑질'을 일삼는다.

*발표자 : 데스크 리서치를 이용해 기사 자료를 찾았습니다.*

*발표자(교정) : 3일 동안 뉴스 기사를 찾았습니다. 2023년 9월 초에서 최근까지 기사들로만 8개를 찾았으며, 공통으로 "아이에게 금융 지식을 가르치고 싶지만, 방법을 몰라 하지 못하고 있다"라는 의견이 많았습니다. 팀원들이 모여 하루 동안 부모들에게 금융 교육의 필요성을 강조해야 한다고 서로가 생각하는 문제점에 대해 공유하는 시간을 가졌습니다.*

### 3. '장소'를 이용해 부지런하고 편한 이미지를 만들어 전달해라.

아주경제의 〈구직자 64% '면접 시 압박감 느낀다'〉라는 기사에서는 구직자 373명을 대상으로 설문조사를 했는데, 10명 중 6명이 면접 시 압박감을 느낀다고 대답했다. 면접 압박감을 가장 크게 느낀 순간은 압박 질문을 연달아 받을 때가 30.8%, 면접관의 한숨 또는 표정이 안 좋을 때가 30.8%, 동문서답을 했다고 느낄 때가 16.7%, 나에게 질문이 별로 오지 않을 때가 9.2%, 특정 면접자에게만 질문을 할 때가 5.4%의 응답이 나왔다.

면접 장소의 분위기는 대체로 편하지 않다. 불편하고 긴장된다. 딱딱하고, 서로 모르는 사람으로 살아가다 갑자기 평가자와 지원자의 입장이 되었으니 당연히 흥미를 가질 수도 없다. 이런 숨 막히는 공간에서 분위기를 내 쪽으로 가져오면 대체로 좋은 인상을 남길 수 있다.

*질문자 : (바쁜 척, 뭐라도 하는 척을 한다)*

*답변자 : 안녕하세요(낯선 환경에 긴장되어 눈치를 본다).*

*질문자 : 자, 시작할게요. 편하게 하세요*(최대한 냉철하게 하지만 자신도 편하지는 않다).

지원자끼리 침묵 속에서 눈알들이 굴러가는 것을 서로 볼 수 있어서 긴장한 상태구나를 느끼게 된다. 면접을 시작하기 전에 업무와 거리가 먼 질문을 해 분위기를 풀어보도록 노력해보자. 부담스럽지 않게 하는 것이 포인트다.

*질문자 :* (바쁜 척, 뭐라도 하는 척을 한다)
*답변자 : 한 시간 전이 점심시간이네요. 오전에도 몇 분 다녀가셨나요? 밥은 드시고 하시는 거죠?*
*질문자 : 허허 뭐 그렇죠. 두 분 정도 다녀갔네요. 돈가스 먹었어요.*
*답변자 : 우아! 돈가스 저 엄청 좋아해요! 맛있겠다.*
*질문자 : 그래요? 여기 주변에 맛집이 많아요.* (시계 보고) *자 질문 시작할게요.*

#### 4. '타깃'을 정하고 설득해라.

당연히 프로젝트 타깃을 선정해서 만들었을 것이다. 그다음 앞에 앉아 있는 사람을 보자. 면접관 중에 한 명을 정해 공략해보자. 자신과 비슷한 나이대의 집단이면 더욱 좋다. '내가 감히 그렇게 할 자격이 있을까? 면접관이 싫어하면 어쩌지?'라는 생각에 고민되겠지만, 일단 PT 테스트를 본다는 자체가 뭐라도 할 '자격'이 주어진 상태다. 여기서 반드시 직무에 관련된 편견과 정답은 넣어두자. 어떤 문제든 해결할 수 있는 '자신감'이 중요하다. 편하게 타깃이 되는 면접관에게 말을 건네면서 설득을 시도하자.

면접관이 말이 없어도 주눅이 들거나 기분 나빠하지 않아야 한다. 말이 없더라도 반드시 표정으로 제스처가 있다. 아무리 아이디어가 별로더라도 혹 관심이 있는 것이라면 조금이라도 반응이 생기기 마련이다. 좋은지, 나쁜지, 그저 그런지의 반응만 보면 된다. 그리고 좋으면 감사하다고 표현하면 되고, 나쁘면 왜 나쁜지 들어보고, 그저 그렇다면 피드백을 받으면 된다. 최대한 내가 말하고 나서 그에게 피드백을 얻겠다는 마음으로 진중하게 주고받으면서 대화하는 게 좋다.

*발표자 : 발표를 시작하겠습니다. 혹시 여기 40대 있으신가요?*

*있다면 손을 들 것이다.*

*면접관 : 네, 반응 감사합니다. 혹시 자녀분도 있으신가요?*

*면접관 : 네, 있어요.*

*발표자 : 저는 아직 결혼을 안 해서 없지만, 누나가 결혼해서 조카가 있거든요. 부모들은 자식에게 금융 지식을 어떻게 가르쳐야 하는지 다들 고민합니다. 하지만 방법을 몰라 방치하거나 내버려두실 겁니다. 그래서 바쁜 부모들의 금융 공부를 대신 해주는 게임! 핀토피아를 기획하게 되었습니다.*

실제 그들에게 돈을 주고 판매할 때는 약점을 드러내지 않는 게 좋지만, 비즈니스 동료라고 생각하며 내 의도와 감정을 있는 그대로 전달하는 게 훨씬 좋다. 어떻게 참여하게 되었고, 어떻게 만들게 되었는지 '목적'을 명확하게 전달해 평가자 마음에 들게 '설득'시켜라.

# PT 발표를 성공으로 이끄는 기술

"내 자신에 대한 자신감을 잃으면, 온 세상이 나의 적이 된다."

— 랄프 왈도 에머슨(Ralph Waldo Emerson) —

*"발표를 못하는데, 저는 불합격되겠네요."*

*"발표할 때 떨려요."*

*"하얀 백지가 돼요."*

*"PT를 보고 그냥 읽게 돼요."*

이런 정신 상태로는 당연히 떨어질 수밖에 없다. 발표도 어떤 방법으로 전달할지 크게 5가지 정도로 나누고 시나리오를 짜야 한다. 단계별 발표하는 방법에 대해 말해볼 것이다. 발표를 잘하는 방법은 우선 '내 프로젝트는 누굴 위한 것인가?'를 정확하게 알아야 한다. 그리고 그 회사와 무슨 '상관 관계'가 있는지 반드시 이해하고 전달해야 한다.

예를 들어 게임 회사를 준비할 경우, 내 작품에도 게임프로젝트가 있어야 하는 게 기본이다. 게임 관련 비즈니스를 하려고 지원했는데 내 포트폴리오에 게임프로젝트가 없다면? 이 사람이 무슨 근거로 게임 쪽에서 재밌게 버티면서 일을 잘하는지 어떻게 판단하겠는가? 내 수강생들은 게임 기업에 지원하고 싶으면, 자기가 만든 게임프로젝트를 반드시 넣었다.

한 수강생은 평소 캐주얼 레이싱 장르인 '테일즈 러너'를 15년 동안 한 경험이 있는 플레이어 세계에서 알아주는 '게임 폐인'이었다. 이런 경험을 통해 게임에 누구보다 진심이고 게임에 대해서 잘 알고 있다. 그래서 잠재적인 끼가 있어 기획을 잘할 수밖에 없는 환경 조건을 갖고 있다. 게임을 누구보다 좋아하는 수강생의 타고난 능력을 이용해 남들과 차별되게 활용하기로 했다.

*이성경 : "게임 기획을 해볼래요?"*
*수강생 : "한 번도 해본 적이 없는데, 할 수 있을까요?"*
*이성경 : "평소에 만들고 싶은 게임 같은 게 있었나요?"*
*수강생 : "예전에 상상해서 짜놓은 세계관이 있기는 합니다. 근데 부끄럽네요."*
*이성경 : "괜찮아요. 역시 준비가 된 사람이네요! 그걸 한번 구현해*

*봅시다!"*

나는 단지 이 수강생에게 자신감을 불어넣은 것 말고는 한 게 없다. 커리큘럼대로 가르쳐 나와 수강생 단둘이 온갖 경쟁사 게임을 플레이도 해보면서 분석해 진행했다. 혼자라면 못 했을 텐데 서로 믿고 의지하다 보니 어느새 거짓말처럼 세계관이 탄탄하게 구현되었다. 이 수강생의 작품으로 성공적인 PT 패턴을 짜보면 이렇다.

오프닝 - 동기 - 스토리 - 정리 - 마무리

이 수강생의 진짜 '찐' 경험을 녹여내어 만든 게임이다. 조금의 거짓말이나 부풀림 없이 있는 그대로 이야기를 담아내려고 노력했다. '이런 부끄러운 이야기를 하면 손해 아닌가?' 하는 생각은 잠시 넣어둬라. 진정성을 보여주는 게 중요하다. 만약 최고의 게임 기업인 넥슨에 지원했다고 가정한다면, 넥슨은 전 국민에게 재미있고, 새로운 게임을 제공하는 게 목적이다. 하지만 게임이라는 녀석이 '나'라는 사람의 삶을 긍정적으로 바꿔냈다면 이보다 더한 감동은 없다.

## 1. 오프닝 : 흥미를 끌 만한 간단한 인사 만들기

(인사) 안녕하세요.
(각인) '게임 폐인'이
(의도) '게임기획자'가 되고 싶어 만든
(소개) '아포칼립스'입니다.

[키워드] 게임 폐인, 게임 기획자, 아포칼립스

## 2. 동기 : PT가 어떤 순서로 진행되는지 미리 요약하기

- 시나리오와 기획 의도 : 세계관의 핵심만 전달!
- 로고, 색상, 폰트 : 디자인 시스템의 핵심만 전달!
- 캐릭터 : 캐릭터의 특징을 핵심만 전달!
- 마을 : 마을의 특징을 핵심만 전달!
- 컴포넌트 : 버튼 구성 방법의 핵심만 전달!
- 인터페이스 UI : 화면 구현의 핵심만 전달!
- 회고 : 느낀 부분의 핵심만 전달!

### 요약 tip

- 중복된 불필요한 단어를 소거하고 연결어미를 찾아 요약하기(세계관)

(원본) 아포칼립스는 두 명의 창조주가 마을을 보살핍니다. 갑자기 마을 사람들이 죽게 되는데, 감정의 역병이 생겨 제정신을 찾지 못한 자는 감정이 없어 사라집니다. 그래서 감정이 있는 자와 없는 자가 싸워 감정의 근원을 다시 찾아야 하는 내용입니다.

(교정) 두 명의 창조주에 의해 만들어진 아포칼립스! 우리는 감정의 펜던트를 모으고 있어!
가족을 죽인 검은기사를 물리치기 위해! 계속되는 모험에 지친 우리들, 새로운 괴물들이 사람의 감정을 훔치고 있어! 레이븐, 도로시, 루이스! 감정을 되찾는 그들의 모험 이야기! 아포칼립스!(이누야샤 인용 버전)

- 수식어 많이 넣지 않기(캐릭터 특징)

(원본) 산적 '레이븐'이 주인공입니다. 그는 과거에 약탈과 도박을 했으며, 재빠르고 민첩성이 뛰어납니다. 괴물로 변한 동료를 구하기 위해 근원을 찾아서 플레이어들을 모아 여행을 떠납니다.

(교정) 민첩한 약탈자 '레이븐'은 마을의 유명한 산적입니다. 단짝 친구 '잔'이 괴생물체에게 습격당해 죽었습니다. 동료를 잃은 슬픔에 레이븐은 괴생물체를 잡기 위해 여행을 떠납니다.

• 표현이 다르지만 같은 말이면 그중 하나만 쓰기(마을 특징)

(원본) 어둡고 깜깜한 분위기를 주려고

(교정) 어두운 분위기를 주려고 → 으슥한 분위기로

• 비슷한 종류의 단어들은 상위어로 축약하기(인터페이스 UI 설명)

(원본) 하단 바에 영웅 버튼, 스킬 버튼, 강화 버튼, 소환 버튼을 만들었습니다.

(교정) 하단 바에 4개의 '장비 버튼'을 제작했습니다.

### 3-1. 스토리 : 본론 3~4가지(과정)

[세계관]
평화로운 아포칼립스 마을에
감정 없는 괴물들이 습격합니다.

[디자인 시스템]
로고와 메인 컬러는
명도가 높은 마젠타색을,

반면에 마을은
명도 낮은 으슥한 분위기로
대비되게 표현했습니다.

**[캐릭터 구성]**
‘레이븐’은 마을의 유명한 산적이며, 물건을 약탈하는취미가 있습니다. 단짝 친구를 죽인 검은기사를 물리치기 위해 모험을 떠납니다.

**[맵 구성]**
산적이 사는 돌산은 ‘레이븐’의 테마 루트입니다.

이 마을을 지나갈 땐 가방에 들어있는 물건이 랜덤으로 3분에 1개씩 털립니다.

## 3-2. 정리 : 간략하게 결론 정리(결과)

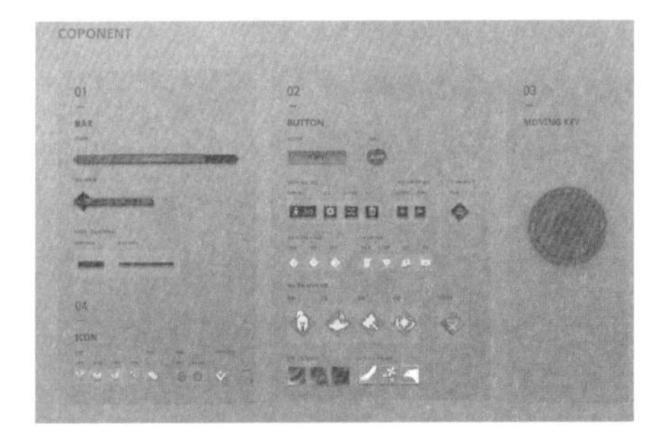


**[컴포넌트 구현]**
막대 바 모양과 아이콘 버튼 기본 기능 버튼, 무빙 키를 제작했습니다.

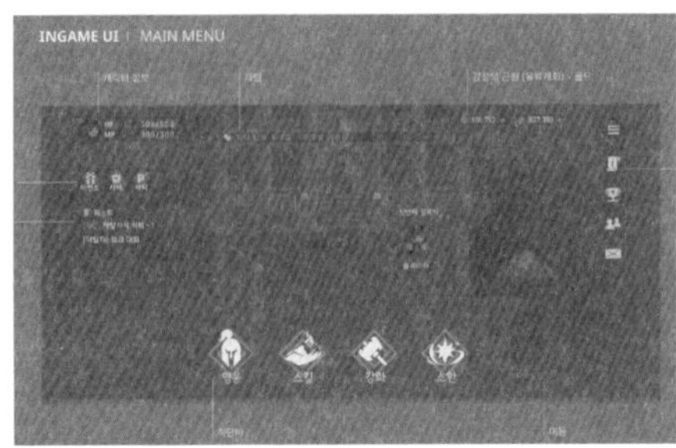


**[게임 UI 제작]**
플레이어에게 익숙한 느낌으로 상단 캐릭터 정보, 좌측에는 이벤트, 우측에는 메뉴 바, 하단에는 메인 장비 기능과 무빙 키를 제작했습니다.

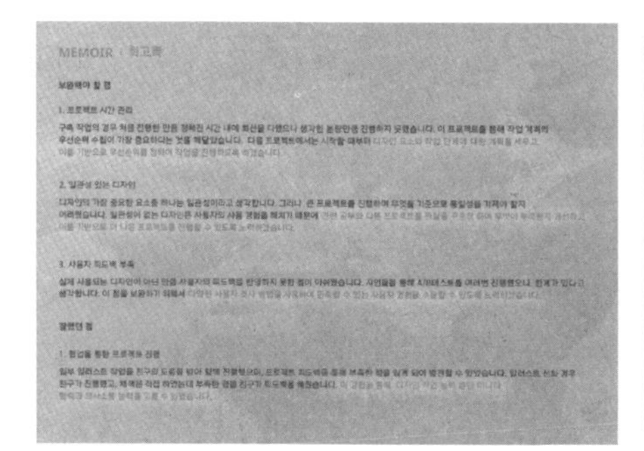


**[회고 및 반성]**
출시가 괜찮은 게임인지 테스트까지 진행했다면 좋을 텐데, 아쉬움이 남지만, 생각만 했던 이야기를 직접 실행에 옮겨 기획으로 풀어낼 수 있어서 너무나 재미있게 작업했습니다.

### 3-3. 마무리 - 인상적으로 마무리 하기

**[마무리]**
게임 폐인이 게임 기획자가 되고 싶어 열정 하나만으로 아포칼립스를 제작하게 되었습니다.

발표할 수 있는 기회를 주셔서 감사합니다.

## PT 발표를 듣고 반드시 받게 되는 질문

### Q1. 어떻게 만들게 되었나요?

제가 '우울증'이 심했거든요. 집 밖으로 안 나갔습니다. 게임이 제 삶의 유일한 낙입니다. 빛이 없는 방에 혼자 누워 있다가, 갑자기 공포가 몰려온 적이 있는데요. 그 어둠과 싸우기 위한 저의 몸부림을 투영해 게임으로 제작하게 되었습니다. '함께 어둠을 물리치자', '함께 극복하자'의 의미가 담긴 게임입니다.

Q2. 혼자 만드신 건가요?

마음속에만 담아뒀던 내용을 실제로 구현할 수 있게 도움을 준 프로젝트 리더분과 함께 둘이서 진행했습니다. 리더의 피드백과 컨설팅 방향 지시대로 저는 수행자로 단순히 대중게임 기획을 생각했는데, 리더분이 "네가 만들고 싶은 게임을 소재로 쓰면 좋겠다"라는 말에 용기를 내어 실행하게 되었습니다. 그래서 책임지고 끝까지 만들게 되었습니다.

# 주니어도 시니어처럼 보이는 프로 PT 비법

"인간을 평가하는 데는 세 가지 기준이 있다.
돈 쓰는 법, 술 마시는 법, 참을성이다."

- 탈무드 -

## 면접을 보는 목적

면접은 지원한 사람의 본심을 파악하기 위해서다. 그러니 있는 그대로의 내 모습을 보여주자. 이 방법은 사실 탈락되기도 쉽고, 반대로 그만큼 합격하기도 쉬운 방법이다. 우리가 보여줄 것은 가벼운 질문에도 친절한 태도를 보이는 것, 가벼운 농담에도 좋은 마음으로 웃어주는 것, 긴장되는 분위기 속에서 차분하게 잘 설명하는 능력, 분위기에 딱딱하게 굳어

버리지 않고 나라는 '사람'을 잘 보여주는 거다.

질문의 전부를 잘 못 알아들을 수도 있다. "제가 긴장해서 질문을 놓쳤습니다. 죄송하지만 다시 한번 더 질문을 요청해도 될까요?" 부탁하는 어조로 말해야 한다. 당연하다는 듯 말해달라는 어조는 상대를 무시하는 행동이다. 질문을 이해하지 못하겠으면 어느 부분에서 이해가 안 되는지 잘 물어야 한다.

얼버무리다 꼬리에 꼬리를 물어 진짜 답을 말해줄 때까지 찾아 들어야 하는 민망한 상황이 연출된다. 꼬리를 무는 질문을 받는다면 당신은 솔직하지 못한 대답을 하고 있다는 사실을 스스로 알아야 한다. 진짜 의도를 숨기고 있는 소지가 다분하니까 그런 상황이 발생한다.

압박 질문을 받아본 적이 있을 것이다. 당근과 채찍을 통해서 그 사람의 본모습을 보기 위해 다양한 방식으로 질문하는 것이다. 어떤 지점에서 욱하고 기분 나빠하는지도 보고 싶은 것이다. 그 사람을 파악해야 '같이' 무슨 일이든 할 수 있으니까 그렇다.

## 이직하게 된 계기

직업 의식 수준을 물어보려고 면접관은 이직하게 된 계기를 질문한다. 지원자들은 그래서 이직하는 이유를 열심히 준비한다. 특히 패턴이 있는데, 경영 악화(경영이 악화되었으면 하는 바람이 들어 있다. 내가 나가면 회사가 굴러가지 않고, 망했으면 하는 마음이다)가 대표적이다. 보통은 나쁜 이미지를 주고 싶지 않아서 이렇게 포장하는 경우가 많다.

나도 경영을 하고 있지만, 경영 악화로 회사가 한순간에 망하지는 않는다. 그럼에도 그런 핑계를 대고 이직한 사람은 뭘 하든지 핑계를 대는 사람이다. 이유를 물어보면 조건에 맞는 아무 회사나 지원하다가 갑자기 기회가 있어 홧김에 이직해버린 경우가 많다. 정작 이 회사, 저 회사 지원하는 경우가 대다수고 진정성이 없다.

동료들은 자신을 어떤 사람이라고 생각하는 것 같냐는 질문을 받았을 때, 많은 사람들이 스스로 객관화가 안 되어 있다. 그래서 이 질문에 대한 답으로 사고를 칠 것 같은 사람을 걸러낸다. '솔직한 편, 특이하다, 냉정하다' 등의 답변을 한다면 직장 동료의 기분과 자존감을 무시하는 성격일 가능성이 있다.

직장에서는 다양한 사람들이 모여 서로 다른 의견을 제시해 합을 맞춰나가야 하는데, 충돌할 상황들이 많이 생기게 된다. 하지만 솔직하게 의사표현을 했을 뿐이라며 되려 기분 나쁘게 표현하는 사람은 커뮤니케이션 역량 부분에서 좋지 않을 거라고 판단한다. 건강한 건 좋지만, 마냥 싸우고 상처를 주는 건 팀 전체 분위기를 망친다.

포트폴리오는 다른 사람과 프로젝트 작품을 어떻게 커뮤니케이션해서 해결했는지 보기 위함이다. 하지만 많은 지원자들이 오해하고 있는 게, 자기가 뽑혀야 하니 자기한테만 유리한 상황 표현으로 말한다는 것이다. 일어난 상황을 사실대로 전달하는 게 가장 좋다. 느낌과 판단으로 말하는 사람은 입장을 고려하지 않고 행동하는 사람이다. 이때 사회적 인지능력이 어느 정도 수준인지 엿보인다. 상대방을 기분 나쁘게 하는 사람인지, 어떻게 느낄지 미리 알고 고쳐 말할 수 있는 사람인지, 다른 사람의 기분을 중요하게 생각하는 사람인지, 다른 사람의 기분을 해치는 사람인지 가늠할 수 있다.

## 사고를 키워라

회사에서 일하다 보면 항상 아이디어를 내고, 의사결정을 하고, 문제를 해결해야 한다. 면접에서 나오는 질문은 어느 날 뚝 떨어진 게 아닌 회사에서 우리가 늘 고민하는 문제다. 그래서 면접관은 정답을 요구하는 게 아니라 사고하는 능력을 보는 것이다. 회의할 때도 적극적으로 의견을 내줄 사람인지, 입 닫고 가만히 멀뚱멀뚱 있을 사람인지 보는 것이다.

"원래 선생님 도움 없이 혼자 만들 수 있어요. 그런데 말씀하시는 게 너무 좋아서 배우러 왔어요"라고 말하는 수강생도 봤다. 자만에 빠진 사람이다. 조직의 필요성을 못 느끼는 사람이다. 관리받고 있는 상태에서 '혼자'의 능력치를 자랑하는 사람은 이기적이다. 관리자를 우습게 보는 것이다.

조직마다 사람마다 업무 스타일이 조금씩 다르다. 조율할 수 있는 사람이 제일 선호도가 높다. 조율하는 사람은 자기 객관화가 잘되어 있다. 보통은 여러 시행착오의 단계를 거쳐서 그런 성격으로 확립되었을 가능성이 높다. 다른 사람의 업무 스타일과 습관을 파악해서 가장 좋은 방법을 제시한다. 적응도 그만큼 빨리 잘한다.

꼬리 질문 – 자기 객관화 질문 – 사실 행동 평가

지나치게 긴장하는 사람은 주의집중력이 떨어진다. 정서적으로 불안정하다. 도파민이 해를 끼치는 방향으로 행동할 확률이 높다. 형식적으로 웃지 않는 사람은 남의 기분을 맞춰주기 싫은 사람이다. 너무 무표정한 사람은 포용력이 없다. 불합격이 예상되어도 끝까지 성의 있게 질문에 답하자. 면접관은 다양한 답변을 수집해 분석할 자료를 모은다.

회사는 훌륭한 조직을 만들고 싶고, 그런 사람을 뽑고 싶다. 일을 사랑하는 사람들을 좋아한다. 인력을 비용과 부품으로 여겨 열정페이만 강요하는 회사는 마음껏 떠나도 좋다. 그런 회사를 좋아해 희생하고 열정을 쏟으면 호구가 된다. 열정은 미래의 성장할 나를 위해 써야 한다.

자기 이익만 챙기라고 조언하는 사람은 윗사람이 천하태평 놀기만 할 때 무식하게 일을 떠맡을 필요 없이 할당량을 하라는 것이다. 엉망인 조직을 바꾸려면, 대항을 일으키면 된다. 대표를 찾아가라. 대표를 찾아가지 못하게 주변 구성원들이 말릴 수도 있다. 편하게 일할 수 있겠지만, 내 성장에 도움은커녕 피해를 받는다면 대표를 끝까지 찾아가서 새로운 조직을 형성하려고 노력할 수도 있다. 실패하더라도 다른 그림은 나오지 않을까?

자기 일을 소중히 생각하고, 자기 조직을 소중하게 생각하고, 자신이 이바지한 회사와 제품, 서비스의 가치를 의미 있게 여기는 사람들이 함께 일하면 더할 나위 없을 것이다. 조직의 문제를 공동의 문제라고 인식하고 함께 해결할 방법을 찾아가는 조직이면 좋겠다. 구성원이 좋지 않게 행동하더라도 호구라도 흔들리지 않는 조직이면 좋겠다. 좋은 분을 모시는 좋은 분들이 일에 집중할 수 있는 환경을 만드는 게 회사가 할 일이다.

'건강한 조직, 일을 사랑하는 사람,
내가 있는 공간을 아름답게 사용해줄 수 있는 사람'

업무에 대한 태도와 자세만 되어 있어도 주니어가 프로에 한 발짝 가까워졌음을 스스로 깨닫게 되는 날이 온다. 인간은 게으른 존재이기에 링크 하나만 공유한다(자소설 닷컴 https://jasoseol.com/recruit). 보지도 않을 많은 정보를 가질 게 아니라, 진정으로 함께하고 싶은 회사 딱 하나만 정해 집중해서 준비하자. 그래야 실패해도 후회가 없다.

# 발표하면서 받게 되는 뻔한 질문들

"약한 사람은 결정을 내리기 전에 의심하고,

강한 사람은 결정을 내린 후 의심한다."

– 카를 크라우스(Karl Kraus) –

PT를 발표하면서 받게 되는 뻔한 질문들이 있다. 그 뻔한 질문을 들으면 속으로 '다 나와 있는데, 몰라서 물어보는 건가?' 이런 생각을 가질 수 있다. 면접이 끝나고 집에 돌아갈 때 그 평가자는 나를 제대로 보지 않았다며 평가자를 곱씹는다. '그런 곳에는 지원하지 말걸.'

하지만 정작 지원자는 회사에 대해 잘 알지 못한 채 PT를 발표하고 있다. 회사를 잘 모르면서 과연 지원할 '자격'을 갖추었다고 할 수 있을까? 평가자를 따질 '자격'이 되는가? 엄격의 기준을 타인에게만 두지 마라.

인간은 이기적이고 언젠가 때가 되면 자신의 이익을 위해 회사를 배신하기도 한다. 지금까지 많은 사람을 채용하면서 회사는 수많은 배신을 경험했을 것이다. 덕분에 회사는 '이상한 지원자 거르기'라는 데이터가 수북하게 쌓였다.

환경, 사주, 관상, 인성 검사, 인간 심리, 심지어 MBTI까지 모든 데이터를 동원해 '사람'을 파악하려고 애쓴다. 그래서 '오늘 지원하는 사람은 저번에 배신한 사람과 성향이 똑같을까?' 의심부터 한다. 의심병이 걸린 게 아니라, 그런 일을 하는 사람들인 것이다. "억울하면 믿게 해보라! 그래서, 장수가 이렇게 많은 이 포트폴리오를 너 혼자 만들었다고? 거짓말! 누구한테 도움을 받았겠지! 직접 보지 않아서 모르겠는데? 그러니 당신이 증명해!"라고 말하는 듯하다.

회사는 일 잘하는 기계를 뽑으려고 하지 않는다. 생각보다 너무 '완성형'인 사람은 조율하기 힘들다. 일을 할 때마다 의견 마찰이 계속 있을 것이고, 그 잘난 경력에 비위를 맞춰줘야 한다. 그래서 회사는 그렇게 반기지 않는다.

보통은 "나는 이런 스펙을 가진 사람입니다. 그래서 다른 지원자보다 뛰어납니다. 그러니 뽑아주세요"라는 관점을 가지고 접근한다. 물론 '개인'으로 봤을 때 훌륭한 능력치다. 하지만 회사는 서로 다른 기술과 지식을 가진 사람들이 공동의 성과를 올릴 수 있도록 하는 곳이다. 각자의 강점을 활용해 공동의 목표를 달성하기 위해 눈치가 없거나 방해되는 사람은 뽑지 않는다.

그래서 PT를 보는 목적도 마찬가지로 지원자의 사고력은 물론, 회사의 목표를 달성하기 위해 얼마나 도움이 되는지를 평가한다. 성과를 창출할 능력이 얼마나 되는지 정답은 없지만, 내부의 판단으로 따져보자는 거다. 이렇게 회사의 조직 문화에 부합하는지 '컬처핏(Culture Fit)'에 맞춰 뽑는 거니, 합격자가 각각 다를 수밖에 없다.

타인과 더불어 작업하면서 모나지 않게 조직 생활을 잘할 수 있는 인성을 가진 지원자를 회사는 선호한다. 단순히 '먹고살아야 하니까, 돈은 벌어야 하니까!'라는 이유만을 가진 사람에게 기회를 쉽게 주지 않는다. 그래서 '왜 이 일을 하려고 하는가?', '이 일을 통해 어떤 삶을 원하는가?', '자신에게는 어떤 비전이 있는가?'에 대한 답을 스스로 정립해야 한다.

포트폴리오 PT는 15~20분 정도 발표한다. 다음은 PT와 관련된 단골 질문이다.

제네럴 – 파트

- 준비한 포트폴리오가 우리 회사와 무슨 연관이 있는지?
- 우리에게 전달하고 싶은 결론이 뭔지?
- 가상으로 만든 포트폴리오를 통해 실무를 잘할 수 있다는 근거는?
- 자신의 기여도가 어떻게 되는지?
- 지금 쓰고 있는 색깔을 타깃 세대가 좋아한다는 근거가 있는지?
- 팀의 분위기가 어떤지?
- 자신은 팀원들에게 어떤 역할을 했다고 생각하는지?
- 프로젝트를 진행하면서 마찰은 없었는지?
- 프로젝트에서 리더십 vs 팔로우십 중 어떤 성향을 보였는지?
- (압박)경험이 별로 없어 보이는데 어떻게 생각하는지?

스페셜 – UX 파트

- 린 캔버스를 사용한 이유는?
- 린 캔버스에 있는 내용을 포트폴리오 프로젝트 중 어디에 반영했는지?
- (압박)논리적인 문제해결 흐름이 보이지 않는데 어떻게 생각하는지?
- 더블다이아몬드 프로세스는 자신이 만든 것인지?
- 처음부터 기간이 정해진 프로젝트였는지?
- (압박)3개월 동안 인터뷰 패널 1명은 너무 모수가 적은데, 1명이 모든 사용자를 대표할 수 있는지?
- 방법론에 억지로 맞춘 느낌이 드는데 어떻게 생각하는지?
- (압박)대학생 수준으로 보이는데 어떻게 생각하는지?
- (압박)정답만 말하지 말고, 자신이 어떤 사람이고 역량이 얼마나 되는지?
- (압박)자신의 강점이 무엇이라고 생각되는지?

스페셜 – UI 파트

- 디자인 시스템을 사용한 이유?
- 스타일 가이드와 디자인 시스템의 차이를 아는지?
- 스타일 가이드에 나와 있는 색깔을 사용한 규칙이 있는지?
- 리뉴얼 시, 브랜드 색깔을 그대로 사용하는 경우가 많은데, 바꾼 이유는?
- 지금 쓰고 있는 색깔을 타깃 세대가 좋아한다는 근거가 있는지?
- (압박)컴포넌트는 왜 사용하는가?
- 실무에서는 포트폴리오 퀄리티로 얼마나 시간을 주면, 만들어 올 수 있는지?
- 개발자와 어떤 방식으로 소통하는지?
- UI 동료가 3명 있는데, 1명이 작업을 잘 못할 경우, 어떻게 할 건지?
- (압박)프로젝트를 진행하면서, 다 만들지 않고 도망간 적이 있는지?

## 꼬리에 꼬리를 무는 질문은 도대체 왜 나오는가?

UI 파트 - 동문서답 유형

- 왜 4가지 색깔을 어떤 근거로 사용했는지?
  : 초등학생, 중학생이 선호하는 비비드한 색깔을 사용했습니다.
- 왜 초등학생, 중학생이 비비드한 색깔을 좋아하는지?
  : 색채심리학에서 다양한 색을 접하는 것이 감각 발달에 도움이 된다고 합니다.
- 도움이 되는 주관적인 이유 말고 왜 선호하는지 근거를 댈 의향은 있는지?
  : 경쟁사 앱을 조사하면서, 무채색보다는 다양한 색감이 있는 앱들이 많았습니다.
- 초등학생과 중학생이 좋아하는 색깔인지 직접 확인해봤는지?
  : 직접적으론 조사하진 않았습니다.

– 확인된 자료가 아닌데 '선호하는 색깔'이라는 확신의 용어를 사용했다는 점
– 질문에 집중하지 않아 동문서답으로 답변한 점
– 4번 질문 끝에 일관성이 떨어지는 답변으로 거짓말이 노출된 점

UI 파트 - 동문서답 유형이 안 되는 법

- 왜 4가지 색깔을, 어떤 근거로 사용했는지?
  : 초등학생, 중학생 타깃으로 아이들에게 교감이 되는 색을 표현하고 싶습니다. 색채심리학에 따르면 무채색보단 다양한 색을 보여주는 것이 아이들 감각 발달에 도움이 된다고 합니다. 비대면 체육교육 앱인 만큼 활동적인 느낌을 나타내려면, 그냥 핑크보다는 핫핑크, 그냥 노랑보다는 레몬색처럼 고채도에 단색이 눈에 띄기 때문에 선명한 비비드톤을 사용하게 되었습니다(길게 설명).

  : 색채심리학에 따르면 다양한 색이 아이들 감각 발달에 도움이 되어서 다채롭게 비비드톤을 사용했습니다(짧게 설명).

PT는 일을 시킬 때 답답하지 않고, 고집 피우지 않고 잘 조율해나갈 사람인지를 유심히 본다. 쉽게 말해 업무를 보고하는 방식을 미리 테스트하는 거다. 자기 방식대로 고급 어휘만 써가며 유식함을 자랑하는 곳이 아니다. 합이 좋으면 굳이 부연 설명이 필요할까 생각할 수 있지만, 당

신과 일해보지 않았기 때문에 판단하기 위해 부연 설명이 필요하다.

멍청이가 아닌 똑 부러진 유형을 찾고 싶은 거다. 앞에 있는 사람을 평가자이기 전에 같은 팀이라고 생각해라. 면접관은 원하는 답변을 듣기 위해 무려 다섯 번이나 질문해야 한다. 모든 질문을 단답형에 성의 없이 준비한다면, 기본적 소통이 안 되는 사람으로 간주한다. 질문 하나당 논리 없이 답을 늘어놓는 지원자와 일을 하면 답답하다. 같이 일하면 편하고 괜찮은 사람이라 느끼게 해야 한다. 뻔한 질문에도 정성스럽게 집중해서 답변해라.

# 채용을 기다리는 동안 알아야 할 것들

"기다릴 줄 아는 사람은 바라는 것을 가질 수 있다."

— 벤자민 프랭클린(Benjamin Franklin) —

긴 시간을 투자해 포트폴리오가 완성될 즈음, 힘이 쭉 빠지고 체력이 소진된 시점이 반드시 찾아온다. 열심히 한 시간들이 있으니 그다음 순서대로 원서를 넣으면 되는데, 갑자기 두려움이 몰려온다. 그러나 정말 진정으로 준비했다면, 후회가 되지 않고 아쉬울 것도 없을 것이다. 물론, 부정적인 생각에 사로잡혀 원서를 넣기 무서워질 수 있다. 그래도 혼자 준비한 게 아닌, 자신의 꿈을 위해 나도 함께 노력한 시간이 있으니, 내 취업은 아니지만 나는 수강생들에게 제발 원서를 넣으라고 부탁한다. 그렇게 생각도 없는 회사에 지원해 등 떠밀리듯 원서를 1개를 넣어보곤, 바로 반응이 오지 않으면 갑자기 연락을 피하고 도망가는 수강생들도 있다.

*"선생님 지금 좀 힘들어서 한두 달 쉬었다가 다시 연락드릴게요!"*

*(1년 뒤, 갑자기 연락이 와서)*

*"선생님 잘 지내시나요?"*

*"취업했니?"*

*"아니요."*

*"그럼 그동안 뭐했니?"*

*"그냥 쉬었어요."*

*"그렇게 열심히 만들어놓고, 왜 원서를 안 넣었어?"*

나도 수강생의 이런 태도가 처음에는 이해가 되지 않고 단지 배은망덕하다고만 생각했다. 하지만 반대로 나도 스승에게 배울 때는 도와준 사람의 성의를 쉽게 무시했던 적이 있다. 그래서 스스로 깨닫기 전까지는 모를 것이다. 자라나는 성장기라 겪는 과정이라며 그들을 이해하기로 했다. 그때만큼은 긴 시간을 버티는 것 하나만으로도 수강생에게는 큰 성장이다. 포기했다면 다시 해야겠지만, 과거에 했던 노력 덕분에 버텨내는 힘이 있다. 그래서 두 번째 도전은 첫 번째 도전보다 진척이 있을 것이다.

쉬지 않고 끝까지 버텨 골인하는 게 최대의 성과다. 원래 산에 올라가는 과정이 힘들다. 하지만 힘들다고 뒤를 돌면, 올라온 길이 가파른 내리막으로 보일 것이다. 이대로 쉬지 않고 전진할지, 그냥 포기하고 내려갈지는 선택이다. 정상에 오르는 건 누구나 힘들다. 하지만 끝까지 참고 올라가면 산꼭대기가 보인다. 욕심 안 부리고 포기한다면 당장 마음은 편해진다. 단지 산에 '언제 다시 올라가지?'라는 마음을 먹기까지는 시간이 걸린다. 다시 처음부터 올라가야 한다. 그래서 기회는 준비된 자에게 온다.

4년 주기로 개최되는 올림픽은 전 세계의 운동선수가 출전하기 위해 최고의 성적에 매달린다. 우리로 따지면, 지원할 수 있는 '자격'인 '원서와 포트폴리오'가 통과된 상태가 되겠다. 운동선수들은 4년 후 올림픽에 출전하는 것을 꿈꾸며 뽑힐지 안 뽑힐지 모르지만, 나를 어떤 방식으로 보여줄지, 전략을 세우고 기술을 개발하고 완성한다.

피겨 여자 싱글 올림픽 출전권은 총 30장이다. 세계 선수권을 통해 24명이 확정되면, 1~2위 선수에게 출전권 3장씩이 주고 3~10위 선수에게 2장씩 돌아간다. 그 이하 순위면 각 1장씩 돌아간다. 이렇게 어렵게 따낸 출전권인데, 갑자기 시합을 포기하면 다른 대체자가 기회를 가져가거나, 메달은커녕 다시 4년 뒤 열릴 올림픽에 출전하기 위해 지금까지 했던 노력을 '처음부터 다시' 반복해야 한다.

준비하는 과정에서 똑같은 노력을 하지 않은 이상, 목표 회사에 가기 어려워진다. 결국에는 자신을 낮춰 맞는 회사에 갈 것이며, 결국에는 선생 탓, 학원 탓으로 돌린다. 그래서 이력서와 자소서, 사전과제, 면접이 끝나도 끝난 게 아니다. 합격 도장이 나올 때까지 끝까지 텐션을 유지해야 한다. 버티면서 유사한 채용공고를 분석해 지원해야 한다.

합격 발표를 기다리는 게 은근히 괴롭다. 그동안의 시간은 사람을 기대하게 만든다. 사실 기대가 크면 클수록 실망한다는 말이 있듯이 열심히 한 것 같지만 떨어지면 애써 노력했던 것들이 부정당하는 기분을 느낄 것이다. 떨어지면 알게 되는 것이 있다. 내가 노력한 것보다 바라는 것이 클수록 '실행'을 열심히 하지 않았다는 사실을 깨닫는 것이다.

단순히 시켜서, 끌려다녀서 열심히 한 것은 내 의지가 아니다. 어쩌면 그 모든 선택이 남에 의해서 만들어진 것이다. 하지만 그 '과정'을 버텨냈으니, 서류합격으로 면접을 볼 수 있는 기회를 얻었고 면접 탈락으로 실수를 바로잡고 보완할 기회를 얻는다. 보통 '과정'이 힘드니 실수를 보완하지 않고 '도피'한다. 그래서 바로 포기하고 나를 받아줄 수 있는 회사로 기준을 낮춰 들어간다.

그 순간이 괴로워서 수강생들은 연락을 차단한다. 선생님을 믿고 열심히 했지만, 결과가 좋지 못할 경우에는 다시 끝까지 붙잡고 교정하는 시간을 가져야 한다. 면접에서 떨어지면 그건 자신에 의한 실패다. 그 많은 노하우를 얻기 위해 편하게 비용을 지출해 배워간다. 하지만 시간을 단축하는 것만 알고, 수많은 시행착오를 거쳐 얻게 되는 성숙한 사고가 부족하다. 그러니 정신적으로 타격이 크게 올 경우, 멘탈이 쉽게 흔들린다. 그리고 방어기제와 회피 성향이 발동되어 여태까지 준비한 모든 것을 '손해'라고 생각하며 이기적으로 바뀐다. 노력을 스스로 물거품으로 만든다.

*"선생님이 못 가르쳤기 때문에 내가 취업이 안된다."*
*"학원은 역시 도움이 되지 않아."*

"괜히 배웠다. 돈 아깝다."

그렇게 그전과 별반 다를 게 없는 상태로 돌아간다. 임계점을 넘어야 성장하고, 다음으로 갈 수 있는 길이 열린다. 항상 나도 임계점에 다다르기 전에 실패했기 때문에 수많은 기회가 왔어도 도달하지 못했다. 채용을 기다리는 동안 무엇을 어떻게 해야 할까 물어본다면 나는 무조건 면접에서 했던 질문과 답변을 기록하고 보완하면서 그다음 준비를 하라고 말한다. 대부분의 수강생들이 보통 포트폴리오 만들고 나서는 끝을 외친다. 포트폴리오가 끝났다고 이제 혼자 할 수 있다고 생각할 것이다.

그러나 면접을 처음 볼 경우, 채용 담당자의 질문 의도를 정확하게 파악하지 못하기 때문에 떨어질 확률이 크다. 그래서 편차를 줄여나가야 한다. 어떻게 질문과 답변을 했는지 면접이 끝나자마자 카페로 달려가 적어야 하며, 그다음 수업 시간에 피드백을 받아야 한다.

하나하나 관점을 바꾸고 컨설팅을 받아야 한다. '왜 채용 담당자가 이런 말을 했는지' 분석해야 그들의 마음을 이해할 수 있다. 그리고 '어떤 사람을 뽑으려고 했을까' 간접적으로 투영해볼 수 있다.

면접이 끝나고 반드시 해야 할 것

- 끝나는 즉시 바로 카페에 가서 질문과 답변을 기록하기(최대한 기억해서 적기)
- 질문자의 의도 파악하기(어떤 말을 듣고 싶었을지)
- 내가 한 답변 점검하기(전달을 확실하게 하지 못한 부분 짚기)
- 다음에 말할 답변 정리하기(명확한 표현으로 바꾸기)
- 나라는 사람 정의하기(키워드 만들기)

이 5가지가 정리되었으면, 다음 5가지로 나만의 발표 패턴을 만들어 보자.

① 카테고리에 따라 질문을 분류해서 뒤죽박죽인 정보를 정리하자.

질문 : 왜 UX 디자이너가 되고 싶나요?(직무를 선택하게 된 계기)

② 키워드를 추려내고 비슷한 키워드를 조합하자.

지원한 이유 : 꿈, 롤모델(키워드)

③ 키워드에 맞는 논리를 찾아내 적용하자.

꿈 : UX 디자이너

롤 모델 : 도널드 노먼

롤 모델이 된 이유 : 도널드 노먼의 디자인 심리학 책, UX 팟캐스트

④ 시간, 공간, 필수조건에 부합한 논리를 만들자.

우연히 2016년 4월, UX 팟캐스트에서 도널드 노먼, 제임스 로얄&로슨과 인터뷰한 내용을 발견했습니다. 포르노와 VR 등 다양한 주제를 이야기하며 노먼은 "UX는 모든 문화에 걸쳐 적용된다"고 말했습니다. 저는 이때 'UX는 장르에 국한이 없다'고 생각했습니다. 그리고 그는 이런 말을 합니다. "급진적 혁신은 실패한다. 그리고 점진적 작은 개선으로 이루어진다."

과거의 저는 급한 성격이었고, 빨라야 성과가 좋다는 편견이 있었는데,

그것에 대해 다시 일깨워줬습니다. UX라는 직무가 다양한 시도와 실패를 끊임없이 반복해 더디게 성장한다는 점에서 굉장히 매력적으로 다가왔습니다. 그래서 UX 디자이너로 뛰어들게 되었습니다.

⑤ 10번을 읽고 반복하면서 자연스러워지게 만들자.

답변이 유치하거나 비전문적이지 않아도 된다. 호기심 가득한 눈으로 경청하는 자세를 취한다면 상대방도 기분 나쁘게 생각하지 않는다. 면접은 공감이다. 상대방이 능숙하게 잘 처리하고 있다고 생각해라. 자신이 면접 끝나고도 한 수 배우고 보완해야겠다고 겸손한 자세를 취하면, 그 태도만으로 성과가 있으며 결국에는 필요할 때 먼저 찾게 되고 불러준다.

나라는 사람을 잘 파악할 수 있게 전달해야 한다. 그래야 그림이 그려진다. 이 친구를 어떻게 해야 하지? 생각했을 때 그림이 안 그려지는 사람은 피하게 된다. 면접이 완벽하지 못해도, "일을 잘하는 멍청이입니다"라고 하면 이 사람이 간파되기 때문에 예상되는 이미지가 그려진다. 그러면 완벽하지 않아도 순수하고 열정이 많고 조금 바보 같아도 다룰 수 있을 것 같으니 뽑아도 괜찮은 사람이 된다. 일을 함께하고 싶은 조율을 잘하는 사람이 되어라.

친절함을 보여주고 적절히 그 사람의 행동에
공감하며 라포(상호 신뢰관계)를 형성해라.
중복된 자극을 줘라. 일관성을 보여주고 이미지를 관리해라.

공통점을 찾으려고 해라.

그리고 그들의 관심사를 이해해라.

분위기를 살피고, 그 분위기에 자연스럽게 섞여라.

CHAPTER 4 **SUMMARY**

이름 : 이모아(예명)

홍보 채널 : 인스타 - 2oh_moa.zip

**Q. 안녕하세요! 자기소개 부탁드릴게요!**

안녕하세요! 저는 2년 차 UX/UI 디자이너 이모아(예명)라고 합니다. 현재는 그동안 알고 관심이 있었던 산업이 아니라, 다양한 사용자들을 알아가기 위해서 저에게는 생소한 산업의 분야 쪽에서 열심히 프로덕트를 만들어내고 있습니다. 사용하고 있는 예명 모아는 순우리말로 '늘 뜻을 모아서 살아라'라는 의미를 지니는데요. 제가 하는 일과 잘 어울린다고 생각해서 사용하게 되었습니다. 저는 산보다는 바다, 봄보다는 가을을 선호하며 정기적으로 한 번씩 여행을 다니며 여행지의 분위기 좋은 카페에 앉아서 사람들을 구경하는 걸 즐기는 사람입니다!

**Q. 입사하기 전 UX/UI 업무를 잘하기 위해 준비하신 것들이 있을까요?**

대학에서는 광고 기획을 전공하면서 포토샵이나 일러스트 같은 프로그램을 만져본 적은 있지만 제대로 다룰 줄 아는 건 아니었어요. 디자이너라면 당연히 그래픽 도구를 사용해야 한다는 생각은 했지만, 이미 너무 잘하는 사람들을 쫓아가는 게 저에게는 버거운 일이 되더라고요. 그리고 혹시 도움이 될지 몰라 개발 언어에 관해서도 공부해봤는데, 이것 역시 혼자 배워가기엔 어려운 부분이 있어 흥미도 떨어지고, 자연스럽게 멀어졌답니다. 그래서 저는 오히려 당시에는 도구계의 떠오르는 스타였던 피그마를 더 빨리 익히려고 노력했으며, 협업 수단으로 사용되는 노션, 슬랙 등 다양한 커뮤니케이션 도구를 많이 사용해보려고 노력했습니다. 그건 현재까지도 이어지고 있어요.

### Q. 처음 실무를 하면서 느낀 게 있나요?

첫 회사에 입사하게 되었을 때, 자신감도 많이 떨어졌고 사수도 없는 상황에서 어떤 식으로 업무를 해나가야 하는지 걱정이 많았어요. 온라인 강의로 배웠던 프로세스 그대로 진행해도 되는 걸까? 하면서 서비스를 파악하고, 그에 맞는 데스크 연구를 하고 있었습니다.
회사에서는 "디자이너님, 여기 들어갈 화면을 구성해주세요. 이미지가 제대로 안 나와요"라는 등 실무에서 발생하게 되는 리스크에 땀구멍이 열리는 모습을 보며 제가 아주 부족하다는 사실을 뼈저리게 느꼈답니다. 첫 업무다 보니 실수는 할 수 있지만 반복적인 실수를 한다면, 저에게 그것은 용납할 수 없는 일이라고 생각했고, 반년 정도 지난 시점부터는 실무에서 모르는 용어가 나오면 메모해뒀다가 정리하면서 내려놓지 않고 한 걸음씩 성장해가고 있습니다.

### Q. 이 업계에 늦게 들어오셨는데, UX/UI 직무를 변경하게 된 계기가 있을까요?

예전에는 사용자가 아닌 고객(소비자)을 상대로 하는 업계에서 일했어요. 근무할 당시 고객에게 다양한 서비스를 제공하며 매출을 올리는 것이 구성원 전체의 목표였으며, 이를 위해 단순히 상품을 판매하는 일이 아니라 '좋은 브랜드 이미지를 제공할 수 없을까?'라는 고민에 막혔던 적이 있었는데 우연한 기회에 사용자 경험을 만드는 사람들에 대한 아티클을 읽게 되었고, 이들은 단순히 눈에 보이는 요소뿐만 아니라 어떤 가치를 전달할 것인지 고민하는 사람들이라고 느껴졌답니다. 고객을 관찰하고 그들이 필요로 하는 것을 확인하고, 이에 맞는 서비스를 제공해 다시 찾아오고 싶게끔 만들어야 한다는 목표와 비슷해 직무 변경을 결심했습니다.

**Q. 지금 어떻게 일하고 계신가요?**

일단 지금 다니고 있는 회사는 자율 출근제라서 저는 특별한 날이 아니라면 아침 8시에 사무실에 도착해요! 이 시간에, 회사에 가면 늘 마주치게 되는 고정 구성원들이 있는데, 이들과 함께 잡담으로 휴식 시간을 30분 정도 가지고 있어요. 보통 잡담은 업무에 관한 이야기는 많이 안 하고 추세나 관심사에 관해서 이야기하고 있어요.

이후에 저는 로드맵을 보고 현재 진행 사항에 대해 제가 급하게 처리해야 하는 일들에 관해 확인하고 있어요. 보통 피그마로 작업하고, 팀원들과 공유해서 피드백을 받고 개발자분들에게 전달해드리고 있습니다. 보통 저는 월요일마다 그 주에 제가 해야 하는 일과 범위를 산정해서 시간을 쓰기 때문에 노션에 기록합니다.

최근에는 회사에서 진행되는 작은 프로젝트의 기획 영역에 참여하게 되어서 종일 회의에 들어가서 녹초가 되어 나올 때도 있지만 매일 주어진 시간에 업무를 해내는 것도 연습이라고 생각하고, 시간이 되면 퇴근 준비를 합니다.

**Q. 독학 vs 온라인 vs 학원 중 자신에게 어떤 게 가장 잘 맞았나요?**

저는 오프라인 학원으로 시작했는데요. 제 의지가 약하다고 생각해서 선택했습니다. 짜여 있는 프로세스에 맞춰 학원에 가지 않으면 금방 나태해질지도 모른다는 생각이 있었기 때문이죠. 갑자기 돈이 막 아깝다는 생각에 의지로 눈을 떠서 제시간에 수업을 듣고, 팀으로 진행되는 과제들도 열심히 진행하고…, 노력을 많이 했던 것 같아요.

여러분이 알고 계시는 그런 포트폴리오를 제작하는 긴 과정의 강의는 사실 이미 정해져 있는 일정이 존재하고, 그 안에서 사이클이 돌아가기 때문에 제가 집중도가 떨어지는 시간이거나 관심이 없는 수업이라면 딴짓을 하는 경우가 많이 생겨요. 그래서 저는 막바지에는 오히려 제가 더 관심이 가는 강의만 들어가게 되더라고요.
그래서 그 이후로부턴 긴 과정의 강의라고 생각되면 차라리 온라인으로 듣고 모르는 부분들에 대해서는 직접 찾아가보면서 정리하기 시작했습니다. 기간이 정해지지 않은 강의가 많아서 한번 수강하게 되면 평생 볼 수 있다는 것도 장점이에요. 제가 한 번 듣고는 이해하지 못하는 경우가 많은데 그럴 때는 두 번, 세 번 들을 수 있어서 좋았습니다.
그래서 지금은 온라인 강의 위주로 찾아서 듣고, 가끔 열리는 하루짜리 특강이나 주말을 이용해서 들을 수 있는 강의라면 오프라인으로도 다녀오고 있습니다. 여러분도 꼭 여러분만의 기준을 세우셔서 많은 강의를 듣고 간접적으로 경험해보셨으면 해요.

**Q. UX/UI 실무 일을 하면서 전에 준비했던 것과 다른 점이 있으셨나요?**
가장 큰 차이라고 한다면 취준생 시절에는 지루했을지 모르는 시간이 실무에서는 클라이언트의 요구사항에 맞춰지는 경우가 많아 여유라는 게 없을 수도 있습니다. 어떤 일을 하든 마찬가지겠지만 회사에 입사해 구성원이 된 이상 우리 회사의 목표를 달성하기 위해 내가 하고 싶은 디자인을 하는 것이 아니라 클라이언트, 같은 팀원들, 유관 부서까지 다양한 사람들의 목소리를 듣고 그에 대응할 줄 알아야 합니다.
빠르게 변화되는 트렌드 속에서 내가 만들고 있는 프로덕트가 사용자들에게 더 나은 가치를 전달해 주려면 주니어라도 어느 정도의 책임감이 필요합니다. 야근 없이 시간을 잘 쪼개어 사용하기 위해서는 클라이언트의 요구 사항을 정확히 파악하고, 결과를 얻어내야 하므로 자신이 맡게 될 프로젝트에 관해 충분한 연구를 하는 연습을 해보세요. 저는 디자인 작업을 수행하는 기간보다 프로덕트를 완전한 내 것으로 만드는 기간에 조금 더 투자하고 있어요.

**Q. 2년 차 정도 되셨는데, 실제 업무에 관한 지식은 어디까지 알아야 한다고 생각하나요?**

어떤 서비스를 만들고 있는지 그때 상황에 따라 달라지기는 하지만, 그래도 제일 기본적으로 웹과 앱의 접근성에 대한 기본적인 이해가 필요합니다. 현재 제가 다루고 있는 서비스는 웹 앱 서비스로 설계되어 개발되는데, 저는 웹에 대한 이해도가 낮은 편이었기에 처음 화면을 구상할 때 시간이 조금 더 걸리곤 했어요. 그 때문에 자신이 앞으로 가고 싶은 서비스나 담당하게 될 서비스에 대한 배경 지식을 가지고 있다면 엄청나게 큰 도움이 된답니다.

IT 혹은 프로덕트 팀은 다양한 직군의 구성원으로 이루어져 있는 편인데요. 2년 차(주니어)의 디자이너라면 같은 디자인팀이나 프로젝트의 책임자뿐 아니라 프론트엔드 엔지니어들과의 유기적인 커뮤니케이션도 중요해요. 따라서 서비스 구현 과정 전반에 적용되는 UI 컴포넌트에 대해서 많이 찾아보시길 바랍니다. 다른 서비스를 보면서 공부하기도 하고, 인사이트를 얻어 업무에 적용해볼 때도 실제로 어느 부분까지가 현실적으로 개발할 수 있는 건지를 파악할 수 있으실 거예요.

**Q. UX/UI 업무 순서 중에서 가장 중요하다고 생각하는 것이 있나요?**

가장 어렵다고 생각되는 질문을 여기서 만나게 되는군요! 둘 중 어떤 게 중요하다고 생각하는 포인트가 분명 다들 다를 거라고 생각합니다. 저는 일단, 지금 사용자에게 제공하려는 서비스가 신규 서비스인지 이미 사용자들이 이용하고 있는 서비스인지에 따라 달라진다고 생각해요.

신규 서비스로서 시장에 내놓으려면 수많은 프로덕트 중에 사용자들을 더 후킹(마음을 사로잡는)할 수 있는 요소로 UI가, 이미 어느 정도의 사용자들과의 피드백을 받는 프로덕트라면 그들의 피드백을 받아서 더 만족할 수 있도록 개선되어야 하니까 UX가 더 중요하다고 생각해요. 어떤 게 더 중요한지는 자신이 세워놓은 기준과 지금 만드는 프로덕트를 꼭! 충분히 이해하시고 우선순위를 결정하셨으면 좋겠어요!

Q. 이직을 왜 하려고 하는 거죠?

이직하는 것은 운전대를 잡고 방향을 트는 일처럼 중요한 사항이라고 생각합니다. 현재 근무하는 회사 또는 맡은 업무에 대해서 '지금 하는 일이 내게 어떤 의미인지, 이 일을 통해 얻고자 하는 것은 무엇인지, 왜 이곳이어야 하는지'와 같은 질문을 끊임없이 던져야 합니다. 지금의 회사는 입사 전에는 관심을 가진 산업이 아니었어요.

그런데도 입사하려고 했던 가장 큰 이유는 회사의 비전과 미래의 성장 가능성을 봤기 때문이고, 저 또한 미리 사용자들을 경험해보고 인사이트를 얻을 수 있어서였습니다. 그런데 프로덕트를 완성하고 보니 관심 있던 산업이 아니라서 만족하지 못했어요. 그리고 만들어놓고 나니 사용자들이 원하는 서비스가 아니었다는 걸 알았고, 그러면서 회사의 비전도 변화되면서 저의 경력을 위해서 결심했습니다.

Q. 회사에서 근무하면서 내 자리나 책상 등 열심히 한 흔적을 보여주실 수 있나요?

재택인 날 카페에서 일하고 있는 모습과 회사 출근 15분 전 모습입니다.

우리 회사는 분기별로 반나절 간 OKR 파티를 진행해요! OKR 파티가 있던 날의 점심시간과 제 자리를 보여드릴게요!

**Q. UX/UI 디자이너에게 꼭 필요한 물건!**

노트와 펜, 그리고 카메라입니다! 실무에서 일하다 보면 갑작스럽게 생기는 회의나 간단하게 진행되는 의사소통까지 수많은 이야기가 오가는데, 그 모든 걸 아무런 요소 없이 기억한다? 결코 있을 수 없는 일입니다. 저는 메모를 할 때 3가지의 색으로 노트에 직접 적는 게 좋아서 항상 노트랑 3색 이상의 볼펜 하나를 가지고 있습니다. 타이핑이나 태블릿에 메모하시는 것도 좋으니 꼭 자신만의 방식으로 메모하는 습관을 들이셨으면 좋겠어요. 프로세스를 이해하고 우선순위를 빠르게 정리할 수 있어 시간 관리에 진짜 필요한 습관입니다.

그리고 아무리 눈으로 많이 보고 경험한다고 해도 기억하는 데는 한계가 있으니, 뭐든 사진을 찍어 기록을 남겨두면 도움을 받을 수 있습니다! 핸드폰으로 충분히 가능한 일이니 어렵게 생각하지 말고 일단 해보시는 걸 추천해드려요.

**Q. 앞으로 2년 뒤 내 모습과 그 미래를 어떻게 그려나갈 생각이죠?**

지금의 가장 큰 목표는 저를 브랜딩하는 겁니다. 그걸 이루기 위해 SNS로 다양한 사용자들에게 제 이야기를 들려주며 소통하고 있어요. 사용자가 만족할 만한 서비스를 만들었을 때부터 UX/UI 디자이너로서 조금 더 성장하고 싶은 욕심이 생겼어요. 사람을 관찰하고 이해하는 제 일이 너무 좋고, 계속해서 새로운 프로덕트가 생겨나면서 하나씩 분석해보는 것도 의미 있는 일이라고 생각합니다.
서비스를 언제 어느 순간에 경험하더라도 사용자들이 편안함을 느낄 수 있도록 설계할 줄 아는 디자이너, 프로덕트를 책임지는 다양한 사람들과 좋은 피드백을 해줄 수 있는 디자이너로 거듭나기 위해 UX/UI에 대해 끊임없이 배우고 제 것으로 만들기 위해 노력할 거예요.

**Q. 마지막으로 퇴준생에게 해주고 싶은 한마디가 있다면?**
지금 어떤 일을 하든지 분명 가치 있는 경험이며, 그 경험을 통해 한 단계 성장하는 중이라는 걸 알았으면 좋겠습니다. 다른 누구도 아닌 자기 자신을 믿고, 자신에게 투자할 수 있는 퇴준생이셨으면 좋겠습니다. 우리 함께 '돈 길' 걸으면서 그 길을 따라올 사람들에게 격려의 한마디 정도는 해줄 그런 여유는 마련해두자고요!

가고 싶은 회사에 도전하는 수강생

〈양효주 졸업생 작품 - 아포칼립스〉 출처 : 이성경디자인스쿨

〈홍유미 졸업생 작품 - 올라〉 출처 : 이성경디자인스쿨

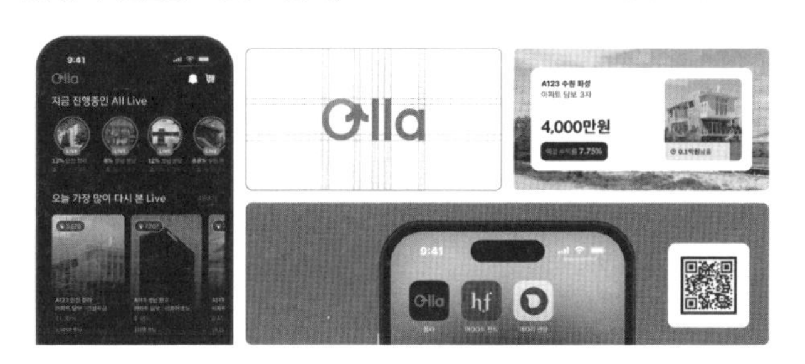


〈박재현 졸업생 작품 - 덴티유〉 출처 : 이성경디자인스쿨

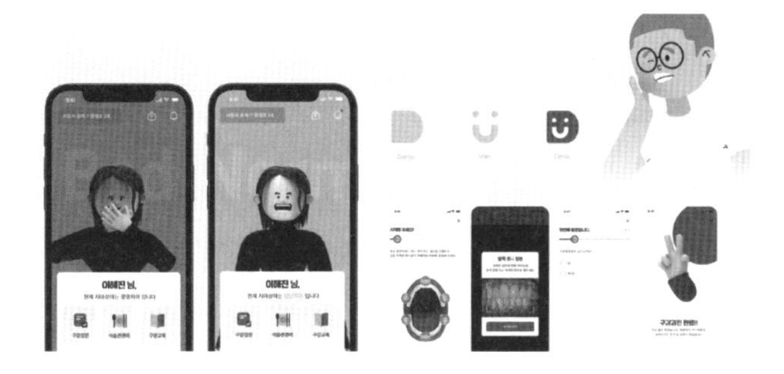

〈정유연 졸업생 작품 - 핀토피아〉 출처 : 이성경디자인스쿨

# 나는 UXUI 디자이너를
# 취업시키는 일을 하고 있습니다

**제1판 1쇄** 2024년 2월 20일

지은이 이성경(바이블)
펴낸이 한성주
펴낸곳 ㈜두드림미디어
책임편집 우민정
디자인 얼앤똘비악(earl_tolbiac@naver.com)

**㈜두드림미디어**
등록 2015년 3월 25일(제2022-000009호)
주소 서울시 강서구 공항대로 219, 620호, 621호
전화 02)333-3577
팩스 02)6455-3477
이메일 dodreamedia@naver.com(원고 투고 및 출판 관련 문의)
카페 https://cafe.naver.com/dodreamedia

ISBN 979-11-93210-51-2 (03190)

책 내용에 관한 궁금증은 표지 앞날개에 있는 저자의 이메일이나
저자의 각종 SNS 연락처로 문의해주시길 바랍니다.

책값은 뒤표지에 있습니다.
파본은 구입하신 서점에서 교환해드립니다.